Neuer Ernst in der Literatur?

BEITRÄGE ZUR LITERATUR UND LITERATURWISSENSCHAFT DES 20. UND 21. JAHRHUNDERTS

Herausgeben von Hans-Edwin Friedrich
Begründet von Eberhard Mannack

BAND 25

Zu Qualitätssicherung und Peer Review der vorliegenden Publikation

Die Qualität der in dieser Reihe erscheinenden Arbeiten wird vor der Publikation durch den Herausgeber der Reihe geprüft.

Notes on the quality assurance and peer review of this publication

Prior to publication, the quality of the work published in this series is reviewed by the editor of the series.

Kristin Eichhorn (Hrsg.)

Neuer Ernst in der Literatur?

Schreibpraktiken in deutschsprachigen
Romanen der Gegenwart

PETER LANG
EDITION

Bibliografische Information der Deutschen Nationalbibliothek
Die Deutsche Nationalbibliothek verzeichnet diese Publikation
in der Deutschen Nationalbibliografie; detaillierte bibliografische
Daten sind im Internet über http://dnb.d-nb.de abrufbar.

Gedruckt auf alterungsbeständigem,
säurefreiem Papier.

ISSN 0721-2968
ISBN 978-3-631-64876-6 (Print)
E-ISBN 978-3-653-03907-8 (E-Book)
DOI 10.3726/978-3-653-03907-8

© Peter Lang GmbH
Internationaler Verlag der Wissenschaften
Frankfurt am Main 2014
Alle Rechte vorbehalten.
Peter Lang Edition ist ein Imprint der Peter Lang GmbH.

Peter Lang – Frankfurt am Main · Bern · Bruxelles ·
New York · Oxford · Warszawa · Wien

Dieses Buch erscheint in der Peter Lang Edition
und wurde vor Erscheinen peer reviewed.

www.peterlang.com

Vorwort

Seit 2001 wird die Kooperation der Christian-Albrechts-Universität zu Kiel und der Adam-Mickiewicz-Universität Poznań durch gemeinsame Hochschultage begleitet, die alle zwei Jahre abwechselnd je an einem der beiden Universitätsstandorte stattfinden. Zu den „Kieler Tagen in Posen" bzw. den „Posener Tagen in Kiel" gehört dabei ein neugermanistisches literaturwissenschaftliches Kolloqium, das vorwiegend von Doktoranden bestritten und von Vertretern der Lehrstühle begleitet wird. Mit diesem Band liegen die jüngsten Ergebnisse dieser Zusammenarbeit der polnischen und deutschen Germanistik vor. Seine Beiträge gehen größtenteils auf die IV. Posener Tage in Kiel im Oktober 2012 zurück und nehmen die schon vorher in diesem Kontext im Zentrum stehende Beschäftigung mit der Gegenwartsliteratur auf. Insofern haben sie es notwendig mit einem noch unübersichtlichen Feld zu tun, das es anhand exemplarischer Analysen zu sichten und zu ordnen galt. Dass eine solche Ordnung bei aller Vielseitigkeit der besprochenen Texte möglich ist und die Beiträge so die vorhandene Forschung gewinnbringend ergänzen, spricht für die Qualität der Arbeiten der Nachwuchswissenschaftler beider Universitäten und für die Funktionalität der deutsch-polnischen Zusammenarbeit.

Dank für Anregung und Koordination geht insbesondere an Albert Meier (Kiel) und Maria Wojtczak (Poznań). Weiterhin danke ich Hans-Edwin Friedrich für die Aufnahme des Bandes in die Reihe *Beiträge zur Literatur und Literaturwissenschaft des 20. und 21. Jahrhunderts*.

Kiel, im November 2013   Kristin Eichhorn

Inhaltsverzeichnis

Einleitung: Reaktionen auf den Ernsthaftigkeitsdiskurs in der aktuellen Literaturproduktion

Kristin Eichhorn

Im Anschluss an den Austausch auf den IV. Posener Tagen wurde es zum Ziel des vorliegenden Sammelbandes, die Schreibnormen in der gegenwärtigen Belletristik genauer auszuloten. Aus der Diskussion der letzten Jahre kennt man die These von der ,neuen' Ernsthaftigkeit, der Rückbesinnung auf konservativere Schreibstrategien und der erneuten Suche nach ,Authentizität'.[1] Zwei Dinge haben damit nach gängiger Auffassung ihr Ende gefunden bzw. sind in der aktuellen Literaturproduktion zumindest nicht mehr als dominant anzusehen: Ironie und die eng damit zusammenhängende postmoderne Schreibart.[2] Anstelle von rein spielerischer Formvarianz und Oberflächenästhetik stehen nun gerade auch bei ehemals der Postmoderne oder der Pop-Literatur zugerechneten Autoren wieder ,ernste' Themen und klassische Erzählweisen.

Bei allen Unterschieden zwischen Postmoderne und Popliteratur verbindet sie – dem Diskurs nach – eine gemeinsame Eigenschaft: Beide setzten statt auf Tiefgang eher auf Oberflächlichkeit, und empfinden die Gegenstandswahl als beliebig.[3] Einige Aufmerksamkeit hat z. B. Thomas Hettches Schritt zum konventionellen Erzählen in seinem Roman *Die Liebe der Väter* (2010) gefunden, der sich in dieser Hinsicht deutlich von seinen früheren Büchern wie *Nox* (1995) oder *Der Fall Arbogast* (2001) unterscheidet. Damit wird der Literatur etwas attestiert, was zunächst als Forderung in die Diskussion eingespeist worden war – und zwar sowohl von Rezensenten als auch von Schriftstellern. Unter dem Schlagwort ,Relevanter Realismus' ist so der Aufruf Matthias Polityckis und anderer, zu denen auch Thomas Hettche gehört, bekannt geworden, die Literatur müsse sich wieder

---

1 Vgl. Renaissance der Authentizität? Über die neue Sehnsucht nach dem Ursprünglichen. Hg. von Michael Rössner und Heidemarie Uhl. Bielefeld 2012.

2 Vgl. zum Zusammenhang beider Umberto Eco: Postmodernismus, Ironie und Vergnügen. In: Umberto Eco: Nachschrift zum *Namen der Rose*. Aus dem Italienischen von Burkhart Kroeber. 4. Auflage München/Wien 1984, S. 76–82.

3 Gilt Beliebigkeit als Markenzeichen der Postmoderne, das ihr nur wenige abzusprechen versuchen (vgl. Wolfgang Welsch: Unsere postmoderne Moderne. 7. Auflage. Berlin 2008, insb. S. 31–43), ist für Popliteratur bekanntlich eine ebenfalls vom Gegenstand absehende Oberflächenästhetik charakteristisch (vgl. Thomas Hecken: Pop. Geschichte eines Konzepts. 1955–2009. Bielefeld 2009, S. 265–271).

der Gegenwart und ihren ‚relevanten' Themen zuwenden, um „eine neue Mitte"
zu konstituieren.[4] Überblickt man die öffentliche und die literaturwissenschaftliche Diskussion der letzten Zeit, entsteht der Eindruck, als sei genau diese Wende in der
Literatur unlängst passiert. Endlich, heißt es, werde wieder existentiell Be-
deutsames geschrieben. Die *Schweizer Monatshefte* machen mit Blick auf
Deutschland schon vier Monate nach der Forderung nach einem ‚Relevanten
Realismus' zwei Vertreter eines solchen aus, von denen der eine wohl nicht
zufällig Mitverfasser des genannten Manifestes ist: „Jetzt hält die neue Ernsthaftigkeit in Romanen von Uwe Tellkamp und Matthias Politycki Einzug in
die deutsche Gegenwartsliteratur".[5]

Dies lässt die Frage zu, wie es sich (inzwischen) mit derartigen Befunden
verhält. In der Tat kann nicht bezweifelt werden, dass es eine Tendenz zu konservativen (und aufgrund der deutschen Geschichte lange Zeit als untragbar
geltenden) ‚rechten' Positionen gibt. Gleichzeitig nehmen Forderungen zu,
man solle doch wieder zu einem schlichteren Erzählstil zurückkehren.[6] Wie die
Beiträge dieses Bandes zeigen können, ist die Situation dennoch nicht ganz so
einfach, sieht man von den in diesem Zusammenhang gern genannten Akteuren
wie Botho Strauß, Alban Nikolai Herbst, Maxim Biller oder eben Politycki,
Tellkamp und Hettche ab.

Nach wie vor gibt es nämlich Autoren, die den allerorts konstatierten Trend
zu mehr Ernsthaftigkeit nicht mitmachen und deren Hauptinteresse ungebrochen
auf dem metafiktionalen und intertextuellen Spiel liegt. Dies gilt insbesondere für
Helene Hegemann (Ingo Vogler), den unlängst verstorbenen Wolfgang Herrndorf
(Magdalena Drywa), für Wolf Haas (Nikolas Buck) und Thomas Glavinic (Birgitta
Krumrey), deren Œuvre nicht selten eine offene Abwehr der Ernsthaftigkeitsforde-
rung erkennen lässt. Inzwischen gibt es im Anschluss an Bourdieu vermehrt Untersuchungen, die sich der Frage nach der Art und Weise zuwenden, wie sich ein

---

4   Matthias Politycki: Relevanter Realismus. In: Matthias Politycki: Vom Verschwinden der
     Dinge in der Zukunft. Bestimmte Artikel. Hamburg 2007, S. 102–106, hier S. 103. – Nach
     dem Erstdruck in der *Zeit* taucht nur noch Politycki als Verfasser neben geschwärzten Na-
     men auf, weil es seine Co-Autoren vorziehen, „nach all den Einwänden und Widerreden, die
     der Artikel seinerzeit hervorgerufen hat, dort nicht mehr namentlich aufzutauchen" (ebd.,
     S. 102, Anm.).

5   Gunther Nickel: Die Wiederkehr der „konservativen Revolution". In: Schweizer Monats-
     hefte 10/11 (2005), S. 53–55., hier S. 53.

6   Einen Überblick über diese Tendenzen vermittelt Maike Schmidt: Gegenwart des Konser-
     vativismus in Literatur, Literaturwissenschaft und Literaturkritik. Kiel 2013 (i. Dr.).

Autor im literarischen Feld positioniert und inszeniert.[7] Dabei ist die Beobachtung gemacht worden, dass auffällige Autorinszenierungen gerade in jüngster Zeit zunehmen, was nicht zuletzt mit der veränderten Kommunikation über Literatur durch die neuen Medien zu tun hat.[8] Wie oft hinter einer prägnanten Autorinszenierung ein gewisser Konflikt mit den Erwartungen der Literaturkritik steht, machen die Beiträge zu Hegemann und Herrndorf deutlich. Beide scheinen auf den ersten Blick den Anspruch auf ‚relevante‘ Themen einzulösen, was auch ihre (anfängliche) Rezeption bestimmt, entlarven aber bei genauerer Analyse diese Lesart als oberflächlich. Doch auch Haas und Glavinic betreiben eine Selbstinszenierung, die bewusst das problematische Literaturverständnis aufgreift und ironisiert, das literaturkritischer Wertung häufig zugrunde liegt. Dabei ist immer ein Literaturverständnis gemeint, das den Fokus auf gesellschaftsrelevante Themen bzw. authentische Darstellungen legt und gerade nicht ein ‚unernstes‘ Formspiel goutiert.

Selbst Autoren, die in dieser Weise themenorientiert schreiben, verfolgen aber häufig ein anderes Ziel als das in der Diskussion im Zentrum stehende. Bei nicht wenigen Romanen fällt auf, dass sie sich Fragen der nationalen Identität bzw. der Aufarbeitung der deutschen Geschichte widmen. Hier ist grundsätzlich noch einmal zu unterscheiden zwischen Romanen, die sich der Gegenwartdiagnostik zuwenden, und solchen, die spezifisch historische Themen in den Blick nehmen. Gerade diese zweite Richtung darf nicht mit dem verwechselt werden, was als Rückkehr des Konservativismus gehandelt wird.[9] Das Interesse an deutscher Geschichte und Gegenwart ist alles andere als neu. Schon seit der Wiedervereinigung konstatiert die Forschung in der Literatur eine Suche nach „‚Germaness‘ und nationaler Identität“,[10] die sich vorrangig auf drei Themenbereiche konzentriert: die Auseinandersetzung mit der NS-Zeit, der alten Bundesrepublik und der DDR.

Dass diese Richtung noch immer eine stark vertretene ist, machen die Aufsätze von Dominika Gortych zum postmodernen Shoa-Diskurs bei Kevin Vennemann, von Marek Szałagiewicz zu der von Dagmar Leupold fingierten Briefkorrespondenz zwischen Heinrich von Kleist und Ulrike Meinhof sowie von Olena Komarnicka zu Eugen Ruges autobiographisch fundierter Familiengeschichte über die

---

7   Vgl. zur Autorinszenierung Christoph Jürgensen/Gerhard Kaiser (Hgg.): Schriftstellerische Inszenierungspraktiken. Typologie und Geschichte. Heidelberg 2011.

8   Vgl. zur historischen Entwicklung Christoph Jürgensen/Gerhard Kaiser: Schriftstellerische Inszenierungspraktiken. Heuristische Typologie und Genese. In: Jürgensen/Kaiser: Schriftstellerische Inszenierungspraktiken [Anm. 7], S. 9–30, insb. S. 15ff.

9   Z. B. von Nickel (2005).

10 Friederike Ursula Eigler: Gedächtnis und Geschichte in Generationenromanen seit der Wende. Berlin 2005, S. 10.

DDR deutlich. Daneben richtet sich der Blick auf unterschiedliche Weise auf die deutsche Gegenwart, wenn Moritz von Uslar den deutschen Osten erkundet (Magdalena Skalsa) oder Ingo Niermann und Alexander Wallasch den Afghanistan-Einsatz der Bundeswehr (Kristin Eichhorn) behandeln. Schließlich versuchen ab den 1970er Jahren geborene Autoren wie Thomas Melle, das Signum ihrer eigenen Generation zu umreißen (Johannes S. Lorenzen). Auch wird Berlin und seine Geschichte immer wieder zum Thema, so bei Albrecht Selge (Ewa Pytel-Bartnik) und Annett Gröschner (Karolina Rapp).

Die hier besprochenen Texte zeichnen sich – mit Ausnahme vielleicht von Niermann/Wallaschs *Deutscher Sohn* – nicht dadurch aus, dass sie vormals problematische, weil mit dem Nationalsozialismus assoziierte Thesen und Kulturzusammenhänge wieder fruchtbar machen wollen. Vielmehr steht durch die Konzentration auf die jüngere *deutsche* Geschichte und die davon naturgemäß beeinflusste *deutsche* Gegenwart immer noch die ‚dreifache Vergangenheitsbewältigung' im Zentrum, die schon die 1990er Jahre prägt.[11] Die These vom Übergang des postmodern-spielerischen zum ernsthaften Schreiben kann also schon deshalb der aktuellen Literaturproduktion nur teilweise gerecht werden, weil sie bestehende Kontinuitäten verdeckt – höchstens ließe sich von einer anderen quantitativen Verteilung ausgehen, was freilich nur eine empirische Erhebung klären könnte. Die hier vorliegenden Stichproben sind eher geeignet, die Frage nach Kontinuitäten und Unterschieden zu der Literatur der 1990er Jahre in qualitativer Hinsicht aufzuwerfen.

Zieht man entsprechende Untersuchungen zu diesem Jahrzehnt hinzu, wird doch ein Unterschied im Verfahren erkennbar, der die aktuellen Texte von denen der Nachwendezeit trennt. Damals ging es, wie Friederike Eigler gezeigt hat, meist um eine Problematisierung der Überlieferung der Fakten aus der Vergangenheit; die Romane dieses Zeitraums präsentieren bevorzugt Figuren, die anhand von nicht immer ganz unproblematischen und zumindest subjektiv gefärbten Quellen die ‚Wahrheit' zu rekonstruieren versuchen.[12] Der Betonung des Künstlichen am Roman kommt also primär die Funktion einer Relativierung der Aussagen über das Historische zu.

Demgegenüber ist mittlerweile die Wahl der ästhetischen Mittel ebenfalls ganz dem Ernsthaftigkeits- und Authentizitätsdiskurs verpflichtet. Wie Dominika

---

11 Vgl. zum Terminus Konrad Jarausch: Zeitgeschichte und Erinnerung. Deutungskonkurrenz oder Interdependenz? in: Verletztes Gedächtnis. Erinnerungskultur und Zeitgeschichte im Konflikt. Hg. von Konrad Jarausch und Martin Sabrow. Frankfurt am Main 2002, S. 9–37, hier S. 9. – Eigler diskutiert ihn für die Literatur dieser Zeit. Vgl. Eigler (2005), S. 10.
12 Vgl. ebd., S. 229.

Gortych am Beispiel Vennemanns zeigt, führt die wachsende zeitliche Distanz zum Holocaust zu einem Authentizitätsdefizit bei der jüngeren Autorengeneration, auf das diese mit Hilfe poetischer Kraft und starker ästhetischer Überformung zu reagieren versucht. Dieser Befund lässt sich auf die meisten der hier besprochenen Texte erstaunlich gut übertragen. Die Reflexion auf das Problem einer glaubhaften Evokation historischer Ereignisse und der daraus folgende Rückgriff auf Polyperspektivität und Intertextualität sind auch charakteristisch für die Romane Ruges, Gröschners und Leupolds.

Zu bemerken ist also nicht (nur) die Wende ehemals postmodern schreibender Autoren zu ernsthaften Themen und traditionellen Schreibweisen. Umgekehrt lassen es die hiesigen Analysen zu, ein gewisses Eindringen als postmodern geltender Schreibweisen in eine literarische Richtung zu bemerken, die bereits vorher – unabhängig von dieser – existiert hat. Im Umfeld eines Schreibens, das die Aufarbeitung der ohne Frage ‚ernsthaften‘ deutschen Geschichte des 20. Jahrhunderts und Stellungnahmen zur gegenwärtigen gesellschaftlichen Situation ins Zentrum rückt, hat sich offensichtlich das Bedürfnis entwickelt, die Postmoderne nicht mehr nur als Gegenpol zu sehen, sondern auf sie zu reagieren. Möglich wird dies durch die These von der Überwindung des postmodernen Schreibens. Dessen Verfahrensweisen gelten nicht mehr als *state of the art*, sondern als historisch. Offenkundig werden sie daher zwar als überholt, aber doch als Basis verstanden, von der aktuelle Ansätze ausgehen müssen und die sich nutzbringend integrieren lässt.

Der große Umschwung in der Literaturproduktion, den die Theoretiker bereits erfüllt stehen bzw. noch fordern, steht vor diesem Hintergrund noch immer aus. Die Zweiteilung, die sich beobachten lässt, ist in all ihren Spezifika eine recht klassische: Sie bezeichnet nicht mehr und nicht weniger als den Unterschied zwischen Autoren, die sich den Forderungen des Literaturdiskurses unterwerfen, und solchen, die diese als ungenügend zurückweisen. Dies gilt umso mehr, als Nikolas Buck gerade bei Haas die Kontinuitäten zur Avantgarde der 1960er Jahre betont. Und schließlich sind die ‚ernsthaften‘ und ‚relevanten‘ Texte – sieht man genauer hin – immer noch die Familienromane, deren Überwindung sich Politycki vorrangig zum Ziel setzt,[13] der überhaupt unter ‚Relevanz‘ etwas anderes versteht als das ‚Zusammenraffen‘ von Stoffen aus dem „eignen Leben oder der Historie“.[14] Damit stellt sich die Frage, ob die so stimmig wirkende Erzählung einer Entwicklung

---

13   Eines der Ziele lautet: „Die Epigonen des Familienromans, die raunenden Beschwörer des Imperfekts auf ihren Platz am Rand verweisen und die zwar unbequeme, aber aufregende Gegenwart zum zentralen Ort des Erzählens und des Erzählten werden lassen und sie so transzendieren" (Politycki 2007, hier S. 103).

14   Ebd., hier S. 106, Anm. – Zum Begriff ‚Relevanz‘ ebd., S. 105f.

von der Moderne zur Postmoderne und nun zur Postpostmoderne tatsächlich an den Texten nachweisbar ist oder ob nicht vielmehr eine traditionelle Aufteilung des literarischen Feldes in leicht variierter Form fortbesteht.

In einer Hinsicht gibt es die diskutierte Entwicklung jedoch tatsächlich: als Diskurs, auf den die gegenwärtig schreibenden Autoren reagieren. Und so erscheint es sinnvoll zu trennen zwischen dem Diskurs über eine ,neue' ernsthafte Literatur, der die öffentliche Debatte prägt und die von einigen Autoren bedient wird, und dem Gros der literarischen Produktion, die keinen so klaren Umbruch erkennen lässt, wie ihn die Diskussion suggeriert. Die Forderung nach bzw. die These von der bereits eingetretenen ,neuen' Ernsthaftigkeit hat insofern Einfluss auf die literarische Produktion, als sämtliche Akteure gezwungen sind, sich zu diesem Diskurs in irgendeiner Weise – sei es positiv oder negativ – zu verhalten. Diesem Aspekt sollte künftig mehr Aufmerksamkeit gewidmet werden.

Naturgemäß ist es schwierig, ohne den notwendigen historischen Abstand eine treffende Diagnose zum Stand der gegenwärtigen Literaturproduktion zu stellen. Die hiesigen Analysen stellen jedoch einen wichtigen Differenzierungsversuch dar und können – so die Hoffnung – dazu anregen, die bisher oft verkürzte makrostrukturelle Darstellung zu hinterfragen und mit mehr Material zu unterfüttern.

Nach Zusammenstellung aller Beiträge hat sich eine Gliederung in die drei Sektionen „Autoren und Literaturkritik", „Romane über deutsche Geschichte" und „Romane über deutsche Gegenwart" angeboten. Die Sektionen sind – bedingt durch die anfangs völlig freie Themenwahl der Autorinnen und Autoren – unterschiedlich umfangreich. Sie geben indes einen guten Überblick über das Spektrum der aktuellen literarischen Produktion. Sie können außerdem gut abbilden, wo sich die Forschungsinteressen der polnischen und der deutschen Germanistik treffen und wo sie sich unterscheiden.

Sektion I:
Gegen den Ernst.
Autoren und Literaturkritik

Experimentierfreude und „Spieltrieb". Thomas Glavinics Kriminalroman *Lisa*

Birgitta Krumrey

Das Bild des Autors in der Öffentlichkeit und seine Positionierung im kulturellen Feld nehmen im Literaturbetrieb der Gegenwart einen immer größeren Stellenwert ein. Autoren nutzen vielfach verschiedene Inszenierungsstrategien und Distributionswege, um sich im umkämpften Literaturmarkt gegenüber anderen Autoren abzusetzen.[1] Ingo Irsigler weist darauf hin, dass „in allen relevanten gesellschaftlichen Feldern" eine Personalisierungsstrategie erkennbar ist, die „auch im Literaturbetrieb [...] angesichts der sich immer weiter verknappenden ‚Ressource' Aufmerksamkeit beständig an Bedeutung gewonnen" hat.[2]

Die mit dem Autornamen verbundenen Vorstellungen über den Verfasser tragen maßgeblich zur Positionierung des Autors im kulturellen Feld, zur Vermarktung sowie der Rezeption seiner Texte bei.[3] Dirk Niefanger hat unlängst konstatiert, dass dem Autornamen über eine *fonction classificatoire* (Michel Foucault) hinaus auch eine „rechtliche und ökonomische Funktion"[4] im Sinne eines ‚Labels' zukommt.

Welchen Einfluss die an einen Autornamen geknüpften Vorstellungen über den Verfasser für die Rezeption der Texte haben können, sodass Bücher sogar „ihren Wert verlieren, wenn sich das Wissen um den Autor verändert",[5] hat eindrücklich der Fall von Binjamin Wilkomirski vorgeführt.[6]

---

1   Zu schriftstellerischen Inszenierungspraktiken siehe näher: Christoph Jürgensen/Gerhard Kaiser (Hgg.): Schriftstellerische Inszenierungspraktiken – Typologie und Geschichte. Heidelberg 2011 sowie Christine Künzel/Jörg Schönert (Hgg.): Autorinszenierungen. Autorschaft als literarisches Werk im Kontext der Medien. Würzburg 2007.

2   Ingo Irsigler: „Ein Meister des Versteckspiels". Schriftstellerische Inszenierung bei Walter Moers. In: Walter Moers' Zamonien-Romane. Vermessungen eines fiktionalen Kontinents. Hg. von Gerrit Lembke. Göttingen 2011, S. 59–72, hier S. 59.

3   Vgl. Dirk Niefanger: Der Autor und sein Label. Überlegungen zur fonction classificatoire Foucaults (mit Fallstudien zu Langbehn und Kracauer). In: Autorschaft: Positionen und Revisionen. DFG-Symposion 2001. Hg. von Heinrich Detering. Stuttgart/Weimar 2002, S. 521–539, hier S. 526.

4   Ebd., S. 525.

5   Fotis Jannidis/Gerhard Lauer/Matías Martínez/Simone Winko: Einleitung. Autor und Interpretation. In: Texte zur Theorie der Autorschaft. Hg. von dens. Stuttgart 2000, S. 7–29, hier S. 7.

6   Binjamin Wilkomirskis *Bruchstücke. Aus einer Kindheit 1939–1948* sind 1996 als Autobiographie im Jüdischen Verlag der Suhrkamp-Gruppe veröffentlicht worden. Die Geschichte

Autorname und Texte eines Autors können sich dabei gegenseitig beeinflussen: Trägt der Name eines Autors auf der einen Seite zur Klassifizierung der Texte bei, bestimmen diese wiederum seine Position im literarischen Feld und haben Anteil an seinem Habitus.[7]

Im Fall von Thomas Glavinic lässt sich zeigen, welche Wirkung ein bereits etabliertes Autor-Label auf seine Texte hat. Glavinic gilt als Wunderkind der österreichischen Literaturszene bzw. als abwechslungsreicher „Vielschreiber",[8] der in seinen experimentellen und gewagten Texten immer wieder einen neuen Ton anschlägt.[9] Diese „extreme Wandlungsfähigkeit"[10] hat ihn zunächst gegenüber anderen jungen Nachwuchsschriftstellern im literarischen Feld ausgezeichnet. Dem Anspruch, mit jedem Roman etwas Neuartiges zu schaffen, das sich vom Vorherigen absetzt, scheint der Autor – wie an ausgewählten Stimmen der Literaturkritik zu zeigen sein wird – mit seinem Roman *Lisa* (2011) nicht mehr zu genügen, was seine Positionierung im literarischen Feld unterläuft.

Vom Label ‚Thomas Glavinic' ausgehend sowie von seiner Verwendung durch Verfasser und Verlag gilt es zunächst, den Roman *Lisa* im Œuvre des Autors zu verorten. Es soll untersucht werden, ob sich *Lisa* stilistisch und thematisch von früheren Texten Glavinics absetzt und damit dem Image des Autors entsprechend

---

des Waisenkindes, das im Konzentrationslager Auschwitz-Birkenau überlebte, wurde drei Jahre nach seiner Veröffentlichung als Fälschung entlarvt. Vgl. dazu u. a.: Barbara Schaff: Der Autor als Simulant authentischer Erfahrung. Vier Fallbeispiele fingierter Autorschaft. In: Autorschaft – Positionen und Revisionen. 24. Germanistisches Symposion der Deutschen Forschungsgemeinschaft. Hg. von Heinrich Detering. Stuttgart 2002, S. 426–443 sowie Hans-Edwin Friedrich: Gefälschte Erinnerung. Binjamin Wilkomirski: Bruchstücke. Aus einer Kindheit 1939–1948 (1995). In: Literaturskandale. Hg. von dems. Frankfurt am Main 2009.

7   Vgl. Niefanger (2011), S. 526.

8   René Hamann: Ich, meine Psychopathin und mein Mikrofon. In: TAZ Berlin vom 2./3. April 2011. Hamann bezieht sich hier auf die Tatsache, dass Glavinic in der Zeit von 1998 bis zum Frühjahr 2011 bereits acht Romane geschrieben hat. 2011 ist darüber hinaus Glavinics neunter Roman *Unterwegs im Namen des Herrn* erschienen. Die Veröffentlichung von Glavinics zehntem Roman *Das größere Wunder* ist für August 2013 angekündigt. Der Text konnte aufgrund des Redaktionsschlusses im Juli 2013 nicht im Rahmen des vorliegenden Artikels berücksichtigt werden.

9   Vgl. Ingo Irsigler: Thomas Glavinic [Art.]. In: Killy Literaturlexikon. Autoren und Werke des deutschsprachigen Kulturraumes. Bd. 4: Fri–Hap. 2., vollständig überarbeitete Auflage. Hg. von Wilhelm Kühlmann. Berlin/New York 2009, S. 247.

10 Günther Haika: Thomas Glavinic. Ein schlafwandelndes Chamäleon. Ein fiktiver Dialog über Thomas Glavinic. In: praesent 2007. Hg. von Michael Ritter. Wien 2006, S. 87–98, hier S. 90.

Variationen und Neuerungen aufweist. Im Anschluss daran werden sowohl die Auswirkungen des Autornamens auf die Bewertung des Romans von Seiten der Literaturkritik betrachtet als auch Konsequenzen dieser Bewertung für den Autornamen in den Blick genommen.

I. Das Label ‚Thomas Glavinic'

Der 1972 geborene österreichische Schriftsteller Thomas Glavinic hat sich früh mit seinen Texten *Carl Haffners Liebe zum Unentschiedenen* (1998), *Herr Susi* (2000) und *Der Kameramörder* (2001) ein Label im Feld der Gegenwartsliteratur ‚erschrieben', das er mit weiteren Veröffentlichungen wie *Die Arbeit der Nacht* (2006) manifestieren konnte und mit Selbstaussagen stets befördert hat. Die experimentellen Anlagen sowie die stilistische und thematische Varianz seiner Texte sind zu seinem Markenzeichen geworden, das die Literaturkritik vielfach aufgenommen und als Alleinstellungsmerkmal des Autors benannt hat. Anlässlich des Romans *Das Leben der Wünsche* erklärt z. B. Felicitas von Lovenberg:

> Dass es Glavinic gelingt, sein ungeheuerliches Sujet auf so konsequente, überzeugende Weise zu variieren und fortzuführen, noch dazu einen früheren Charakter zu zitieren, ohne sich im Geringsten zu wiederholen, bekräftigt seinen Rang als einer der bemerkenswertesten, innovativsten Schriftsteller seiner Generation – und als einer der vielseitigsten.[11]

Auch die literaturwissenschaftliche Forschung hat darauf hingewiesen, dass „[i]m Zentrum von G[lavinic]s stilistisch variierenden Texten [...] psychologische Gedankenexperimente von unterschiedlicher existentieller Reichweite" stehen.[12]

---

11 Felicitas von Lovenberg: Aus diesem Panikraum gibt es kein Entkommen. In: FAZ.net vom 15.08.2009. <http://www.faz.net/aktuell/feuilleton/buecher/rezensionen/belletristik/thomas-glavinic-das-leben-der-wuensche-aus-diesem-panikraum-gibt-es-kein-entkommen-1842333.html>. Datum des Zugriffs: 11.07.2013. Ähnlich formuliert es u. a. Gerrit Bartels in seiner Rezension zu Glavinics *Lisa*: „Spätestens [...] [seit seinem Roman *Die Arbeit der Nacht*] gilt Glavinic als einer der wichtigsten, innovativsten Schriftsteller seiner Generation. Seines Witzes, seiner Ironie und seiner Buch für Buch wechselnden Sujets wegen, vor allem aber auch, weil seine Romane gleichermaßen medienkritisch und moderne Schauermärchen sind" (Gerrit Bartels: Serienmord mit Wattestäbchen. In: Der Tagesspiegel vom 11.02.2011 <http://www.tagesspiegel.de/kultur/thomas-glavinic-serienmord-mit-wattestaebchen/3812770.html>. Datum des Zugriffs: 11.07.2013).

12 Irsigler (2009), S. 247. Vgl. auch Haika (2006).

Der Carl Hanser Verlag setzt das hier kurz skizzierte Image des Autors zur Vermarktung seiner Texte ein, was sich auch bei der Veröffentlichung des Romans *Lisa* (2011) zeigt. Der Roman sei, wie es im Klappentext heißt, ein „Meisterwerk der Komik und Absurdität" eines der „ungewöhnlichsten Erzähler seiner Generation".[13] Auch Glavinic inszeniert sich als innovativer Schriftsteller der Gegenwartsliteratur und untermauert damit immer wieder aufs Neue seine Positionierung im literarischen Feld. Ein Beispiel dafür liefert der Artikel des Autors *Ja, wie schreiben Sie denn bloß?* in der *Frankfurter Allgemeinen Zeitung* vom August 2011, in dem er – kurz vor dem Erscheinen seines Textes *Unterwegs im Namen des Herrn* (2011) und damit direkt nach der Veröffentlichung von *Lisa* – die stilistische Varianz seiner Texte herausstellt.[14] In dem Artikel veröffentlicht Glavinic die Ergebnisse einer Online-Software, mit Hilfe derer er den Schreibstil in seinen bis dato acht Romanen untersucht hat. Die „absolut sichere und unbestechliche Messmethode",[15] eine Software mit dem Namen „Ich schreibe wie", wurde von dem damals 27-jährigen Softwareentwickler Dmitry Chestnykh aus Montenegro programmiert und hat Mitte des Jahres 2011 binnen vier Wochen internationale Erfolge gefeiert. Die Software untersucht den Schreibstil eines Nutzers mithilfe eines „Algorithmus, der ähnlich wie ein ‚Spam-Filter' funktioniert";[16] dieser vergleicht die stilistischen Eigenarten der Textprobe mit dem Stil ‚großer' Schriftsteller. Den Ergebnissen der deutschsprachigen Version des Programms zufolge schreibt man z. B. wie Martin Mosebach, Hermann Hesse oder Ingeborg Bachmann, wie Charlotte Roche, Dietmar Dath und Rainald Goetz. Gibt man Texte von deutschen Schriftstellern ein, beweist das Programm sein Können, jedoch auch seine Grenzen: Kafka schreibt tatsächlich wie Kafka, Goethe allerdings auch gelegentlich wie Fontane.[17]

Die Auswertungen des Programms mögen zunächst überraschen: In keinem Fall erhält Glavinic die Antwort: „Ich schreibe wie Thomas Glavinic". Vielmehr ordnet die Software nahezu jeden seiner Romane einem anderen deutschsprachigen Schriftsteller zu. So lautet das Resultat für Glavinics ersten Roman *Carl Haffners Liebe zum Unentschiedenen:* „„Ich

---

13 Thomas Glavinic: Lisa. München 2011, Klappentext. – Im Folgenden zitiert als: Lisa.

14 Thomas Glavinic: Ja, wie schreiben Sie denn bloß? In: FAZ.net vom 07.08.2011 <http://www.faz.net/aktuell/feuilleton/buecher/autoren/schreibstilanalyse-ja-wie-schreiben-sie-denn-bloss-11114070.html>. Datum des Zugriffs: 22.09.2012.

15 Julia Encke: „Ich schreibe wie…". In: FAZ.net vom 03.10.2010 <http://www.faz.net/aktuell/feuilleton/2.1769/themen/f-a-z-stiltest-ich-schreibe-wie-11051612.html>. Datum des Zugriffs: 11.07.2013.

16 Ebd.

17 Ebd.

schreibe wie ... [... Rainer Maria Rilke.']".[18] Sein zweiter Roman *Herr Susi* wird stilistisch Maxim Biller zugeordnet. *Der Kameramörder* ähnelt im Stil, so der Algorithmus, Heinrich Böll; *Wie man leben soll* (2004) und *Lisa* (2011) hingegen spiegeln den Stil Melinda Nadj Abonjis wieder. Für die *Die Arbeit der Nacht* und *Das Leben der Wünsche* (2009) ist das Ergebnis: „„Ich schreibe wie ... [... Uwe Johnson!']".[19] Für Glavinics autofiktionalen Text *Das bin doch ich* (2007) ermittelt das Programm schließlich den Stil Peter Handkes.[20] Die Software erkennt damit keinen spezifischen Glavinic-Stil,[21] was Thomas Glavinic wiederum selbstironisch kommentiert:

> Ein wenig ratlos drehe ich meinen Kugelschreiber in den Händen. Was jetzt? Ach ja, ich bringe im August ein Buch über meine Pilgerfahrt auf den Balkan heraus, wie habe ich das denn geschrieben? Der Algorithmus verrät mir schnell, dass Freunde von Max Frisch im Herbst die Buchhandlungen stürmen sollten, um „Unterwegs im Namen des Herrn" zu kaufen. Das überrascht mich zwar nicht minder als vorhin die Ähnlichkeit mit Peter Handke, aber der teuflische Algorithmus kann nicht irren. Ob ich das Zertifikat [der Schreibstilanalyse] auf meine Homepage stellen will, weiß ich noch nicht, ich werde das mit meinem Verlag besprechen. Vorher aber bestelle ich die „Jahrestage" und etwas von Melinda Nadj Abonji. Man will ja schließlich wissen, wie man schreibt.[22]

Es bleibt hier unbeantwortet, ob Daten zu Thomas Glavinic und seinen Texten für die Software überhaupt programmiert worden sind und folglich ob der Stil des Autors von dem Programm hätte erkannt werden können. Für die Aussage des Artikels ist diese Information allerdings unerheblich. Denn die Ergebnisse veranschaulichen das, was ohnehin als Glavinics Markenzeichen gilt: Glavinic hat nicht den *einen*, unverwechselbaren Stil, an dem man die Werke des Autors erkennt; er hat *viele*.

II. Mediendiskurs und Kriminalgeschichte: *Lisa* als Schreibexperiment

Wie gezeigt werden konnte, ist der Name Thomas Glavinic zum Zeitpunkt der Veröffentlichung des Romans *Lisa* bereits eindeutig belegt. Sowohl die

---

18 Glavinic (2011).
19 Ebd.
20 Vgl. ebd.
21 Die von Glavinic in seinem Artikel gemachten Angaben halten einer Überprüfung grundsätzlich stand. Pflegt man Leseproben aus seinen Romanen ein, fördert das Programm überwiegend die von Glavinic genannten Ergebnisse zutage. Abweichungen erklären sich dadurch, dass die Berechnungen abhängig sind von der Länge sowie der Art des Textauszugs.
22 Glavinic (2011).

literaturwissenschaftliche Forschung als auch die Literaturkritik haben das Label des Autor anerkannt und bestätigt; der Verlag und sein Autor verwenden es zur Etikettierung seiner Werke.

In *Lisa* verknüpft Glavinic erstmals einen *realen* Kriminalstoff mit einem Medien- und Gesellschaftsdiskurs in Form einer Internet-Radiosendung, deren Schlusspointe dem Erzählten eine neue Wendung gibt. Damit scheint *Lisa* als literarisch experimenteller Roman gelten zu können, der so das Image des Autors aufs Neue bestärkt.

Im Folgenden gilt es, diese erste Einordnung vor dem Hintergrund von Glavinics früheren Texten einer eingehenden Überprüfung zu unterziehen und an einigen Beispielen aufzuzeigen, welche Wiederholungen und Wiederaufnahmen sich in Lisa finden lassen.

Als Transkription einer Internet-Radiosendung, die gekennzeichnet ist von Unterbrechungen und technischen Störungen, versucht der Roman ein relativ neues Medium in Sprache zu übertragen und die Charakteristika einer mündlichen Kommunikationsform abzubilden: Ein Mann, der anonym bleiben will und sich den Decknamen ‚Tom' gibt, sendet täglich mehrere Stunden per Live-Stream ins Internet und macht so als Laie seine eigene Online-Radiosendung.

Scheinbar nebenbei erzählt Tom die Geschichte des gleichnamigen ‚Phantoms', das in ganz Europa grausame Verbrechen begangen hat. Dazu gehört auch ein Einbruch in seine Wohnung drei Jahre vor Einsetzen der Handlung, bei dem Papiere und Pässe gestohlen worden sind. Zunächst glaubt Tom, dass es sich um einen zwar ärgerlichen, letztlich aber banalen Diebstahl handelt. Später jedoch erfährt er, dass „das Phantom aus meiner Wohnung ein anderes Kaliber ist" (Lisa, S. 25). Anhand einer DNA-Spur „mit der Kennzahl BW/86/VX/334562" (Lisa, S. 35) ist sich die Polizei sicher, dass die weibliche Täterin, die nicht weiter identifiziert werden kann, neben Delikten wie einem weiteren „lächerliche[n] Einbruchsdiebstahl" (Lisa, S. 36) von 1988 auch die qualvolle Ermordung eines Paares auf einer ‚Interrail'-Reise im Jahr 1990 sowie Giftmorde in Prag und die Organ-Ausschlachtung eines Obdachlosen begangen hat. Aus Angst vor ‚Lisa' hat sich der Erzähler nun gemeinsam mit seinem Sohn, von dessen Existenz der Leser/Zuhörer lediglich durch Toms Aussagen weiß, in einer Berghütte in der Steiermark versteckt.

Für zeitgenössische Leser erkennbar verarbeitet Glavinics Roman damit die realen Vorkommnisse um die sogenannten Heilbronner Polizistenmorde, die aufgrund eines bedeutenden Ermittlungsfehlers Schlagzeilen gemacht haben. Bei den Ermittlungen zum Mord an einer Polizistin am 25. April 2007 in Heilbronn fand die Polizei die DNA einer unbekannten Frau. Aufgrund der Vielzahl von Verbrechen, die dieser DNA-Spur nach und nach zugeordnet werden konnten, vermutete man eine schwerstkriminelle und kaltblütige Täterin, nach der entsprechend intensiv öffentlich gefahndet wurde. Insgesamt wurde die DNA in Proben von ca. 40 Tatorten, insbesondere in Baden-Württemberg, Rheinland-Pfalz, im Saarland und in Österreich sichergestellt, unter anderem bei sechs Mordfällen. Nach zwei Jahren erfolgloser Suche wurde schließlich aufgeklärt, was es mit dem ‚Heilbronner Phantom' auf sich hatte: Die DNA-Spuren stammten jeweils von verunreinigten Wattestäbchen, mit denen die Proben in allen Kriminalfällen genommen worden waren.[23]

Diese Auflösung des realen Falls wird in *Lisa* als ‚offizielle Version' der Polizei ausgegeben, die dem Erzähler zufolge nicht der Wahrheit entspricht. Lediglich er und sein Polizistenfreund Hilgert sind dem Phantom tatsächlich auf die Spur gekommen und befinden sich daher in Gefahr.

Die Jagd auf das Phantom und die Beschreibungen von Lisas Verbrechen nehmen einen erheblichen Teil des Romans ein. Auch der Klappentext stellt neben der Erwähnung des Internetmediums als Zeichen der Zeit die Bedrohung durch Lisa in den Vordergrund und rekurriert so auf die Kriminalromanen bzw. Thrillern inhärente *suspense*:

> „Ich will nicht gefunden werden". Ein Mann hat sich mit seinem kleinen Sohn in einem verlassenen Landhaus verschanzt. Jeden Abend setzt er sich mit reichlich Whiskey und Koks vor ein Mikrofon und spricht per Internet-Radio zu einem virtuellen Publikum. DNA-Analysen beweisen das Unglaubliche: Eine Schwerkriminelle begeht rätselhafte Verbrechen auf der ganzen Welt [...]. Die Zeichen mehren sich, dass er ihr nächstes Opfer wird. [...].
> (Lisa, Klappentext)

Dennoch handelt es sich bei *Lisa* nicht um eine Kriminalgeschichte im klassischen Sinne. Der Kriminalhintergrund befeuert vielmehr Toms Rededrang. Der Erzähler teilt seine Meinung zum Kulturpessimismus der Deutschen oder aber zu den digitalen Medien mit:

> Die Kulturphilosophen regen sich auf über das Verschwinden persönlicher Beziehungen, was für ein Hühnermist, ich habe jetzt mehr Umgang mit Menschen als früher, eben durchs Telefon oder über Facebook. [...] Was ist daran schlecht? Behauptet doch niemand, dass es keinen Unterschied gäbe zwischen Telefonat und Candlelight-Dinner. Aber besser Telefon und Facebook als nichts.
> (Lisa, S. 60f.)

Die Meinungsäußerungen des Ich-Erzählers, die auf die mediale und gesellschaftliche Gegenwart des Lesers anspielen, verzögern hier zusätzlich die Erzählung um

---

23   Vgl. u. a. dpa: Das Phantom war ein Phantom (27.03.2009). In: Zeit Online <http://www.zeit.de/online/2009/14/oesterreich-wattestaebchen>. Datum des Zugriffs: 11.07.2013.

die kriminellen Handlungen Lisas. Durch die lapidare Wortwahl sowie die häufigen Übertreibungen trägt der Roman trotz Spannung einen humorösen Unterton. So erregt sich Tom über „Esskulturgefasel" (Lisa, S. 34), über Polizisten oder Amokläufer[24] sowie über die 1968er-Generation.[25]

Die Rolle der Medien in der Gegenwartskultur und das Verhältnis von Medien und Wirklichkeit nehmen in fast allen Texten von Glavinic eine exponierte Stellung ein, insbesondere im *Kameramörder* und in den sogenannten ‚Jonas-Romanen' *Die Arbeit der Nacht* und *Das Leben der Wünsche*.[26] So ist das Thema des *Kameramörders* die Rolle der Medien und die Sensationslust der Fernseh-zuschauer an einem an Kindern verübten Mord; der unbeteiligt wirkende Ich-Erzähler des Textes entpuppt sich dabei am Ende selbst als Täter. *Die Arbeit der Nacht* hingegen erzählt die „existentielle Selbsterkundung"[27] des Protagonisten Jonas, der versucht, sich als letzter überlebender Mensch auf der Welt zurechtzufinden. Insbesondere die Bedeutung von Video-Kameras als Medium der Wirklichkeitserfassung wird thematisiert. In *Das Leben der Wünsche* wird u. a. die Frage nach einer Wirklichkeitsabbildung durch Photographien durchgespielt. In *Lisa* variiert Glavinic das Medienthema insofern, als er mit dem Medium Internetradio vor allem eine bestimmte Kommunikations*form* der Gegenwart beleuchtet.

Die Radio-Kommunikation via Internet ist dem Medium entsprechend geprägt von Einseitigkeit und Einsamkeit. Ein isoliertes Individuum versucht, sich mithilfe

---

24 Vgl. auch Daniel Haas: Zeter und Mordio. In: Frankfurter Allgemeine Zeitung vom 11.02.2011 <http://www.faz.net/aktuell/feuilleton/buecher/rezensionen/belletristik/thomas-glavinic-lisa-zeter-und-mordio-1597422.html>. Datum des Zugriffs: 11.07.2013.

25 Vgl. z. B.: „Mein Vater. Typischer Achtundsechziger. Damit meine ich nicht das Saufen. Er war in jeder Hinsicht typisch für seine Generation, […]. Die Achtundsechziger. Die Kindheitsdiebe. Vaterdiebe. Sie hassen alle, die jünger sind. Die Fünfzigjährigen sind an denen nie vorbeigekommen und hassen nun ihrerseits alle und speziell alle zwischen fünfunddreißig und vierzig. Und wir, die wir auf die vierzig zugehen, kümmern uns um all das nicht, weil uns alte Säcke egal sind" (Lisa, S. 44).

26 Vgl. dazu Lisa Heller: Tagungsbericht Zwischen Alptraum und Glück. Internationales Forschungskolloquium über Thomas Glavinic in Bamberg (11.–12.07.2012) <http://h-net.msu.edu/cgi-bin/logbrowse.pl?trx=vx&list=H-Germanistik&month=1207&week=d&msg=KP SYQvMUXwsNH0uw4Bqn1Q>. Datum des Zugriffs: 11.07.2013. Vgl. zu Medien in *Das bin doch ich* Anke Jensen/Jutta Müller-Tamm: Echte Wiener und falsche Inder. Strategien und Effekte autofiktionalen Schreibens in der Gegenwartsliteratur. In: Auto(r)fiktion. Literarische Verfahren der Selbstkonstruktion. Hg. von Martina Wagner-Egelhaaf. Bielefeld 2013, S. 315–328.

27 Vgl. Irsigler (2009), S. 247.

von medialer Technik aus einer Situation der existentiellen Bedrohung zu retten. Der Ich-Erzähler sendet in die Welt hinaus, ohne zu wissen, wie viele Zuhörer er hat oder ob er überhaupt jemanden erreicht:

> Hallo übrigens an alle, die heute zum ersten Mal zuhören. Ich arbeite hier mit ziemlich elender Software, ich sehe nicht einmal, wie viele Hörer ich habe. [...] Mir war es immer egal, wie viele Hörer ich hatte, ich habe mich da niemals irgendwelchen Illusionen hingegeben. Internetradio ist eine prima Sache [...]. Mir ging es immer darum live zu senden, live Radio zu machen, keine Podcasts, direkt hinaus, das fand ich immer schon faszinierend.
> (Lisa, S. 8ff.)

Nach eigenen Angaben ist Tom stets alkoholisiert; zusätzlich konsumiert er Kokain und schluckt Tabletten. Seine Einstellung zu Betäubungsmitteln wiederholt er mehrfach, wie u. a. im ersten Kapitel:

> Ich ziehe, ich trinke, ich nehme Tabletten, ich habe Heroin versucht, aber da hat es mir die Schädeldecke weggesprengt, ich habe Trips geschmissen und Ecstasy und Pilze und schwarze Afghanen und Speed und was weiß ich was alles, mittlerweile beschränke ich mich aufs Ziehen und auf ein paar Tabletten ab und zu [...]. Drogen sind ein Teil der Wirklichkeit, [...] so wie Analverkehr und Wiener Schnitzel!
> (Lisa, S. 28)

Damit ist Tom wie auch andere Erzähler von Glavinic – nicht zuletzt der homodiegetische Erzähler in *Der Kameramörder* – als unzuverlässige Größe konzipiert.

Darüber hinaus arbeitet er mit schlechter Technik und hat Probleme mit dem Internetempfang, so dass seine Sendung wiederholt abbricht und der Leser mit Ellipsen im Text konfrontiert ist:

> Hört ihr mich jetzt eigentlich? Ich kann nicht fassen, dass
> wir ...
> ...
> ... gottverdammte Technik, das hat sein müssen. Scheiß-
> kabel. Wackelkontakte ziehen...
> ...
> ... ist mir absolut nicht verständlich. Dieser Schlankheitswahn hat
> keine berechtigten Grundlagen.
> (Lisa, S. 116)

Der Roman bildet auf diese Weise sowohl die Unzulänglichkeiten einer elektronischen Kommunikation ab als auch – wie bereits in *Die Arbeit der Nacht* – das

Mitteilungsbedürfnis des „Subjekts im Ausnahmezustand".[28] Die Technik erscheint Tom als letzte Möglichkeit, Kontakt zur Außenwelt aufzunehmen und sich nicht allein zu fühlen:

> Es ist, als ob mir nichts passieren könnte, solange ich hier sitze und rede, rede, rede. Alles ist gut, solange ich durch dieses Gerät mit einem kleinen Ausschnitt der Welt kommuniziere. Zu dem du, mein Zuhörer, gehörst. Ich rede also um mein Leben. (Lisa, S. 116)

Dennoch verklingt Toms Frage „Hört ihr mich jetzt eigentlich?" im leeren Raum. Dass mediale Kommunikationsformen für das einsame Individuum von existentieller Bedeutung sein können, hat Glavinic zuvor bereits in *Die Arbeit der Nacht* thematisiert. Alle technischen Kommunikationskanäle laufen hier letztlich ins Leere und werfen den Protagonisten auf sich selbst zurück: „Nach einer Stunde hatte er sich davon überzeugt, daß es in Europa keinerlei Funkverkehr gab. Er steckte den Weltempfänger an: Von BBC World bis Radio Oslo: Rauschen".[29] Während Tom versucht, seine Angst vor Lisa in seiner Abgeschiedenheit mit einer nach außen gerichteten Kommunikation zu beruhigen, greift Jonas in der völligen Einsamkeit zu Videokameras, um sich selbst betrachten und kontrollieren zu können,[30] weil sein ‚Ich' in der Nacht ein Eigenleben zu entwickeln scheint.[31]

In beiden Romanen kann die Technik das isolierte Individuum nicht beruhigen oder retten. In *Lisa* wird Toms vermeintlicher Schutz durch die Kommunikation mit dem imaginären ‚Du' als Selbstlüge entlarvt, als er schließlich hilflos in das Mikrophon spricht: „Ist da irgendjemand, der mir zuhört? Irgendjemand? Ein Einziger? ... Ich habe mich oft gefragt, ob Gott mir zuhört" (Lisa, S. 200). Nachdem sich der Protagonist in *Die Arbeit der Nacht* vergeblich auf die Suche nach weiterem Leben auf der Welt begeben hat und die Kontrolle über sich selbst zu verlieren droht, stürzt er sich am Ende in den Tod:

> Immer langsamer fiel er. Sein Körper schien ein Teil dessen zu sein, was noch vor ihm lag, so wie er ein Teil des Augenblicks wurde und wie das Brausen und um ihn zu ihm gehörte.[32]

---

28   Haas (2011).
29   Thomas Glavinic: Die Arbeit der Nacht. München/Wien 2006, S. 71. Vgl. auch S. 17: „Er wählte die Nummern von Polizei, Feuerwehr, Rettung. Er versuchte sie 911, die 160604, die 1503. Es gab keinen Notruf. Kein Taxi. Keine Zeitansage".
30   Vgl. Glavinic (2006), S. 99–105.
31   Vgl. Irsigler (2009), S. 247.
32   Glavinic (2006), S. 394.

Was am Schluss des Romans mit Tom geschieht, bleibt offen. Der Text endet, nachdem Tom das Geheimnis um das Phantom gelüftet hat:

> Die DNA Lisas ist nicht die eines normalen Menschen, der heute lebt. Diese DNA ist die eines Wesens, das über zweihunderttausend Jahre alt ist. Ich weiß, wie verrückt sich das anhört, aber ich schwöre, dass die Wissenschaftler sagen, daran ist nicht zu rütteln. Lisa ist eine Spur anders als ihr und ich. Lisa ist … ich weiß nicht. Keine Ahnung. Weiß keiner.
> […] Bin gleich zurück.
> (Lisa, S. 203f.)

Mit der Aussage, es handle sich bei Lisa um eine zweihunderttausend Jahre alte Täterin, geht der Erzähler bis auf die Anfänge des Homo Sapiens zurück und deutet an, dass sich parallel zum Menschen aus einer Anfangsspezies eine weitere Lebensform entwickelt hat, die seit Jahrhunderten überlebt. Tom ersetzt damit die bekannte Version, die DNA des Phantoms stamme jeweils von verunreinigten Wattestäbchen, mit einer alternativen Erklärung, die der zuvor dem Realismusprinzip folgenden Kriminalgeschichte entgegensteht. Noch dazu wird eine derartige Enttarnung des Phantoms als übermenschliches Wesen im Text nicht motiviert; es wird lediglich von Tom angedeutet, dass er eine Geschichte erzählt, die dem Wissen des Lesers nicht entspricht.[33]

So schließt der Text – vergleichbar mit den Jonas-Romanen – „mit dem Verlust aller Sicherheiten"[34] für den Leser: Die textextern gültige Erklärung des Heilbronner Phantoms gilt in *Lisa* am Ende nicht mehr. Die textintern gegebene Erklärung, wer Lisa sei, entbehrt jeglicher Realistik und ist aufgrund der äußerst unzuverlässigen Erzähler- sowie Medienquelle zusätzlich anzuzweifeln.

III. „Dieses Buch kommt meinem Spieltrieb entgegen"

Die in *Lisa* gewählte Form des Erzählens und die Verarbeitung eines realen Kriminalstoffes setzen sich von Glavinics früheren Texten ab, sodass grundsätzlich von einer neuen Variation im glavinic'schen Werk gesprochen werden kann. Die bisherige Analyse hat darüber hinaus gezeigt, dass Glavinic in *Lisa* u. a. die Rolle der Medien für ein bedrohtes und einsames Individuum durchspielt. Er greift damit auf ein bereits bekanntes Thema aus seinem Œuvre zurück, das er jedoch neu

---

33   Vgl. Lisa, S. 32: „Und wenn einer von euch noch immer glaubt, ich wärme hier alten Kaffee auf, er kennt die Geschichte aus der Zeitung, dem sage ich nur, warte ab".
34   Lovenberg (2009).

akzentuiert, indem er ein anderes Medium in den Mittelpunkt stellt als in seinen früheren Texten und es zusätzlich mit einem Gesellschaftsdiskurs verknüpft.

Ist der Autor für seine eingangs erwähnten immer wieder neuartigen „psychologischen Gedankenexperiment[e]"[35] bekannt, so weist auch *Lisa* mit seiner Schlusswende ein solches Gedankenspiel auf. Im Gespräch mit Gerrit Bartels im *Tagesspiegel* erklärt Glavinic dazu: „Mich ärgerte diese profane Auflösung – ein Phantom! – und [ich] dachte: Was ist, wenn das mit den Wattestäbchen auch nicht stimmt?"[36] Die Schlusspointe in *Lisa* betrachtet Glavinic, wie er an anderer Stelle im Interview erläutert, als Beispiel für das Ungewisse in der Welt: „Wir glauben die Wirklichkeit kontrollieren zu können, dabei verstehen wir so wenig von dem, was auf der Welt passiert".[37] Dementsprechend habe er seiner Experimentierfreude freien Lauf gelassen: „Dieses Buch kommt meinem Spieltrieb entgegen".[38] Der Ausgang des Romans, der in der Kritik als „schwach bis hanebüchen",[39] „herbeigezwungen"[40] oder „als böse Überraschung"[41] bezeichnet wird, unterstreicht somit die Anlage des Textes als Versuchsanordnung mit Störpotential.

Weniger das metaphysische Gedankenexperiment als vielmehr das kalkulierte Spiel mit der Lesererwartung bringt Glavinic jedoch den Verdacht des ‚Wiederholungstäters' ein, der seinem eigenen Label damit nicht gerecht wird. Denn der Glavinic-Kenner weiß, dass die Romane des Autors immer wieder ambivalente Szenen aufweisen, die nach Hans Wagener bei Glavinic „einer Radikalität der schlimmstmöglichen Wendung"[42] entsprechen. In *Das Leben der Wünsche* wird der Leser wiederholt herausgefordert, wenn sich aufgrund von Jonas' geheimsten Wünschen die dargestellte Wirklichkeit verändert, und nicht zuletzt die Schlussszene im *Kameramörder* ähnelt der Wende in *Lisa*, von der aus gesehen sich das Erzählte am Ende neu bewerten lässt. Ist es beim *Kameramörder* die Erfahrung, dass der Leser die gesamte Zeit der Perspektive des Mörders gefolgt ist, ohne es zu wissen, wird in *Lisa* das Offensichtliche und das Rationale umgedeutet.

---

35   Irsigler (2009), S. 247.
36   Bartels (2011).
37   Caro Wiesauer: „Meine nervöse Fantasie [Gespräch mit Thomas Glavinic]. In: Kurier vom 06.02.2011, S. 40.
38   Ebd.
39   Hamann (2011).
40   Andreas Breitenstein: Gemütliche Paranoia. „Lisa" – der Österreicher Thomas Glavinic bloggt sich an einem Roman vorbei. In: Neue Züricher Zeitung vom 05.02.2011 <http://www.nzz.ch/aktuell/feuilleton/literatur/gemuetliche-paranoia-1.9360139>. Datum des Zugriffs: 16.07.2013.
41   Haas (2011).
42   Heller (2012).

Der Rezensent Tobias Becker sieht sich im *Spiegel* aufgrund des Romanausgangs zu der Frage veranlasst, „ob das, was man die Methode Glavinic nennen kann, allmählich zur Masche wird: Er [Gavinic] schreibt bizarre Bücher, die von einem originellen Einfall leben und von sonst nicht viel, formale Spielereien, literarische Versuchsanordnungen".[43] Dies ist für Becker Glavinics Problem: „Nichts ist so langweilig wie Überraschungen mit Ansage".[44]

Wie sich an den ersten Zeilen der Rezension ablesen lässt, misst er *Lisa* nicht nur an den vorangegangenen Romanen des Autors, sondern auch an dessen Image, das maßgeblich durch diese Texte bestimmt ist:

> Immer mal was Neues: Der Schriftsteller Thomas Glavinic ist berühmt für formal radikale Versuchsanordnungen – die irrwitzigsten Ideen der deutschsprachigen Literatur. Heute erscheint sein Psycho-Roman „Lisa". Was hat er sich bloß da schon wieder ausgedacht?[45]

Auch wenn der Roman in der Kritik überwiegend wohlwollend aufgenommen wird,[46] zeigt das Beispiel des Rezensenten Becker, dass die Erwartungen, die hier aufgrund des Autor-Labels an den Text gestellt werden, nicht erfüllt sind und sich dies in der Bewertung niederschlägt. Auch Glavinics Folgeroman *Unterwegs im Namen des Herrn* (2011) weist dieses Problem auf. Im Klappentext bezeichnet der Verlag den Pilgerroman als werkpoetologische Steigerung:

> Glavinic ist böse – vor allem sich selbst gegenüber, das hat er mit seinem brillanten Roman *Das bin doch ich* bewiesen. Dieses Meisterstück der Selbstdemontage ist aber noch zu steigern: Wenn die Verzweiflung zur Erleuchtung wird.[47]

Damit suggeriert der Verlag, dass sich der Autor hier trotz der Wiederaufnahme der autofiktionalen Konzeption des Textes erneut wandelt und übertrifft. Für Franz Haas jedoch gilt eine derartige Lesart als nochmalige Steigerung des Innovativen nicht:

> Seit seinem frühen Debüt von 1998 waren die Originalität im Plot und eine ausgefeilt unspektakuläre Sprache seine Markenzeichen [...]. „Unterwegs im Namen des Herrn",

---

43 Tobias Becker: Neuer Roman von Thomas Glavinic: Mörder Pensum. In: Spiegel Online vom 07.02.2011 <http://www.spiegel.de/kultur/literatur/neuer-roman-von-thomas-glavinic-moerder-pensum-a-743653.html>. Datum des Zugriffs: 17.10.2012.

44 Becker (2011).

45 Ebd.

46 Vgl. exemplarisch: Hamann (2011), Bartels (2011) und Haas (2011).

47 Thomas Glavinic: Unterwegs im Namen des Herrn. München 2011, hier Klappentext.

ist sein erstes, das sich nicht mit der Bezeichnung „Roman" schmückt. Dieses der Not entsprungene Understatement ist noch das Beste an dem sehr eilig fabrizierten Produkt.[48]

Derselbe Rezensent, der bereits in *Lisa* die Wiederholung der Schlusspointe bemängelt hat, Tobias Becker, erklärt: „Am Anfang schuf Thomas Glavinic gute Romane, Bücher zum Schockverlieben. Es waren literarische Versuchsanordnungen, die von eigenartigen Einfällen lebten". Sein Urteil zu *Unterwegs im Namen des Herrn* fällt im Vergleich zum früheren Œuvre negativ aus: „Und so plätschert die Handlung erwartbar unernst vor sich hin. So erwartbar, dass man recht bald vom Glauben abfällt an den Schriftsteller Glavinic".[49]

Während Glavinic sein Markenzeichen als Verfasser deutlich variierender Texte vor der Veröffentlichung von *Unterwegs im Namen des Herrn* in dem eingangs erwähnten Artikel der *Frankfurter Allgemeinen Zeitung* noch inszeniert und sein Verlag die Texte unter dem Image des Autors bewirbt, sprechen erste Stimmen der Literaturkritik ihm dieses Markenzeichens ab. *Lisa* kann damit als eine Art ‚Sollbruchstelle' verstanden werden, an der die experimentelle Schreibweise des Autors nicht mehr als innovativ erachtet wird, sondern gerade die experimentelle Anlage des Textes das Image des Autors als „einer der ungewöhnlichsten Erzähler seiner Generation" unterwandert. Autor-Label und Text sind hier nicht mehr überein zu bringen, was wiederum die Stellung des Autors im literarischen Feld beeinflusst bzw. seine geschaffene Position schwächt.

Trägt ein Label also grundsätzlich zur Positionierung des Autors im literarischen Feld bei, ist es bei Thomas Glavinic im Zuge seiner stetigen Manifestierung zum statischen Beurteilungsmaßstab für die Qualität des Autors geworden. Dirk

---

48 Franz Haas: Billige Balkan-Bilder: „Unterwegs im Namen des Herrn" – warum Thomas Glavinic besser eine Schreibpause machen sollte. In: Neue Züricher Zeitung vom 29. September 2011 <http://www.nzz.ch/aktuell/startseite/billige-balkan-bilder-1.12714799>. Datum des Zugriffs: 12.07.2013.

49 Tobias Becker: Pilgerbuch von Thomas Glavinic: Ein Säufer vor dem Herrn. In: Spiegel Online vom 12.09.2011 <http://www.spiegel.de/kultur/literatur/pilgerbuch-von-thomas-glavinic-ein-saeufer-vor-dem-herrn-a-785387.html>. Datum des Zugriffs: 14.07.2013; Gerrit Bartels versteht den Text als eine Art Fortsetzung von *Das bin doch ich* und damit ebenfalls als Wiederaufnahme einer autofiktionalen Schreibstrategie: „‚Das bin doch ich', heißt ein früher Roman von Thomas Glavinic, das hier könnte gewissermaßen Teil zwei sein: Das Ganze ist eine sehr Ich-bezogene Pilgerfahrt der anderen Art, der Gegenstand dieser Reportage ist der Autor selbst" (Gerrit Bartels: Reisebericht einer Pilgerfahrt. In: Deutschlandradio Kultur vom 21.09.2011 <http://www.dradio.de/dkultur/sendungen/kritik/1560004/>. Datum des Zugriffs: 14.07.2013).

Niefanger hat bereits darauf hingewiesen, dass der Autorname „aus ökonomischen und kulturpolitischen Gründen eine Einheitlichkeit" suggeriert, „die einer genaueren Betrachtung der Texte häufig nicht standhält",[50] weil die Texte variabler sein können, als es ein Label anzuzeigen vermag. Im Fall Glavinics zeigt sich darüber hinaus, dass ein Autor-Label, das auf Innovation und Varianz angelegt ist, nicht nur seine Grenzen finden muss, sondern auch zur literaturkritischen Falle werden kann.

---

50   Niefanger (2002), S. 525.

„Das Feuilleton wird es lieben" – Ein vorprogrammierter Erfolg? Wolfgang Herrndorfs *Sand* (2011) und die Interaktion des WWW mit der Literaturdiskussion

Magdalena Drywa

Als im Frühjahr 2010 bei ihm ein Glioblastom, ein bösartiger und unheilbarer Gehirntumor, diagnostiziert wird, entschließt sich Wolfgang Herrndorf, seinen Schaffensprozess und kritischen Gesundheitszustand in dem Blog „Arbeit und Struktur"[1] öffentlich zu dokumentieren. Im Mai 2011 prophezeit er darin seinem Roman *Sand*, der kurz vor der Fertigstellung steht, ein Feuilletonliebling zu werden:

> Zweihundert Seiten, auf denen sie den Held zu Tode foltern. [...] „Nachdem Carthage den Kot auf der ganzen Zeitung wie auf einem großen Nutella-Brot ausgestrichen hatte, verkündete er mit dem Gesichtsausdruck und im Tonfall eines Achtjährigen: ‚Hier ist nüscht.'", Das Feuilleton wird es lieben.[2]

Diese Prognose ist aber kein so selbstbewusstes Herausstellen der Qualität des Romans, wie es auf den ersten Blick scheint. Vielmehr hat Herrndorf schon in Bezug auf den Erfolg[3] seines vorherigen Romans *Tschick* (2010) die Willkür des Feuilletons betont:

> Ich kann mir auch nicht erklären, woran das liegt. Buchhandel, Werbung, Rezensionen – keine Ahnung. Mein Lektor warf neulich die Theorie ein: „Es könnte auch am Buch

---

1 www.wolfgang-herrndorf.de (25.08.2013).

2 17.05. 9:02 Uhr (www.wolfgang-herrndorf.de/2011/04/fuenfzehn; 25.10.2013). – Nachfolgend werden alle Zitate aus dem Blog mit dem dort genannten Datum, der Uhrzeit sowie dem Link zitiert, da die angegebenen Daten z. T. nicht mit der auf der Website vorhandenen Verlinkung übereinstimmen.

3 „Allein von ‚Tschick' wurden hierzulande 750 000 Exemplare verkauft. 32 Theater haben den Roman als Stück auf die Bühne gebracht, in 16 Sprachen wurde er übersetzt" (Uwe Wittstock: Wolfgang Herrndorf: Wenn der Tod das Tempo vorgibt. In: Focus Magazin 40 (2012) vom 1.10.2012; http://www.focus.de/kultur/medien/kandidat-fuer-den-deutschen-buchpreis-wolfgang-herrndorf-wenn-der-tod-das-tempo-vorgibt_aid_829631. html; 25.08.2013).

liegen". Aber ich bin vom Literaturbetrieb so gründlich desillusioniert, dass ich das nicht glaube.[4]

Während *Tschick* offensichtlich die Mechanismen des Literatubetriebs durch Zufall geschickt bediente, überlässt Herrndorf bei Sand nichts dem Zufall. Aus der in der zitierten Passage angedeuteten Thematik des Textes, die ein mitnichten literarisch zentrales Sujet beschreibt, wird die Begeisterung seitens der Literaturkritik jedoch nicht als notwendige Folge evident. Zudem weist Herrndorf schon im Januar 2011 im Interview mit der Schriftstellerin Kathrin Passig in der Frankfurter Allgemeinen Zeitung etwaige künstlerische Ambitionen betont zurück:

> Außerdem hatte ich mit diesem Thriller im Ernst mal die Absicht, einen Bestseller zu schreiben. Das hat nichts mit Kunst oder ihrem Gegenteil zu tun, sondern nur damit, dass man es irgendwann leid ist, in einer Ein-Zimmer-Hinterhofwohnung zu wohnen.[5]

Neben der hier aufgerufenen, in der Realität allerdings wenig romantischen Idee des armen Poeten entsteht „das Bild des modernen Autors, der sich geschickt der Medien seiner Zeit zu bedienen weiß".[6] Bemerkenswert ist nun, dass beide Voraussagen des Autors eingetroffen sind: Der Roman wird im literarischen Kulturbetrieb nicht nur viel diskutiert und fast übereinstimmend hochgelobt, sondern er avanciert auch tatsächlich zum Bestseller, der innerhalb eines Jahres in fünfter Auflage erscheint. Im Frühjahr 2012 erhält Herrndorf sogar den Leipziger Buchpreis für *Sand* (2011) und wird im selben Jahr für den Deutschen Buchpreis nominiert,[7] was gleichbedeutend mit einer erhöhten Aufmerksamkeit des Publikums ist. Nun kann man sicherlich nicht behaupten, dass der Blog ursächlich für den Erfolg des Romans ist, hingegen scheint es einen starken gegenseitigen Einfluss zu geben. An der Romanrezeption im Feuilleton lässt sich jedenfalls beobachten, welch starken Einfluss die als Kommentare gelesenen Blogeinträge ausüben – bis hin zu Übernahmen der vom Autor initiierten Deutungen. Nachfolgend werden die Mechanismen dieser Interaktion reflektiert, indem die Schreibverfahren des Textes sowie die medialen und ästhetischen Effekte des Blogs in ihren Auswirkungen auf die Literaturdebatte im Feuilleton und in der Kulturwelt untersucht werden.

---

4 Kathrin Passig: Wann hat es „Tschick" gemacht, Herr Herrndorf? In: Frankfurter Allgemeine Zeitung (FAZ) vom 31.01.2011 (http://www.faz.net/-gr2-xs6d; 25.08.2013).
5 Ebd.
6 Michael Braun: Die deutsche Gegenwartsliteratur. Eine Einführung. Köln/Weimar/Wien 2010. S. 63.
7 Ebd. S. 47.

I. Mediale und ästhetische Effekte des Blogs

Die Reaktionen des Feuilletons sind gleich nach Erscheinen des Buches überschwänglich. *Sand* wird als „perfekter Thriller mit einem literarischen Überschuss",[8] als „großartig kunstvoller Unterhaltungsroman"[9] wahrgenommen. „Das Buch ist der reine Wahnsinn";[10] es habe „die Qualitäten, ein Gegenstand kultischer Verehrung zu sein".[11] Doch schon hier ist sichtbar, dass der Blog des Schriftstellers bei den Rezensionen eine nicht geringe Rolle spielt und auch durchaus ernsthaft[12] reflektiert wird. Herrndorf betont in seinem Blog, dass seine beiden jüngsten Romane zusammenhängen. *Sand* sei „als bewußter Gegenpol zu Tschick und seiner Freundlichkeit konzipiert",[13] der „gegen Ende völlig aus dem Ruder laufende deprimierende Nihilismus" eine „direkte Reaktion auf die Freundlichkeit der Welt in Tschick bzw. umgekehrt".[14] Diese Deutung wird in mehreren Rezensionen aufgegriffen. Zum Teil gibt es direkte Bezugnahmen auf den Blog: „Es passt auch, wenn man hört, dass ‚Sand' als Gegenstück zu ‚Tschick' gedacht ist. Das sieht man dann, dass heiteres Lächeln und Todesnähe näher beieinander liegen, als sich der gemeine Alltagsverstand so glauben machen möchte".[15] Deutlich ist aber fast überall die Übernahme der Deutungen Herrndorfs, wenn die Kritiker den „Hauptunterschied zu ‚Tschick'‚, darin sehen, dass *Sand* anders als der Vorgängerroman kein nettes Buch" ist".[16] Die Interaktion zwischen dem Blog und den Kritiken ist also unübersehbar.

Die Gründe dafür sind vielfältig. Die von Literaturkritik und Wissenschaft traditionell herangezogenen Formen des auktorialen Diskurses, die mit Genette

---

8   Elke Schmitter: Agentenoperette. In: Der Spiegel 47/2011 (http://www.spiegel.de/spiegel/ print/d-81562377.html; 25.08.2013).

9   Gerrit Bartels: Der Wums der Wüste. In: Der Tagesspiegel vom 16.11.2011 (http://www. tagesspiegel.de/kultur/literaturkritik-der-wums-der-wueste/5855116.html; 25.08.2013).

10   Thomas Andre: Roman „Sand": Ein Mann verliert sich in der Wüste. In: Hamburger Abendblatt vom 28.11.2011 (http://www.abendblatt.de/kultur-live/article2107681/Roman-Sand-Ein-Mann-verliert-sich-in-der-Wueste.html; 25.08.2013).

11   Ebd.

12   Vgl. beispielsweise die Rezension von Stephan Speicher: Mord und Schuld und CIA. In: Süddeutsche Zeitung vom 06.12.2011.

13   17.05. 9:02 Uhr (http://www.wolfgang-herrndorf.de/2011/04/fuenfzehn/; 25.08.2013).

14   2.9. 12:04 Uhr (http://www.wolfgang-herrndorf.de/2011/08/neunzehn/; 25.08.2013).

15   So bei Peter Michalzik: Das Lächeln des Nihilismus. In: Berliner Zeitung vom 21.01.2012 (http://www.berliner-zeitung.de/kultur/herrndorf-roman--sand--das-laecheln-desnihilismus,10809150,11485214.html; 25.08.2013).

16   Dirk Knipphals: Wehe dem, der in der Wüste liegt. In: taz vom 15.11.2011. (www.taz. de/!81882/; 25.08.2013).

„anywhere out of the book"[17] stattfinden, sind Tagebücher, Briefe, Gesprächsno-
tizen und Ähnliches.[18] Solche Äußerungsformen, die Genettes Terminologie als
Epitext[19] bezeichnet, fungieren konventionellerweise als Lebenskommentare des
Autors und werden zumeist postum als Erläuterung für eine Wirkungsintention
oder gar Lenkung dieser herangezogen.

Nun ist der Blog definitionsgemäß ein Tagebuchhybrid, mit der Spezifikation, dass
er öffentlich ist, technisch eine Beteiligung der literarischen Öffentlichkeit zulässt und
wesentlich zeitnäher zugänglich wird als Tagebücher oder Ähnliches. Schenkt man
dem Impressum der Website Glauben, war Herrndorfs Blog zunächst privat, bevor
der Autor sich zur Publikation entschloss, womit Anonymisierungen und Kürzungen
einhergingen.[20] Mit dieser Bekanntgabe der Statusänderung wird jedoch auch indirekt
betont, dass eine Überarbeitung des Geschriebenen stattgefunden hat, die eine gewisse Ästhetisierung und damit Abgrenzung von der Realität mit sich bringt. Der Eintrag „Mir scheint, es ist unerträglich, was ich hier schreibe. (geändert)"[21] lässt sich als
ästhetische Auseinandersetzung eines Schriftstellers mit seinem Text verstehen, vor
allem da der Autor in Klammern den technischen Hinweis „(geändert)" stehen lässt.[22]

Nun sind spätestens seit Rainald Goetz' Internetprojekt *Abfall für Alle*[23] Blogs
als eigenständiges poetisches Produkt etabliert. Der Schriftsteller Alban Nicolai
Herbst betrachtet den literarischen Weblog kurz und bündig als „Dichtung",[24] die
in Form ihres Publikationsmediums eine „Wendung vom Innersten, ja Intimen, ins
scheinbar Äußerste"[25] vollzieht. Die thematische Anlehnung an die banalen Dinge

---

17 Gerard Genette: Paratexte. Das Buch vom Beiwerk des Buches. Frankfurt am Main 2001.
    S. 328.

18 Vgl. Genette (2001), S. 330.

19 Ebd., S. 328.

20 Vgl. www.wolfgang-herrndorf.de/impressum (25.08.2013).

21 13.08.2010 1:12 Uhr (http://www.wolfgang-herrndorf.de/2010/08/sieben/; 25.08.2013).

22 An dieser Stelle muss auch darauf hingewiesen werden, dass die emotionale Seite des
    Projektes ebenfalls von Herrndorf im Blog reflektiert wird: „Interviewanfrage eines Jour-
    nalisten, der einen Bericht vom Tod seiner Schwester anfügt. Lese ihn mit großen Un-
    terbrechungen. Zum ersten Mal ein Eindruck davon, was das hier für eine Zumutung für
    meine Angehörigen und Freunde darstellen muß. Lange darüber nachgedacht, das Blog ab-
    zustellen. C. schüttelt den Kopf". 30.10.2011 11:40 Uhr, (http://www.wolfgang-herrndorf.
    de/2011/11/einundzwanzig/; 25.08.2013).

23 Rainald Goetz: Abfall für alle. Roman eines Jahres. Frankfurt am Main 1999. – Die ehemals
    von Goetz betriebene Website existiert seit Erscheinen der Buchfassung nicht mehr.

24 Alban Nicolai Herbst: Der Weblog als Dichtung [datiert auf Oktober/November 2005]
    (www.die-dschungel.de/ANH/txt/pdf/weblog_dichtung.pdf; 25.08.2013).

25 Ebd., S. 4.

des Alltags, die Blogs kennzeichnen, erzeugt Herbst zufolge eine illusionistische Nähe, die anonymisiert am Leben des Schriftstellers teilhaben lässt.[26] Diese Illusion verstärkt sich dadurch, dass „das Ästhetische – als Abbildung"[27] analog zum Realen wird und so einen Bühneneffekt generiert. Der Blog mache den Autor selbst zur Romanfigur, zu einem Avatar, „je nachdrücklicher, je intimer er sich im Netz darstellt".[28] Damit ist es für Herbst auch irrelevant, ob das im Blog Erzählte sich mit der Realität deckt. Dies sei für Leser ebenso wenig nachprüfbar wie der „autobiographische Gehalt von Büchern"; deshalb müsse der Autor nicht das Geringste fingieren.[29] Gleichzeitig erlaubt es der Aspekt der unmöglichen Verifizierbarkeit, im Schutz der Ästhetisierung und der damit verbundenen Distanzierung wahre Begebenheiten zu beschreiben.

Damit haben die Äußerungen in einem Blog stets einen schwebenden Status zwischen Wahrheit und Fiktion. Hinzu kommt im Falle Herrndorfs, dass seine Kommunikation mit dem Leser praktisch ausschließlich über den Blog abläuft und Informationen über den Autor selbst nur auf diesem Wege zu bekommen sind: „Keine Anfragen, keine Interviews, keine Lesungen, keine[30] Ausnahmen".[31] Der Blog fungiert für Herrndorf somit nicht nur als ästhetische, sondern auch als informative Plattform. Auf diese Weise ergeben sich zusätzliche Vermischungseffekte von Fiktion und Biographie, die sich nicht ohne weiteres auflösen lassen.

Auch dies lässt sich an den Reaktionen der Feuilletons in Bezug auf den Roman *Sand* gut beobachten. Beispielsweise beginnt die Verknüpfung der überaus realen

---

26 Vgl. ebd., S. 6.

27 Ebd., S. 7.

28 Ebd., S. 9.

29 Ebd., S. 9.

30 Diese Grenze scheint jedoch semipermeabel, so existieren im Internet zwei Videosequenzen von Lesungen im Rahmen des Berliner Roten Salons, in denen Herrndorf jeweils aus *Tschick* und *Sand* liest, und auch das bereits erwähnte Interview mit der FAZ. Nicht unwichtig ist dabei die Tatsache, dass die Interviewerin Kathrin Passig eine enge Vertraute und Freundin Herrndorfs ist, die für ihn sogar stellvertretend die Literaturpreise der Städte Heidelberg und Neumünster angenommen hat. Vgl. die Mitteilung der Stadt Heidelberg vom 20.07.2011 anlässlich der Verleihung des Clemens-Brentano-Preises an Herrndorf (www.heidelberg. de/servlet/PB/menu/1215338_ll/index.html; 25.08.2013) sowie den Artikel der SHZ vom 12.12.2011 über die Verleihung des Hans-Fallada-Preises der Stadt Neumünster (www.shz. de/nachrichten/lokale/holsteinischer-courier/artikeldetails/artikel/fallada-preisverleihung-ohne-preistraeger.html; 25.08.2013). Beide Preisreden verweisen im zum Teil gleichen Wortlaut auf Herrndorfs erste Romanwerke, die vom Literaturbetrieb zwar zur Kenntnis genommen worden sind, aber keinen kommerziellen Erfolg hatten.

31 www.wolfgang-herrndorf.de/impressum (25.08.2013).

Krankheitssituation Herrndorfs mit der Entstehungsgeschichte von *Sand* schon in einem der allerersten Blogeinträge, wo Herrndorf auf mögliche Beeinträchtigungen seiner Gehirnfunktion durch den Tumor eingeht:

> Tests vom Kaliber „Ich sage Ihnen drei Gegenstände: Tennisschläger, Apfel, Omnibus. Was ist dreizehn zum Quadrat? Fünfzehn zum Quadrat? Was waren die drei Gegenstände?" bestehe ich aber. Die Gespräche kommen mir mehr als einmal wie Dialoge aus dem Krimi vor, an dem ich die letzten Jahre gearbeitet habe. Der beginnt mit einem Mann, der ungeheure Kopfschmerzen hat, dann wird ihm der Schädel eingeschlagen, er erleidet eine Totalamnesie und unterhält sich achtzig Seiten lang mit einem Psychologen, der ihm erklärt, daß man von einem Schlag auf den Kopf keine Amnesie bekommt. Am Ende stirbt er.[32]

Dieser Eintrag suggeriert durchaus auf Basis des authentisch konzipierten Tagebuchprojektes eine unmittelbare Beziehung zwischen Fiktion und Realität, die nicht ohne Weiteres vom Tisch gewischt werden kann. Dieser Suggestion zu erliegen bedeutet allerdings, zwei implizite Gattungsabkommen, diejenigen des autobiographischen Blogs und des fiktionalen Romans, gleichzeitig aufzuheben und diese unzulässigerweise miteinander zu verbinden. In der Rezeption des Werkes ist dies genauso zu beobachten: „Wer Wolfgang Herrndorfs Roman ‚Tschick' (2010) gelesen hatte, ein Buch von franker Lustigkeit und herzerwärmender Solidarität mit der Jugend, der konnte sich den Autor nur als einen glücklichen Menschen vorstellen".[33] Indem also vom Seinszustand eines Textes auf die Verfassung des Autors geschlossen wird, kann hier schon fast von Biographismus gesprochen werden. Letztlich lässt sich im oben genannten Zitat sehr wohl eine gewisse Lenkungsabsicht feststellen, dass die Hauptfigur des Romans auf realen Erlebnissen des Autors basiere; die Ironie des Blogeintrags bliebe dabei allerdings unbeachtet.

Die problematische Praxis, die Einträge nicht als künstlerisch gestaltete Kommentare zu lesen, sondern als faktuale Aussagen, gründet auch in dem Anschein einer „stupenden Spontaneität",[34] den die Blog-Lektüre vermittelt. Diese Spontaneität, die Authentizität suggeriert, ist eher eine „ästhetische Erfahrung", „als daß sie erkenntnistheoretisch mit Wahrheit verbunden wäre".[35] Deutlich wird, dass sich die exakte Trennung zwischen poetisch-ästhetischen Textelementen und authentischen Einsprengseln offenkundig zunehmend schwieriger gestaltet, zumal auch

---

32 8.3.2010 13:00 Uhr (http://www.wolfgang-herrndorf.de/2010/04/eins/; 25.08.2013).
33 Friedemar Apel: Wo Schmuggler, Hippies, Künstler und Agenten auftanken. In: Frankfurter Allgemeine Zeitung vom 11.11.2011. (http://www.faz.net/-gr4-6v11c, 25.08.2013).
34 Herbst (2005), S. 8.
35 Ebd., S. 9.

das Schlagwort der Authentizität aus der zeitgenössischen Literaturdiskussion nicht mehr wegzudenken ist.[36]

Obwohl also die Einteilung der Autoräußerungen in Bezug auf Biographisches als ‚wahr' oder ‚falsch' auch im Blog nicht möglich ist, hat die (literarische) Öffentlichkeit überwiegend keine Zweifel an den beschriebenen Tatsachen.[37] Im Hinblick auf die Werkkommentare lässt sich jedoch umso mehr beobachten, dass der Blog zu einem nicht geringen Anteil Wirkungslenkung und Autorinszenierung betreibt.

Ähnlich wie die oben beschriebene Kommentierung der verlegerischen Strategie verhält es sich mit der mystifizierenden Beschreibung der Romanhandlung. Der Schriftsteller betont das Problem, dass in *Sand* „die Handlung keiner kapiert":

> Drei von fünf Lesern konnten den Amnestiker bisher nicht identifizieren, was etwa ist, als verriete ein Krimi den Mörder nicht. Das ist keine Absicht. Riesige Verschwörungstheorien auffahren, Fäden ins Leere laufen lassen und am Ende keine Lösung haben, ist nicht originell, nicht postmodern, sondern einzig und allein ein mächtiger Schmerz im Arsch. […] Für Marcus eine zehntausend Zeichen lange Inhaltsangabe verfaßt, damit er durch den Dschungel findet.[38]

Obwohl auch hier eine ironische Übersteigerung deutlich ist, entspricht doch eine „zehntausend Zeichen lange Inhaltsangabe" in etwa fünf Seiten, findet sich in fast ausnahmslos allen Rezensionen eine mehr oder minder deutliche Wiederholung dieses Kommentars. „Worum geht es aber genau? Was machen diese Leute? Man möchte den Autor anrufen. Einfach mal fragen: Was soll das denn hier sein? Ein Roman? Ein Scherz? Eine Verwirrung?"[39], formuliert Andrea Hünninger. Peter Michalzik beschreibt das Phänomen ähnlich:

> Man muss vor- und zurückblättern, nachlesen, suchen, Verbindungen ziehen. Man muss sich sozusagen reinwühlen, in diesen eigenartigen Roman, der kein Thema zu haben

---

36 Dies beschreibt beispielsweise Juli Zeh anschaulich in ihrem Zwischenruf „Zur Hölle mit der Authentizität", als sie sich in einer Pressekonferenz zu ihrem Romanerstling vor dem Vorwurf des Kokainkonsums verteidigen muss, der eigentlich ihrer Hauptfigur gilt. Vgl. Juli Zeh: Zwischenruf: Zur Hölle mit der Authentizität. In: DIE ZEIT Nr. 39 vom 21.09.2006. (http://www.zeit.de/2006/39/L-Literatur; 25.08.2013).

37 Hierzu zählt auch der Verweis auf die in der Presse immer wieder erwähnte Erkrankung Herrndorfs, die bei allen Preisverleihungen, die er ausnahmslos nicht persönlich besuchen konnte, wiederholt wird.

38 6.10.2011 15:30 Uhr (http://www.wolfgang-herrndorf.de/2011/09/zwanzig/; 25.08.2013).

39 Andrea Hünninger: Die Wüste ist ein sinnloser Ort. In: DIE ZEIT vom 17.11.2011 (http://www.zeit.de/2011/47/L-B-Herrndorf; 25.08.2013).

scheint, keine Geschichte, keinen richtigen Protagonisten. Und wenn es [sic] doch einen Helden hat, dann nur einen, der sein Gedächtnis verloren hat, und nicht weiß, wer er ist.[40]

Die Reaktion auf diese Kommentare liest sich in Herrndorfs Erwiderung im Blog folgendermaßen: „Bin kurz davor, hundert Euro auszuloben für jeden losen Faden, den ein Rezensent benennt und nicht nur behauptet".[41] Herrndorf kommentiert hier die im Feuilleton genauso verwendete Strategie, das Beschriebene pointiert zu übersteigern. Dass dieser Schlagabtausch eher als spielerisch denn als ernst zu aufzufassen ist, beweisen etliche andere Kritiken, die durchaus in der Lage sind, unaufgeregt die Handlung aus dem Text zu abstrahieren und zu erläutern.[42]

II. Schreibverfahren des Textes

Tatsächlich wird bei näherer Betrachtung der obige Befund der verwirrenden und unplausiblen Handlung nur auf den ersten Blick bestätigt, wenn man den Text selbst betrachtet. Obwohl *Sand* auf das Muster des Kriminalromans zurückgreift, weichen einige Merkmale des Textes entschieden von dem trivialliterarischem Schema ab, auch wenn dessen Prinzipien durchaus eingehalten werden. Schließlich findet sich ebenso die topische Jagd auf einen Verdächtigen wieder wie geheime Pläne oder schurkische Geheimdienstleute. Damit ist dem Text aber noch nicht genüge getan, denn *Sand* überbietet und unterläuft einige gängige Muster der Kriminalliteratur, während er in postmoderner Manier diverse Variationen zitiert.

Wie das oben erwähnte Zitat Herrndorfs belegt, ist die Wahl des Sujets denkbar weit entfernt von zeitgenössischen Themenkreisen der E(litären)-Literatur, die meist einen historischem Bezug (Wenderoman, Holocaustroman) aufweisen oder autobiographische Erinnerungen als Gegenstand wählen.[43] Ein Bezug zum Zeitgeschehen oder zur Erinnerungskultur der Bundesrepublik ließe sich höchstens aus der diffusen Problematik konstruieren, dass Atomwaffen in arabische Hände gelangen, oder aus dem beiläufigen Positionieren der Handlungszeit zur Zeit der tragisch verlaufenden

---

40 Michalzik (2012).

41 21.1. 13:55 Uhr (http://www.wolfgang-herrndorf.de/2012/02/vierundzwanzig/; 25.08.2013).

42 Vgl. beispielsweise die ausführliche Erläuterung von Michael Maar: „Er hat's mir gestanden". Überlegungen zu Wolfgang Herrndorfs *Sand*. In: Merkur 4, 2012, S. 333–340.

43 Vgl. dazu. Ralf Schnell: Von 1945 bis zur Gegenwart. In: Volker Meid (Hg.): Geschichte des deutschsprachigen Romans. Stuttgart 2013. S. 735–772.

Olympischen Spiele 1972 in München. Diese kommen im Roman aber nur als Fernsehergeräusch im Hintergrund vor.[44] Die Thematik der Atomwaffen der Araber ist im Roman derart offenkundig als Satire gestaltet, dass ein Realitätsbezug unmöglich wird. Dennoch entspringt aus dieser Themenwahl mitnichten ein simpler Action-Thriller der Trivialliteratur. Indem der Roman Erzählklischees des Agentenromans aufgreift und überbietet, destruiert er durch Persiflage der Hauptmerkmale dieses eskapistisch konzipierte Genre, kommentiert das zeitgenössische Bedürfnis nach Ordnung und verweigert diese zugleich in der permanenten Rückverweisung auf sich selbst.

Die Handlungszeit und -dauer des vom Autor selbst als „Trottelroman"[45] bezeichneten Textes umfasst einige Monate im Sommer 1972 in einem Ort namens Targat, gelegen an der nordafrikanischen Küste am Wüstenrand. Schon im ersten Kapitel, das mit dem letzten einen gewissen Handlungsrahmen bildet, zeigt sich die auffällig verschlungene und informationsüberladene Erzählweise:

> Auf der Lehmziegelmauer stand ein Mann mit nacktem Oberkörper und seitlich ausgestreckten Armen, wie gekreuzigt. Er hatte einen verrosteten Schraubenschlüssel in der einen und einen blauen Plastikkanister in der anderen. Sein Blick fiel über Zelte und Baracken, Müllberge und Plastikplanen und die endlose Wüste hinweg auf einen Punkt am Horizont, über dem in Kürze die Sonne aufgehen musste. (Sand, S. 7)

Mit dieser christlichen Erlöser-Metaphorik wird der Text eröffnet und geschlossen. Das grundsätzlich positiv aufgeladene Bild des Sonnenaufgangs wird mit der Beschreibung des Elends verbunden, die Themen und Motive des Textes vorwegnimmt: „In Kuhlen und Gräben liegende verschleierte Gestalten erwachten, rissige Lippen formten Worte zu Lob und Preis des alleinigen Gottes. Drei Hunde tauchten ihre Zungen in eine schlammige Pfütze" (Sand, S. 7). Die scheinbar zufällig harmonische Beschreibung der im Morgenlicht beschienenen Plätze erweist sich als Vorstellung aller später relevanten Handlungsorte wie der „Fensterläden des zu dieser Stunde noch unbesetzten Zentralkommissariats", aus dem ein Polizist namens Polidorio beim Aufklären eines Verbrechens zwischen die Fronten von Geheimdienst und Atomschmugglern gerät, des „Sheraton-Hotel[s]", wo Helen Gliese und auch der Erzähler wohnen, und des „Küstengebirge[s]", in dem sich ein entscheidender Handlungsteil abspielt. Auch das Datum – „Es war der Morgen

---

44 Wolfgang Herrndorf: Sand. Roman. 3. Auflage. Berlin 2012, S. 82. – Im Folgenden zitiert als: Sand.
45 Passig (2011).

des 23. August 1972" (Sand, S. 7) – ist bedeutungstragend: Es markiert den Tag des Amoklaufs in einer Kommune westlicher Aussteiger, der zum Handlungsauslöser wird.

Diese Eingangsszene erinnert in ihrer symbolischen Aufladung und den gegebenen Vorausdeutungen an die Romane des 19. Jahrhunderts. Naturgemäß erschließt sich dem Leser die Fülle der hier gegebenen Informationen nicht sofort. Erst im letzten Kapitel wird erläutert, wie Jean Bekurtz, ein Mitbegründer der erwähnten Kommune, zum Lehrer und zur Erlöserfigur im Salzviertel geworden ist – darauf wird später noch zurückzukommen sein.

Die raffende Erzählweise zeigt sich beispielsweise in der Passage, als erwähnter Polizist Polidorio die Schuld des Verdächtigen anzweifelt, und sich auch nicht von einem Sandsturm aufhalten lässt:

> Polidorio arbeitete mit Händen und Unterarmen, um den Sandhaufen am Heck abzutragen, und versuchte das Auto mit unter die Räder gelegten Sandblechen zum Weiterfahren zu bewegen. Er brauchte *fast eine halbe Stunde dafür*, dann noch mal *eine weitere Stunde*, um nach Tindirma zu gelangen, und dort noch einmal ungefähr *zehn Minuten* im Gespräch mit den Mitgliedern der Kommune, um herauszufinden, dass sie glaubwürdig waren. Dass sie die Wahrheit ausgesagt hatten. Und dass das Verbrechen sich nicht anders abgespielt haben konnte als in den Protokollen verzeichnet.
> (Sand, S. 77; Hervorhebungen: M. D.)

Mit diesen wenigen Sätzen kommt die Krimihandlung abrupt zu ihrem Ende, nachdem sie praktisch gerade begonnen hat, und erweist sich als absurde, aber notwendige Ablenkung, die die Haupthandlung initiiert. Die Geschehnisse unmittelbar danach werden ausgespart, die Erzählung setzt erst wieder ein, als ein Mann in einer Scheune aufwacht, ohne zu wissen, wer und wo er ist. Nach einigen weiteren unangenehmen Vorkommnissen wie Flucht, Totschlag, Todesangst etc. erreicht er eine Tankstelle:

> Von einer Düne herab […] kam [in Schlangenlinien] ein […] Mann auf das Tankstellengebäude zugestakst. […] Sie erinnerten Helen an die Laborratten in Princeton, die im Experiment auf eine Belohnung zusteuerten, von der sie aus langer Erfahrung wussten, dass sie mit Stromschlägen abgesichert war.
> (Sand, S. 132)

Obwohl Helen Gliese, eine blonde Amerikanerin, den Verletzten mitnimmt, ihn mit neuer Kleidung aus ihrem Schrank versorgt und mit ihm zeitweise im Sheraton-Hotel zusammenwohnt, erweist sich ihr sprechender Name als böse Vorausdeutung (siehe dazu weiter unten).

Im weiteren Verlauf der Geschichte versuchen Helen und Carl, wie der Namenlose nun (nach dem Hersteller des Anzugs, den er trägt) genannt wird, seinem Vorleben auf die Spur zu kommen, die vorhandenen Informationen zu entschlüsseln und eine gewisse Mine wiederzufinden. Diese Mine ist die Ursache dafür, dass Carl von einem lokalen Verbrecherboss entführt und erneut misshandelt wird, und zeigt sich so als der wichtige Gegenstand des Agentenromans, auch wenn lange niemand weiß, um was für eine Mine[46] es sich handelt: „Seit wann ist es Zufall, wie etwas heißt? *Mine* und *Mine*. Du meinst, das ist Zufall?" (Sand, S. 236).

Die Verwirrung des Lesers wird dadurch gesteigert, dass der Text voller Querverweise ist, die nicht nur die Handlung miteinander verzahnen, sondern eine Vielzahl an Lesarten bieten. So wird der Gedächtnisverlust des unfreiwilligen Helden intertextuell mit einer Comic-Geschichte verknüpft, die der Psychiater Dr. Cockcroft als Erklärung für das Geschehen anführt:

Was allerdings äußerst selten, und äußerst selten jetzt im Sinne von gegen Null ist, ist, dass der Zeitraum das gesamte Leben umfasst und die Identität. Dass einer seinen Namen nicht mehr weiß. Das ist die Art und Weise, wie Amnesie für gewöhnlich in der Fiktion auftaucht, in Unterhaltungsfilmen. Man kriegt einen Schlag auf den Kopf, und die Identität ist weg. Man kriegt noch einen Schlag, und sie ist wieder da. Asterix und Obelix. (Sand, S. 204)

In ihrer Selbstbezüglichkeit führt diese Erklärung sich *ad absurdum*. Gleichzeitig ist hier – da die vermeintliche Lösung des Problems sich auch schon im Comic als falsch erweist – die versteckte Vorausdeutung auf kommende Schläge verborgen. Wenige Seiten später, im Kapitel, das „Kampf der Häuptlinge" heißt, wird Carl am Strand sitzen und besagten Comic selbst lesen, der ihm „vage bekannt vorkommt", und dort erfahren, dass die Lösung der Amnesie mitnichten ein weiterer Schlag auf den Kopf ist, sondern ein Trank:

Die überraschende Heilung bewirkte schließlich ein blassgrüner, unter blubbernden Inflektiven zusammengebrauter Trank, an zu Berge stehenden Haaren, rotierenden Augen und dampfenden Wölkchen vor den Ohren des Druiden auch für den ungeübten Leser erkennbar. (Sand, S. 261)

Da aber der vermeintliche Psychiater, ein Geheimagent der CIA, an seine Theorie des zweiten Schlags glaubt, wird Carl später von ihm mit Stromschlägen gefoltert,

---

46   Vgl. Sonja Arnold: Der „Aufbewahrungsort des Falschen". Fehler und Zufälle in Wolfgang Herrndorfs Roman *Sand* am Beispiel des Homonyms Mine. In: Pandaemonium Germanicum 21 (2013), S. 25–47.

die natürlich in keiner Weise zu einer Heilung führen und das Gedächtnis auch nicht wiederherstellen können. Die Stromschläge, die schon in der oben zitierten ersten Begegnung mit Helen – die ihrerseits Geheimagentin ist – vorweggenommen wurden, erweisen sich somit ebenfalls als Vorausdeutung.

Da Carl also eigentlich einen Heiltrank benötigt, überrascht es nun nicht mehr, wenn sich das Teichwasser,[47] in dem er später ertrinken soll, als dieser gedächtnisbringende Trank erweist: „Carl kam zu sich, weil er Wasser trank" (Sand, S. 439); „Er sah sich selbst wie eine Comicfigur am Hals mit einem riesigen Gewicht verbunden, das die Form und Größe der Erdkugel hatte" (Sand, S. 440). Hier wird die Analogie zum Asterix-Comic jedoch zu ihrem Ende geführt, denn obwohl Carl ja gewissermaßen in den Zaubertrank gefallen ist wie Obelix, ist er mitnichten bärenstark und unverwundbar. Im Anschluss hat der Protagonist zwar eine Vision, die die Erinnerungslücke füllt; es bleibt indes völlig offen, ob er damit als geheilt zu betrachten ist – der Erzähler fährt fort, ihn Carl zu nennen, statt seinen eigentlichen Namen aufzulösen. Von einer Rettung oder einer Wiederherstellung des Ursprungszustands kann also keine Rede sein, ganz im Gegenteil; Carl wird kurze Zeit später aus heiterem Himmel erschossen.

Da Carls Schicksal, das auf Folter und Tod hinausläuft, präzise mit Hilfe von Tarotkarten[48] vorausgesagt wird, zeigt sich hier deutlich, wie eng die Vorausdeutungen den Roman beeinflussen und bis zur Auflösung in Absurdität verwendet werden. Oder, mit den Worten von Herrndorfs Freund Marek Hahn formuliert: „‚Anspielungen, in dem Buch sind Anspielungen', dachte ich, ‚ich will sofort mein Geld zurück',". Dieses Zitat steht als Motto über dem erwähnten „Kampf der Häuptlinge"-Kapitel, kann aber problemlos für den Roman im Ganzen geltend gemacht werden.

Da Marek Hahn in einer Reihe mit Herodot, Nabokov aber auch Luke Skywalker als Zitatquelle genannt wird, zeigt sich der spielerische Effekt dieser Motti, die zumeist nachprüfbar oder sogar überaus bekannt sind, umso deutlicher.

So ist auch der Name der bösen Agentin Helen Gliese mehrfach codiert: Während die Anspielung an den erdähnlichen Planeten Gliese 375b nur Physikbegeisterten ins Auge springt – Helen wohnt im Bungalow 375b –, ist die Verbindung zu dem in der Literatur nur den schönen Frauen vorbehaltenen Namen der kriegsauslösenden Helena offenkundig: Nicht nur ihr irritierendes Äußeres rückt sie in die Nähe der mysteriösen Helena; sie wird als „schön und dumm" (Sand,

---

47 Carl wird von den CIA-Agenten im Zuge der Folter in einem Tümpel angekettet zurückgelassen, schafft es jedoch, sich zu befreien.

48 Vgl. Sand, Kap. 37 „Die Hohepriesterin", S. 254–257.

S. 19) beschrieben. Auch ihre Theaterleidenschaft als Studentin erweist sich als bedeutungstragend, denn „sie bevorzugte das heroische Sujet" (Sand, S. 41).

Auf diese Weise lässt sich jedweder Handlungssplitter und jedes Zitat mit einem anderen Element im Text verbinden und auf einen Realitätsfetzen beziehen. So hat alles eine Erklärung, die letztlich unbefriedigend ist und nur zum Roman selbst zurück führt. Passenderweise gibt Herrndorf auch hier eine Zusatzinformation im Blog: „Passig nennt das, was ich da schreibe, Wikipedia-Literatur. Neues, sinnlos mit Realien überfrachtetes Genre, das sich der Einfachheit der Recherche verdankt. Rechtfertige mich damit, daß das meiste ja doch erfunden ist".[49]

Die Vermischung des Fiktiven mit der Realität wird in der Erzählerkonzeption nochmals gesteigert. Die überwiegend auktorial präsentierte Erzählung entpuppt sich im Verlauf der Geschichte als Bericht eines Zeitgenossen, der zur Handlungszeit im selben Hotel wie Helen Gliese wohnt und nun mit Helens Tochter Heather (die übrigens in der Danksagung des Romans vom Autor erwähnt wird) in Briefkontakt steht. Der Ich-Erzähler ist jedoch zu diesem Zeitpunkt gerade mal sieben Jahre alt, und die Frage, ob er „am letzten Augusttag des Jahres 1972 auch [...] die amerikanische Touristin und den einarmigen Taxifahrer bemerkt habe oder ob hier eine Fotografie meine Erinnerungen überlagert", kann er „heute nicht mehr mit Bestimmtheit beantworten" (Sand, S. 48f.).

Da Helens Rolle im Roman mindestens als ambivalent zu beschreiben ist, irritiert die freundliche und positiv stimmende Information des Erzählers (bzw. von Heather Gliese), Helen sei „rüstig, bei guter Gesundheit und wenige Tage vor ihrem zweiundsiebzigsten Geburtstag sanft entschlafen" (Sand, S. 451). Zudem wird erst recht nicht deutlich, weshalb Helen ihrer Tochter von einer erfolglosen Geheimoperation hätte erzählen sollen. Darüber hinaus suggeriert die Ich-Erzählform irgendein Anliegen des Erzählers, oder eine erläuternde und begründende *captatio benevolentiae*; beides wird aber weder geliefert noch irgendwo plausibilisiert.

Der inzwischen fast schon obligatorische Authentizitätseffekt verpufft hier einfach und lässt mehr Fragen als Antworten zurück. So stellt sich zwar ein Ich-Erzähler an zwei unauffälligen Stellen inmitten des Romans vor, letztlich ist die im Text dominierende Erzählhaltung aber die eines auktorialen Erzählers, der mit seinem Wissen gelegentlich kokettiert. So verweigert er selbstreflexiv an den entscheidenden Stellen des Textes die Auskunft: „Schwer zu sagen, warum sie dort parkten, worauf sie warteten und was sie überhaupt wollten. Vielleicht war es nur einer jener Zufälle, die man in Romanen nicht überstrapazieren sollte und die im richtigen Leben zur Erfindung des Begriffs Schicksal beigetragen haben"

---

49   10.10. 16:56 Uhr (www.wolfgang-herrndorf.de/2010/11/neun; 25.08.2013).

(Sand, S. 362). Oder er gibt Informationen zum unpassenden Zeitpunkt: „Wenn man wollte, könnte man die Chronik der unerfreulichen Ereignisse an dieser Stelle guten Gewissens abbrechen. Viel mehr als das Berichtete hat sich nicht ereignet" (Sand, S. 449), berichtet er an der spannendsten Stelle des Textes, um illusionsbrechend auf die Klischees der filmisch etablierten Wüstenbilder zu verweisen: „Mit einigen harmonischen Akkorden könnte man das Buch also ausklingen lassen. Ein kurzes Landschaftspanorama vielleicht noch, ein Kameraschwenk über den gezackten Schattenriss des Kangeeri-Gebirges vor abendlicher Dämmerung" (Sand, S. 451).

In einer ironischen Variante der naiven Leseransprache wird hier sowohl eine Leserbeteiligung am weiteren Verlauf des Erzählten suggeriert, als auch die Erwartung eines harmonischen Ausklangs evoziert:

> Man könnte allerdings auch, wenn man ganz furchtlos ist und sich in der richtigen Stimmung befindet, noch einen Blick zurück auf eine nicht ganz unwesentliche Figur dieser Geschichte werfen [...].
> Wollen wir das? Ein kurzer Blick zum Kameraassistenten, flüchtiges Schulterzucken beiderseits, und schon zoomt die Kamera die Öffnung eines Bergwerkstollens heran [...]. Vollkommene, alles durchdringende, undurchdringliche Finsternis umgibt uns, sodass wir den Leser bitten müssen, sich das Folgende allein in seiner Phantasie vorzustellen. (Sand, S. 451–453).

Nicht nur wird hier überdeutlich, wie der Roman jeglichen Realitätsbezug negiert, ohne auf Realismus zu verzichten, und damit auf sich selbst verweist als Medium der Phantasieproduktion des Lesers. Zugleich führt der Text die Konventionen des Genres, die affirmative Haltung der konsumistisch orientierten Unterhaltungsindustrie und der „vorgeformten" Lesegewohnheiten[50] nochmals vor und durchbricht sie unerwartet. So kann sich der Held befreien, wird aber wie oben erwähnt erschossen. Harmonie wird nicht hergestellt. In ihrer Unzuverlässigkeit erweist sich die auktoriale Erzählinstanz als wirklich allmächtig und willkürlich und macht dem Leser immer wieder deutlich, dass das Erzählte mit Vorsicht zu handhaben ist.

An dieser Stelle spätestens ist die Parallele zum exakt gegensätzlichen Welt- und Erzählkonzept von *Tschick* offenkundig:

> Seit ich klein war, hatte mein Vater mir beigebracht, dass die Welt schlecht ist. Die Welt ist schlecht, und der Mensch ist auch schlecht. [...] Wenn man Nachrichten guckte: Der Mensch ist schlecht. Wenn man Spiegel-TV guckte: Der Mensch ist schlecht. Und

---

50   Arnold (2013), S. 38.

vielleicht stimmte das ja auch, und der Mensch war zu 99 Prozent schlecht. Aber das Seltsame war, dass Tschick und ich auf unserer Reise fast ausschließlich dem einen Prozent begegneten, das nicht schlecht war.[51]

Was in *Tschick* also nicht zutrifft, gilt in *Sand* umso mehr. So ist in *Sand* keine poetische Gerechtigkeit[52] oder Harmonie zu erwarten, dennoch wird das Böse in seiner Gemeinheit immer wieder als absurd relativiert und somit als relevanter Realitätsbezug negiert. Denn wenn auch der Text beispielsweise reihenweise Kinder sterben lässt, handelt es sich dabei eher um eine konsequente Umsetzung des Konzeptes der schlechten Welt, die anders funktioniert als in eskapistischen Agentenromanen. Passenderweise begründet Helen die Notwendigkeit der Folter mit folgenden Worten:

> Neunundneunzig Prozent, dass wir hier den Weltfrieden sichern. Neunundneunzig Prozent, dass unsere kleine Untersuchung einem friedlichen Zusammenleben ohne Atomwaffen dient. Neunundneunzig Prozent für das Fortbestehen des Staates Israel, für glückliche Kinder, grasende Kühe und den ganzen anderen Scheiß.
> (Sand, S. 428)

Die darin liegende Ironie zeigt sich auch im letzten Kapitel, das mit der Wiederholung des Bildes des Gekreuzigten beginnt und die Geschichte des Mannes Jean Bekurtz aus dem ersten Kapitel nachliefert, der die Kommune mitbegründet, wo später der Amoklauf stattfindet, und dann als Lehrer im Slum tätig wird. Sein Vorgänger gibt ihm, an Krebs sterbend, mit dem Hinweis auf das „glockenhelle" (Sand, S. 469) Kinderlachen, den Lehrerstab in die Hand. Dass Bekurtz in keiner Weise zum Erlöser taugt, wird auf mehreren Ebenen verdeutlicht: „Auch an Feiertagen kamen reizend verwahrloste und zutrauliche Jungen, um unterhalten zu werden, und Jean zog sie auf seinen Schoß und gab ihnen Nachhilfe in griechischer Geschichte" (Sand, S. 470). Der Text endet mit folgenden Sätzen:

> Als die fünfte Säuberungswelle das Salzviertel erfasste, riss Samaya sich von der Hand ihrer flüchtenden Mutter und rannte in die Baracke zurück, in der ihre Lieblingspuppe vergessen

---

51 Wolfgang Herrndorf: Tschick. Roman. Berlin 2010, S. 209.

52 Das an Brechts *Dreigroschenoper* angelehnte Zitat, „Die Welt ist arm, der Mensch ist schlecht", fungiert als umkehrende Verbindung der beiden Texte: Während in *Tschick* ausschließlich die „Guten" belohnt werden, eben nicht wie in der mottogebenden Dreigroschenoper, werden in *Sand* die „Bösen" zwar nicht mit Land und Adelstiteln belohnt, bleiben aber ungestraft. Vgl. Bertolt Brecht: Die Dreigroschenoper. Der Erstdruck 1928. Mit einem Kommentar von Joachim Lucchesi. Frankfurt am Main 2004, S. 45–46.

lag. Mit der Puppe zusammen wurde sie unter einer umstürzenden Häuserwand begraben. Ein Bulldozer rollte rückwärts darüber hin. Er hob seine Schaufel hoch wie ein Priester die Bundeslade, zeigte sie den Ungläubigen und schob den ganzen Schamott den Hügel hinab. (Sand, S. 475)

Samaya, „sieben oder acht Jahre alt und von unvergleichlicher Schönheit", stirbt, obwohl sie „engelsgleiche Güte des Herzens, die das ewige Leben gewinnt" (Sand, S. 474), besitzt. Die metaphorische Verbindung zum vorher etablierten Christus-Motiv wird mit Nennung der Bundeslade nochmals ironisiert und ihrer positiven Grundbedeutung enthoben. Unter den Trümmern, in der Puppe des Mädchens, ist die Mine des Kugelschreibers verborgen, die die Agentenhandlung am Laufen gehalten hat. In dieser Bagatellisierung des Geschehens, seines Hauptgegenstandes sowie jeglicher Figuren endet der Text.

Eine solche übermäßige Aufladung mit Informationen, die ins Nichts führen oder nicht im Verhältnis zu ihrer Präsentation stehen, erweist sich als kennzeichnend für den Roman. In der Aufhebung einer kohärenten Erzählinstanz und eines linearen Erzählverlaufs finden sich Anklänge beispielsweise auf den *noveau roman*[53] wieder, aber auch die spielerischen Formen der postmodernen Erzählweise. So ist die thematische Ausrichtung am kriminalistischen Genre ein genuin postmodernes Verfahren, wie man es aus Umberto Ecos *Name der Rose* (1980) oder auch Patrick Süskinds *Das Parfüm* (1985) kennt. Herrndorf greift diese bekannte Art des Zitierens nochmals auf, verschiebt jedoch klar den Realitätsbezug völlig ins Spielerische.[54] Zwar scheint der Text sich auf Reales zu beziehen, existentielle Themen wie Identitätsprobleme und Sinnsuche zu verhandeln, weist jedoch bei jeder Gelegenheit mit Hilfe von Sarkasmus und anderen humoristischen Mitteln die Drastik des Dargestellten in ihre wirkungsästhetischen Grenzen.

Die Thematik der Autorinszenierung, der Autor instrumentalisiere seine Krankheit zu Erfolgszwecken oder inszeniere gar einen Marketingcoup,[55] die sich auf

---

53 Vgl. Sikander Singh: Nouveau Roman [Art.]. In: Metzler Lexikon Literatur. Hg. von Dieter Burdorf, Christoph Fasbender und Burkhard Moeninghoff. 3. Auflage. Stuttgart 2007, S. 546.

54 Dass diese Technik für ungeübte Leser Verwechselungspotential mit faktischen Realitätsbezügen bietet, zeigt sich darin, dass das der Anzughersteller Fa. Carl Gross Herrndorf für die vermeintliche Schleichwerbung einen Anzug schenken will: „Das Unternehmen Carl Gross will mir einen Anzug schenken. Lustig. Vielleicht hätte ich mehr Zeit auf die Beschreibung des Alfa Spider verwenden sollen". 19.1. 15:07 Uhr, (www.wolfgang-herrndorf. de/2012/01/dreiundzwanzig; 13.09.2013).

55 Vgl. Joachim Lottmann: Joachim Lottmann vs. Wolfgang Koeppen. In: taz.de vom 25.04.2012 (http://blogs.taz.de/lottmann/2012/04/25/joachim-lottmann-vs-wolfgang-koeppen/; 25.08.2013).

den ersten Blick aus den Rezensionen ergibt, kann im Text nicht bestätigt werden. Fiktive Namen, die aus dem Roman in die Realität herausragen, verschränken zwar beide Ebenen miteinander ebenso wie der nachprüfbare Faktengehalt des Beschriebenen. Aber auch hier bewegt man sich bei Herrndorf auf unsicherem Boden: „Vor zwei, drei Jahren auch schon mal angefangen, Sachen in die Wikipedia reinzuschreiben, die in meinem Roman vorkamen. Entweder die Fiktion paßt sich der Wirklichkeit an oder umgekehrt. Den Vorwurf der Schlampigkeit will man sich ja nicht gefallen lassen".[56] Der virtuose Umgang mit dem nicht mehr so neuen Medium des Internets spielt in der Rezeption des Textes nicht nur im Bereich der Kritik eine tragende Rolle, sondern auch bei Lesern, die sich willig von Herrndorf durch die Weiten des Netzes treiben lassen können. Insofern kann festgehalten werden, dass sich in diesem Roman die affirmative Rolle der Authentizitätsfixierung der Gegenwartsliteratur in ihr satirisch gewendetes und bis zur völligen Absurdität übercodiertes Gegenteil verkehrt, während der Text alle Konventionen des Leseverhaltens ausspielend sich auf sich selbst zurückzieht.

---

56   10.10. 16:56 Uhr (http://www.wolfgang-herrndorf.de/2010/11/neun/; 25.08.2013).

„Es ist egal, woher ich die Dinge nehme, wichtig ist, wohin ich sie trage". Zum Verhältnis von Poesie und Plagiat in Helene Hegemanns *Axolotl Roadkill*

Ingo Vogler

Am 22. Januar 2010 veröffentlicht der Ullstein Verlag *Axolotl Roadkill*. Schon vor Erscheinen des Buches von der Literaturkritik hoch gelobt, übersteigen die Abschlagszahlen alle Erwartungen. Bereits nach wenigen Tagen ist die erste Auflage vergriffen und nach zwei Wochen sind über 100.000 Exemplare verkauft, was vor allem an einem unsachgemäßen Hype liegt, der um den Roman und dessen junge Autorin von Verlagsseite betrieben und in der Folge vom Feuilleton aufgegriffen wird. Zusammengefasst liest sich die überschwängliche Kritik in etwa so: Das Buch sei radikal und sperrig, stecke voller treffender Beobachtungen und weise für das Alter seiner 17-jährigen Autorin eine erstaunlich komplexe und vielfältige Sprache auf.[1] „Hochartifiziell"[2] soll diese sein und Hegemann selbst wird gar ein ‚ungeheures literarisches Talent'[3] bescheinigt; sie wird mit dem Prädikat ‚Wunderkind'[4] versehen. Dabei erzählt der Text eine recht banale Geschichte: Die 16-jährige Mifti bekämpft, nachdem sie drei Jahre zuvor den Tod ihrer Mutter miterleben musste, das Gefühl existentieller Leere. In Berlin, ihrem jetzigen Wohnort, rebelliert sie gegen jede Form von Autorität, bricht mit Konventionen, vernachlässigt die Schulpflicht und lebt das Leben einer sich in Exzessen aufzehrenden Nachtschwärmerin. Intensiv und grenzwertig sind ihre Drogen- und Partyerfahrungen genauso wie die körperlichen Misshandlungen und sexuellen Übergriffe. Das Erzählte wird einerseits in einer äußerst drastischen und abschreckenden Sprache geschildert, andererseits zumeist aber ironisch überhöht dargestellt und entsprechend kommentiert.

So überschwänglich die Lobeshymnen, so harsch war die Kritik, als zwei Wochen nach Erscheinen des Romans bekannt wurde, dass eine geringe Anzahl von

---

1   Vgl. etwa Tobias Rapp: Das Wunderkind der Boheme. In: Der Spiegel vom 18.01.2010.

2   Nadine Lange: Torpedo Girl. Ich ist ein Drogentrip. *Axolotl Roadkill*, das erstaunliche Romandebut der 17-jährigen Helene Hegemann. In: Tagesspiegel vom 23.01.2010.

3   Maxim Biller: Glauben, lieben, hassen. In: Frankfurter Allgemeine Sonntagszeitung vom 24.01.2010.

4   Vgl. Rapp (2010).

‚Wortneuschöpfungen' und Sätzen des Textes aus dem Roman *Strobo* (2009) eines damals verhältnismäßig unbeachteten und unter dem Pseudonym ‚Airen' schreibenden Berliner Autors stammen.[5] Am 5. Februar 2010 legt Deef Pirmasens in seinem Blog einige dieser Passagen offen und spricht erstmalig von Plagiat[6] – Hegemann hatte bekanntlich darauf verzichtet, Airen in die Danksagung mit aufzunehmen oder an anderer Stelle auf ihre Quellen zu verweisen. Prompt folgt am 7. Februar eine Stellungnahme von Verlag und Autorin. Letztere erkennt kein Problem in ihrem inhaltlichen Handeln und ihrem ästhetischen Prinzip, gesteht aber, dass sie sich um die juristischen Verhältnisse keine Gedanken gemacht habe. Der Verlag verspricht Klärung und nimmt eine eindeutige Position ein: „Quellen müssen genannt und ihre Verwendung muß vom Urheber genehmigt werden".[7]

Die Reaktionen des Feuilletons sind alles andere als verhalten: „Hass. Hass, Häme und Verachtung für die Autorin und ihr Werk".[8] So polemisch, wie es Volker Weidermann hier zusammenfasst, war die Kritik zwar nicht; in der Sache behält er jedoch Recht. Helene Hegemann wird von der großen Mehrheit der Kritiker diffamiert und ihrem Roman jede Qualitätszuschreibung aufgekündigt. In der Presse bricht ein Disput über geistiges Eigentum, moralisches Handeln und den Literaturbetrieb aus, der in wenigen Wochen ein nahezu unüberschaubares Ausmaß angenommen hat.[9] Die hohe Resonanz macht deutlich, dass die durch

5   Airens Roman, der von den persönlichen Erlebnissen seines Autors berichtet, erschien zuerst im Berliner SuKuLTuR Verlag, wurde dann aber im Zuge der Plagiatsdebatte kurzerhand mit in das Verlagsprogramm des renommierteren Ullstein Verlags aufgenommen. Zuvor hatte Airen seine Erfahrungen in seinem Blog (http://airen.wordpress.com/) der Öffentlichkeit zugänglich gemacht. Zwei Jahre nach *Strobo* folgte im Heyne Verlag ein weiterer Roman (Airen: I am Airen Man. Roman. Berlin 2010).

6   Deef Pirmasens: Axoltol Roadkill: Alles nur geklaut? Einzusehen unter: http://www.gefuehlskonserve.de/axolotl-roadkill-alles-nur-geklaut-05022010.html (zuletzt abgerufen am 29.07.2013).

7   *Axolotl Roadkill*. Helene Hegemann und Ullstein Verlegerin Dr. Siv Bublitz antworten auf Plagiatsvorwurf (07.02.2010). Einzusehen unter: http://www.buchmarkt.de/content/41393-axolotl-roadkill-helene-hegemann-und-ullstein-verlegerin-dr-siv-bublitz-antworten-auf-plagiatsvorwurf.htm (zuletzt abgerufen am 03.10.2012).

8   Volker Weidermann: Es wäre jetzt Zeit für einen Neuanfang. In: Frankfurter Allgemeine Sonntagszeitung vom 15.02.2010.

9   Doris Moser zählt allein im ersten Monat nach Erscheinen des Romans „127 journalistische Beiträge […] in 24 überregionalen deutschsprachigen Printmedien" (Doris Moser: Frame and Fame. Literaturvermittlung als Medienkommunikation am Beispiel von Helene Hegemann und *Axolotl Roadkill*. In: Doing Contemporary Literature. Praktiken, Wertungen, Automatismen. Hg. von Maik Bierwirth u. a. München 2012. S. 191–216, hier S. 204).

den Roman entfachte Debatte über das Verhältnis der konservativen und elitären Literaturkritik des Feuilletons auf der einen und der dilettantischen und mit Urheberrechtsfragen eher lax umgehenden Internetkultur auf der anderen Seite einiges an Zündstoff bereithält.

In Bezug auf Hegemann und ihr Debüt geraten die Diskussionen aber zusehends aus dem Ruder.[10] Unter anderem wird moniert, dass ihr Buch nicht das Leben abbilde, sondern eine Lüge sei.[11] Der Gipfel dieser – den anfänglichen Lobeshymnen diametral entgegenstehenden – Kritik ist die Rezension von Thomas Steinfeld in der Süddeutschen Zeitung, in der er der jungen Autorin stilistisches Unvermögen und einen „substantiellen Mangel an Erfahrung" vorwirft.[12] Der Roman ist für ihn „keine Literatur, sondern Pornographie".[13]

Hegemann selbst empfindet dieses Vorgehen verständlicherweise als ‚Hetzjagd'.[14] In einem Interview am 9. Februar nimmt sie gesondert Stellung zu den Plagiatsvorwürfen:

Ich selbst empfinde es nicht als „geklaut", weil ich ja das ganze Material in einen völlig anderen und eigenen Kontext eingebaut habe und von vornherein immer damit hausieren gegangen bin, dass eben überhaupt nichts von mir ist. Wenn da die komplette Zeit über reininterpretiert wird, dass das, was ich geschrieben habe, so ein Stellvertreterroman für die Nullerjahre ist, muss auch anerkannt werden, dass der Entstehungsprozess mit diesem Jahrzehnt und den Vorgehensweisen dieses Jahrzehnts zu tun hat, also mit der Ablösung von diesem ganzen Urheberrechtsexzess durch das Recht zum Kopieren und zur

---

10   Eine Übersicht über die Ereignisse im ‚Fall Hegemann' findet sich beispielsweise bei Veronika Schuchter: Der Fall Hegemann. Analyse einer Debatte (07.05.2010). Einzusehen unter: http://www.uibk.ac.at/literaturkritik/zeitschrift/769111.html (zuletzt abgerufen am 29.07.2013). Darüber hinaus liefert die Link-Sammlung im Online-Kulturmagazin *perlentaucher.de* von Anne Steinbauer einen chronologisch geordneten Überblick. Vgl. Anne Steinbauer: Abgeschrieben oder eigenes Werk? Links zum Streit über Helene Hegemanns Roman *Axolotl Roadkill* (18.03.2010). Einzusehen unter: http://www.perlentaucher.de/ blog/135_abgeschrieben_oder_eigenes_werk%3F_links_zum_streit_ueber_helene_hegemanns_roman_%27axolotl_roadkill%27 (zuletzt abgerufen am 29.07.2013). Weiterführend zur Plagiatsdebatte aus literaturwissenschaftlicher Sicht vgl. die Meinungen auf http://www.literaturkritik.de/public/online_abo/forum/forumfaden.php?rootID=120 (zuletzt abgerufen am 29.07.2013).

11   Vgl. die Kritikerkommentare und Leserrezensionen zusammenfassend Weidermann (2010).

12   Vgl. Thomas Steinfeld: Ich bin in Berlin. Es geht um meinen Wahn. In: Süddeutsche Zeitung vom 17.05.2010.

13   Ebd.

14   Vgl. Die Meldung zur Nominierung für den Preis der Leipziger Buchmesse In: Frankfurter Allgemeine Zeitung vom 11.02.2010.

Transformation. […] Die Quellenangabe ist für mich ein ästhetisches Problem, wobei ich aber aus ethischen Gründen glaube, dass sie trotzdem richtig ist – das versäumt zu haben, hat also mit reiner Nachlässigkeit und Gedankenlosigkeit zu tun und mit uneingestandenem Narzissmus. Aber dass der Anspruch der Leute legitim ist, in dem Buch genannt zu werden, ist mir vollkommen klar. Mir persönlich ist aber auch egal, woher Leute die Elemente ihrer ganzen Versuchsanordnungen nehmen, die Hauptsache ist, wohin sie sie tragen. Da beraube ich total schonungslos meine Freunde, Filmemacher, andere Autoren und auch mich selbst. Ich versuche, deren Fragestellungen weiterzuführen und mir selbst zu erschließen.[15]

Hegemann übernimmt hier eine Formulierung ihres Romans: „Es ist egal, woher ich die Dinge nehme, wichtig ist, wohin ich sie trage".[16] Unabhängig davon, ob die Ähnlichkeit an diesem Punkt gewollt ist, kann festgehalten werden, dass der Text um sein eigenes Montageverfahren weiß und – mehr noch – schon dort, freilich mit Einschränkungen, eine Antwort seitens der Erzählerin auf die später aufgebrachten Vorwürfe liefert, die die Autorin hier nur zu wiederholen braucht, worauf im Folgenden noch einzugehen ist. Mag Hegemann das verwendete *Strobo*-Material[17] auch ‚nicht als geklaut' und ihr Vorgehen folglich als legitim ansehen, so sind die Plagiatsvorwürfe von juristischer Warte aus betrachtet doch nachvollziehbar. Überdies ist Hegemanns Arbeitsweise auch aus moralischer Perspektive durchaus bedenklich, wie sie selbst eingesteht. Zwar nimmt sie Airen ab der zweiten Auflage, also noch vor Pirmasens' Enthüllungen (!), in die Danksagungen mit auf; unklar bleibt allerdings, was sie dazu veranlasst hat, diesen nicht bereits in der ersten Auflage zu erwähnen.[18] Dass die Quellenangabe für sie „ein ästhetisches Problem" darstellt, steht dann auf einem ganz anderen Blatt. Evident indes wird hier bereits die Differenz der drei genannten Kategorien. Entsprechend hat die Debatte zu *Axolotl Roadkill* gezeigt, dass die Diskussionen auseinanderlaufen, sobald eine Partei die ästhetische, eine andere hingegen die rechtliche oder

---

15   Helene Hegemann im Interview mit Cosima Lutz. In: Die Welt vom 09.02.2010.

16   Helene Hegemann: Axolotl Roadkill. Roman. 2. Auflage. Berlin 2010, S. 15. – Im Folgenden zitiert als: AR.

17   Am 17. Februar veröffentlicht der Ullstein Verlag wie versprochen eine Liste der aktualisierten Quellennachweise, die fortan, also ab der 4. Auflage, auch im Buch abgedruckt wird. Die Stellen, um die es geht, belaufen sich insgesamt auf ca. eine Buchseite.

18   Die Tatsache, dass Hegemann Airen in den Danksagungen ausspart, darf freilich zu den ‚Verschleierungsstrategien' gezählt werden, „die den Verdacht nahelegen, daß der Autor die Identifizierung seiner Quelle erschweren oder unmöglich machen will. Dies wiegt um so schwerer, je unbekannter die Quelle ist". (Kathrin Ackermann: Plagiat [Art.]. In: Historisches Wörterbuch der Rhetorik. Band VI. Hg. von Gert Ueding. Tübingen 2003. Sp. 1223–1230, hier Sp. 1224).

moralische Richtschnur anlegt. Angebracht wäre die Trennung jener Größen, die das Feuilleton oft miteinander vermischt und infolgedessen ein Urteil in der einen Kategorie auf der Grundlage der Vergehen in einer anderen fällt.[19]

I

Indem *Axolotl Roadkill* bewusst „Formulierungen oder Ideen eines anderen ohne Angabe der Quelle oder einen generellen Hinweis im Text selbst oder im Paratext darauf, daß es sich um Entlehnungen handelt",[20] übernimmt, stellen die entsprechenden Passagen (vgl. AR 203–206) aus juristischer Sicht eine Anmaßung geistiger Urheberschaft bzw. ein ‚Plagiat' dar; soweit jedenfalls die Rechtslage. Geht es nach der Mehrzahl der Literaturkritiker, verliert der Text im Zuge dieser Zuschreibung aber auch an ästhetischer Qualität – viele Rezensenten treten, wie gesagt, dem Roman nach ihren anfänglichen Lobeshymnen mit Geringschätzung gegenüber. Warum kam es zu dieser Schieflage?

> Im Grunde haben sich die KritikerInnen, die den Roman positiv bewertet haben, nichts vorzuwerfen – wenn ihr Urteil auf Grundsätzen basiert, die für jede Buchbesprechung gelten sollten, nämlich der Wertung aufgrund ästhetischer und inhaltlicher Kriterien. [...] Sollte der Text also nach professionellen Grundsätzen beurteilt worden sein, so gibt es keinen Grund zu einer Neubewertung. Doch in der Hegemann-Rezeption liegt der Fall etwas anders: Text und Image der Autorin waren und wurden von Anfang an so eng miteinander verschränkt, dass sie nun kaum getrennt voneinander wahrgenommen und beurteilt werden konnten. Diese Verschmelzung wurde vom Verlag bewusst inszeniert und als Marketinginstrument eingesetzt.[21]

Es ist also jene vermeintliche Authentizität des Erzählten,[22] die von der Verlags-PR behauptet und derentwegen *Axolotl Roadkill* von der Literaturkritik ein so hoher

---

19 Schon kurz nach den Plagiatsbeschuldigungen verweist Thomas von Steinaecker auf die Möglichkeit unterschiedlicher Sichtweisen im Fall Hegemann. Vgl. Thomas von Steinaecker: Das große Missverständnis. In: Börsenblatt vom 10.02.2010. http://www.boersenblatt. net/357038/ (letzter Zugriff: 24. 7. 2013).

20 Ackermann (2003), Sp. 1223.

21 Schuchter (2010).

22 Dabei ist tatsächlich die Sprache, die die Autorin ihrer Heldin in den Mund legt, offensichtlich alles andere als authentisch. Vgl. etwa die Befragung gleichaltriger Schülerinnen und Schüler der Oberstufe des Felix-Mendelssohn-Bartholdy-Gymnasiums in Berlin Prenzlauer Berg (David Ensikat: Rufschädigend ist das! Berliner Schüler diskutieren Helene Hegemanns ‚Axolotl Roadkill'. In: Der Tagesspiegel vom 20.03.2010).

literarischer Status zugeschrieben wurde. Dass dieses Vorgehen einen dem Gegenstand gegenüber wenig angemessenen Umgang bedeutet, dürfte außer Frage stehen. Dies muss wohl gleichermaßen dem Ullstein Verlag wie dem Literaturbetrieb zur Last gelegt werden. Erstgenanntem geht es um eine passende Vermarktungsstrategie und möglichst hohe Verkaufszahlen; letzterer spielt dieses Spiel mit und ist dankbar für jede Form der Selbstvermarktung.[23] Obendrein ist Literatur mit einem tatsächlichen Bezug zur aktuellen Lebenswirklichkeit ohnehin ein willkommenes Gesprächsthema im Feuilleton – erst recht, wenn diese von einer jungen Frau verfasst ist, denn „aus der Feder einer Frau wirkt die Sprache des Schmutzes und der Sexualität endlich wieder so provokativ und aufsässig wie einst Bukowski, Brinkmann und Vesper".[24]

Dass in der Folge im Literaturbetrieb mit der „Engführung von Hauptfigur und Autorin [...] die für literarische Texte prinzipiell geltende Trennung von realer Welt und erzählter Welt aufgehoben und die suggerierte Authentizität als Qualitätsmerkmal behauptet"[25] wird, geht so lange gut, bis es zu den Plagiatsvorwürfen kommt. Das fundamentale Problem besteht dann nämlich in der Differenz zwischen einem „Anspruch auf Authentizität und der Wahrnehmung von Unauthentischem": „Die Masse der (medialen) Kläger sieht sich um die zuvor postulierte Authentizität betrogen, weil der Roman als Roman vorgeführt und als fiktionales Konstrukt entlarvt wird".[26] Das hat etwas mit dem aktuellen Verständnis der Beziehung von Autor und Text zu tun, wie bereits Veronika Schuchter bemerkt:

> Das Problem, dem sich einige LiteraturkritikerInnen jetzt stellen müssen, ist die Verzahnung ihres Werturteils mit Faktoren, die weit außerhalb des Textes liegen, sprich die Messung der Qualität an Reife und Authentizität der Autorin. Nicht zufällig entsteht gleich nach den Plagiatsvorwürfen die Diskussion, ob Hegemann tatsächlich im Berliner *Club Berghain* ein- und ausgeht [...] als hätte das irgendetwas mit der Qualität des Textes zu tun. Authentizität wird so in die Nähe von Autobiographie gerückt, eine absurde Argumentation.[27]

---

23 Zusammengefasst finden sich die Überlegungen, inwieweit im Fall Hegemann eine Inszenierung seitens des Verlags stattgefunden hat (mittels Programmvorschau und Ankündigungstexten noch vor dem eigentlichen Veröffentlichungstermin) bei Doris Moser (2012). – Zur allgemeinen Inszenierung durch Paratexte vgl. zudem Marc Reichwein: Diesseits und jenseits des Skandals. Literaturvermittlung als zunehmende Inszenierung von Paratexten. In: Literatur als Skandal. Fälle – Funktionen – Folgen. Hg. von Johann Holzner u. a. Göttingen 2007, S. 89–99.

24 Hannelore Schlaffer: Die Göre – Karriere einer literarischen Figur. In: Merkur. Deutsche Zeitschrift für europäisches Denken 65 (2011), S. 274–279, hier S. 277.

25 Moser (2012), S. 203.

26 Ebd., S. 213. Vgl. beispielsweise die schon erwähnten Reaktionen des Feuilletons.

27 Schuchter (2010).

Spätestens jetzt – so sollte man meinen – ist für die Kritik Anlass genug gegeben, sich mit dem Blick auf das Werk wieder auf ihr eigentliches Geschäft zu besinnen. Das Gegenteil ist der Fall. Auch nach der Erkenntnis, dass Hegemann in erster Linie nicht ihre eigenen Erfahrungen verarbeitet hat, bleibt das Gros der Literaturkritiker bei seiner Einschätzung und beharrt weiterhin auf den Authentizitätsansprüchen.[28] Die zuvor der vermeintlichen Wirklichkeitstreue des Romans wegen getätigten Qualitätszuschreibungen sind nun Ausgangspunkt neuer, schärferer Kritik, die in die entgegengesetzte Richtung geht. Die Rezensenten – und mit Ihnen viele Leser[29] – scheinen enttäuscht ob des ‚Authentizitäts-Betrugs'[30] der Autorin, der in dieser Form de facto jedoch nie stattgefunden hat. Denn obwohl es Hegemann versäumt, ihr Dementi gegen die Gleichsetzung von Heldin und Autorin vorzubringen, hat sie diese doch zu keinem Zeitpunkt – lässt man einmal die Parallelen zwischen Text und biographischem Hintergrund der Autorin außen vor – unterstützt oder gar bestätigt. Nüchtern betrachtet ließe sich Hegemanns Text als Rollenprosa interpretieren.[31]

Neben zweifelhaften Inszenierungsstrategien und einem auf Verkaufszahlen bedachten Literaturbetrieb offenbart die Debatte einmal mehr, was zum Basiswissen literaturwissenschaftlicher Proseminare gehören mag, darum aber keinesfalls an Gültigkeit verlieren sollte: Literarische Texte sind sprachlich verfasste *Kunstwerke* und besitzen folglich, trotz aller Parallelen zur Lebenswirklichkeit, einen ganz eigenen ontologischen Status.[32]

---

28 Vgl. stellvertretend beispielsweise das Statement von Tobias Rapp: „Die Qualität von Helene Hegemann ist sie selbst, als Figur, als Intellektuelle. […] Helene kann nicht erzählen, aber sie hat etwas zu sagen […] – das, was sie in *Axolotl* geschrieben hat, getrennt von der Person Helene Hegemann zu betrachten, als rein literarische Analyse – das halte ich für unredlich" (Vom Wunderkind zum Dussel. Kritiker zu Helene Hegemanns Plagiat. In: Süddeutsche Zeitung vom 12.02.2010).

29 Vgl. die z. T. perfiden und nach den Plagiatsvorwürfen allenthalben aufkommenden Kommentare im Internet (zu den Onlineartikeln der Tagezeitungen genauso wie auf Verkaufsportalen oder privaten Blogeinträgen). Bezeichnenderweise finden die meisten Meinungsäußerungen und Auseinandersetzungen hier unter dem Schutzschild der Anonymität statt.

30 Wohlgemerkt meint ‚Betrug' an dieser Stelle nicht die Übernahme fremder Formulierungen ohne Angabe der Quelle, sondern die Tatsache, dass das, was die Literaturkritik für empirische Erfahrungen Hegemanns gehalten hat, in Wirklichkeit angelesenes ‚Wissen' darstellt.

31 Vgl. Philipp Theisohn: Das Recht der Wirklichkeit. Plagiarismus als poetologischer Ernstfall der Gegenwartsliteratur. In: Doing Contemporary Literature. Praktiken, Wertungen, Automatismen. Hg. von Maik Bierwirth u. a. München 2012, S. 219–239, hier S. 231.

32 Zum gegenwärtigen Zeitpunkt zeigt sich das insbesondere bei den Werken, die auf der einen Seite zwar authentisch zu sein scheinen, auf der anderen Seite aber durch die im Untertitel

II

Das bisher Gesagte hat gezeigt, dass der Plagiatsbegriff in Urheberfragen sicherlich weiterhilft, auf ästhetischer Ebene dagegen aber das Urteil eher verfälscht, als dass er zur Klärung beiträgt. Wenn Kunst – wie Theisohn feststellt – unter Verwendung des Plagiatsbegriffs ‚profaniert' resp. ‚in Recht verwandelt' wird,[33] dann ist sie eben nicht mehr nur Kunst und damit auch nicht rein nach ästhetischen Maßstäben zu bewerten. Insofern ist der Begriff des Plagiats für die Beurteilung eines Werkes nach künstlerischen Kriterien eine problematische Zuschreibung – erst recht, wenn man bedenkt, dass in Plagiatsfragen zuweilen auch moralische Implikationen eine Rolle spielen (hierunter dürfte beispielsweise die Frage fallen, ob Quellen in Danksagungen genannt werden).

Doch nicht nur generell gilt es die Eigenarten des Ästhetischen zu beachten. Letztlich wird die Vermischung der juristischen bzw. moralischen Ebene mit der ästhetischen Dimension auch dem Konstruktionsprinzip von *Axolotl Roadkill* nicht gerecht. Wird im Feuilleton darauf hingewiesen, dass Hegemanns ‚Montageästhetik' sich nicht von derjenigen eines Bertolt Brecht, Thomas Mann, Georg Büchner oder einer Elfriede Jelinek unterscheidet,[34] dann ist das zuerst einmal ein Vergleich auf ästhetischer Ebene, der im Übrigen der unterschiedlichen Qualitätsebenen der hegemannschen ‚Montageästhetik' wegen durchaus zu hinken scheint.[35] Die anschließende Frage aber, warum das „verschleierte Zitat", das bei den „Großen der Literatur" als Kunst gilt, ausgerechnet bei Helene Hegemann ein Plagiat sei,[36] zielt auf eine Unterscheidung, deren Grenzen so trennscharf nicht verlaufen, wie die Diskussionen um Remix-Kultur, Intertextualität, Sampling- und Mashup-Verfahren und

---

angegebene Gattungsbezeichnung ‚Roman' bereits auf ihren fiktionalen Charakter hinweisen. Vgl. z. B. Thomas Glavinic: Das bin doch ich. Roman. München 2007; Felicitas Hoppe: Hoppe. Roman. Frankfurt am Main 2012; Christian Kracht: Faserland. Roman. Köln 1995; Charlotte Roche: Feuchtgebiete. Roman. Köln 2008; Clemens J. Setz: Indigo. Roman. Berlin 2012.

33 Philipp Theisohn: Nennt das Kind beim Namen. In: Neue Züricher Zeitung vom 25.02.2010.

34 So geschehen bei Jürgen Graf: Literatur an den Grenzen des Copyrights. In: Die Zeit vom 18.02.2010.

35 Veronika Schuchter verweist mit Blick auf die *Strobo*-Zitate bereits auf den divergierenden Charakter der montierten Abschnitte: „Bleiben diese Verweise unmarkiert, so hat der Leser keinerlei Mehrwert davon, da weder ein innovativer Umgang mit dem übernommenen Material noch eine tatsächliche Transformation stattgefunden hat, weshalb der Begriff Intertextualität nicht zutreffend ist [...]. Andere Textstellen, zum Beispiel einmontierte Songtexte, verdienen dieses Prädikat sehr wohl". (Schuchter 2010).

36 Vgl. Graf (2010).

dergleichen mehr offenbart haben. Im Grunde wäre zu überlegen, ob die ‚juristische' Kategorie des Plagiats und die ästhetische Bewertung eines Werkes überhaupt etwas miteinander zu tun haben und ob *Axolotl Roadkill* nicht problemlos sowohl Plagiat als auch qualitativ ernstzunehmende Poesie sein kann.

Dass jedenfalls Helene Hegemanns Debüt mehr künstlerisches Potential aufweist, als dies viele Kritiker nach den Plagiatsvorwürfen wahrhaben wollen, zeigt sich u. a. in seiner selbstreflexiven Machart. Das dem Roman vorangestellte Motto – „We love to entertain you (*Pro7*)" (AR, S. 7) – kann so zum einen als Leseanweisung verstanden werden, den Text als Unterhaltungslektüre zu nehmen. Es ist aber zum anderen bereits ein deutlicher Hinweis auf das ihm inhärente Stilprinzip. Denn dass es sich hierbei um ein ausgewiesenes Zitat aus der Medienlandschaft handelt, ist in gleichem Maße evident wie die Tatsache, dass der Roman ein Text ist, der vermehrt mit Fremdmaterial arbeitet.[37] Neben den Kapitelüberschriften, die bis auf zwei Ausnahmen (AR, S. 23 und 186)[38] jeweils Zitate aus dem Kulturbereich darstellen,[39] sind dies vor allem eine Vielzahl von (Marken)Namen,[40] Song- und Filmtiteln[41] und Auszügen aus anderen Texten.[42] Unberechtigt ist die Annahme des SuKuLTuR-Verlags, der in seiner Presse-Erklärung zu den Plagiatsvorwürfen Helene Hegemann das – wohlgemerkt ästhetische – ‚Recht auf Montage' abspricht, wohingegen anderen Autoren diese Freiheit durchaus zustehe:

Wir haben es hier nicht mit einem Roman von Thomas Meinecke oder Italo Calvino zu tun. Auch Rainald Goetz protokolliert Gespräche mit Büchern, aber er schreibt sie nicht

---

37   „*Axolotl Roadkill* weist sich unentwegt als Montagetext aus, er gibt beständig Signale, dass er ein Textgewebe aus eingearbeiteten Fremdtexten ist" (Graf 2010). – Es kommt nicht von ungefähr, dass Hegemanns Kathy Acker als ihr großes Vorbild bezeichnet.

38   Vgl. AR, S. 23: „Vorwort" und AR, S. 186: „16. Juni".

39   Vgl. z. B. AR, S. 63: „‚There is hope for us all' (*Nick Lowe*)" und AR, S. 198: „‚Take the money and run' (*Steve Miller*)".

40   Vgl. AR, S. 105: „Der Regionalzug [...] heißt Helmut Schmidt" und AR, S. 123: „Sportklamotten von H&M".

41   Vgl. AR, S. 50: „Gestern Nacht habe ich [...] über den Film *Way down – Typen mit denen es abwärts geht* diskutiert" und AR, S. 159: „Ich habe mit zwölf einen ganzen Roman geschrieben, der nur aus Songtexten von Nick Cave zusammengeflickt war. ‚Next to me lies the print of your body plan like the map of a forbidden land.'".

42   Vgl. etwa den Hinweis inklusive anschließendem Zitat auf Rainald Goetz' *Rave* (1998): „Niedergeschlagen ziehe ich mir einen sagenumwobenen Sachtext über die Praxis der DJ-CULTURE rein: *Die Situation auf der Tanzfläche hat sich in den vergangenen knapp zwanzig Sekunden drastisch verändert. Jubel, Schreie, neue Level von Extremität überall da draußen*". (AR, S. 15).

aus anderen Büchern ab. [...] Und dabei spielt es auch keine Rolle, ob man aus einem Blog oder einem Buch oder von einer CD-Hülle abgeschrieben hat.[43]

Das Abgeschriebene setzt Hegemann in einen neuen Zusammenhang, was der Text überdies deutlich – vielerorts zu deutlich – thematisiert. So heißt es an einer Stelle im Roman: „Mir wurde eine Sprache einverleibt, die nicht meine eigene ist" (AR, S. 49); und auch auf Airen wird angespielt, als Mifti ihren Bruder Edmond nach der Herkunft der Formulierung „Berlin is here to mix everything with everything" fragt:

> „Ist das von dir?"
> „Berlin is here to mix everything with everything, Alter? Ich bediene mich überall, wo ich Inspiration finde und beflügelt werde, Mifti. Filme, Musik, Bücher, Gemälde, Wurstlyrik, Fotos, Gespräche, Träume..."
> „Straßenschilder, Wolken..."
> „...Licht und Schatten, genau, weil meine Arbeit und mein Diebstahl authentisch werden, sobald etwas meine Seele berührt. Es ist egal, woher ich die Dinge nehme, wichtig ist, wohin ich sie trage".
> „Es ist also nicht von dir?"
> „Nein. Von so ‚nem Blogger".
> (AR, S. 15)

Ob die Passagen aus Airens *Strobo* als Plagiat zu bewerten oder gar rechtlich zu sanktionieren sind, ist – wie gesagt – eine ganz andere Frage und gewiss ist diese durch derartige Anspielungen nicht weniger prekär. Trotz solcher Bedenken weiß der Rest des Textes aber materialästhetisch zu überzeugen, denn abgesehen von den augenscheinlichen Verweisen finden sich auch latente Anspielungen. Wenn es im Zuge einer körperlichen Misshandlung z. B. heißt: „Ich bin nicht meine Schreie, ich bin nicht mein physisches Schmerzempfinden, ich bin kein Tier" (AR, S. 86), so ließe sich darin allein des syntaktischen Aufbaus wegen eine Antwort auf den ‚Verhaltenskodex' aus Chucks Palahniuk *Fight Club* (1997) erkennen.[44] Ein eindeutigerer Verweis auf einen anderen Subtext findet sich weiter unten im Roman: „Wir hörten gerade eine Hörspielkassette über zwei Mädchen, die gerne voltigieren, als Charlenes Mutter an die Tür klopfte" (AR, S. 127). Zweifellos wird hier auf die aus der Kinderhörspielserie

---

43   Marc Degens: Presseerklärung des SuKuLTuR Verlags vom 08.02.2010.

44   Vgl. „[Y]ou're not how much money you've got in the bank. You're not your job. You're not your family, and you're not who you tell yourself". (Chuck Palahniuk: Fight Club (1997). London 2003, S. 143).

Bibi Blocksberg hervorgehende Reihe *Bibi und Tina* verwiesen, die ab 1991 unter dem Kiddinx-Label erschienen ist.[45]

Solch ein Remix- oder Mashup-Verfahren ist bei Hegemann künstlerisches Programm, das Zusammenschreiben fremder Stimmen und Texte ein konstituierendes Moment des Romans. Die Art, wie Hegemann dieses Konzept in ihren eigenen Äußerungen und auch noch auf dem Höhepunkt der Plagiatsbeschuldigungen umzusetzen versteht, verdient immerhin einige Anerkennung: „Originalität gibt's sowieso nicht, nur Echtheit. [...] Von mir selber ist überhaupt nichts, ich selbst bin schon nicht von mir (dieser Satz ist übrigens von Sophie Rois geklaut)".[46] Entsprechend heißt es dort:

> „Außerdem habe ich überhaupt keine Probleme, etwas auf der Bühne zu machen, was ich mir aus einem Film abgeschaut habe. Wenn dann jemand sagt: ,Das ist doch nicht von dir!', kann ich nur antworten: Na und? Von mir ist überhaupt nichts. Ich selbst bin schon nicht von mir, also scheiß drauf! Ich habe keinen Originalitätsanspruch".
>
> „Klauen ist für Sie okay, es hängt lediglich davon ab, wo man zufasst?"
>
> „Das will ich wohl meinen: mit welchem Geschmack, mit welchem Geschick und wie stilsicher man klaut".[47]

Berücksichtigt man, dass der Roman vor Bekanntwerden der Plagiatsanschuldigungen von Fachleuten und Presse allgemein als ein Werk großer literarischer Qualität gefeiert wurde und niemandem die Fremdtexte als solche an Ort und Stelle unangebracht erschienen, dann darf man wohl sagen, dass hier durchaus ,stilsicher' geklaut wurde. Was u. a. auch die Tatsache unterstreicht, dass erst nach und nach weitere Versatzstücke fremder Quellen ausfindig gemacht wurden. Demzufolge soll der Titel beispielsweise von einem Blog namens „Leguan/Roadkill" entlehnt sein; der erste Satz des Buches stammt aus dem Werk Malcolm Lowrys[48] und der Brief von Miftis toter Mutter, mit dem das Buch endet, ist der ins Deutsche übersetzte Text des Songs *Fuck U* der Band Archive.[49] Es geht hier – um es mit

---

45 Wohl nicht zufällig finden sich beide Heldinnen dieser Reihe namentlich unter den Nebenfiguren von *Axolotl Roadkill* (Bibi, AR, S. 175 und Tina, AR, S. 54f. sowie 77).

46 Hegemann und Bublitz (2010).

47 Sophie Rois im Interview mit Irene Banzinger. In: Frankfurter Allgemeine Zeitung vom 25.01.2010.

48 Vgl. Malcom Lowry: Unter dem Vulkan (Titel der Originalausgabe: Under the Volcano. 1947). Aus dem Englischen von Susanne Rademacher. 11. Auflage. Reinbek bei Hamburg 2005, S. 54f. (Diese Quellenangabe stammt aus Quellenverzeichnis der 4. Auflage von Helene Hegemanns *Axolotl Roadkill*. Berlin 2011, S. 206).

49 Der Song ist erstmals auf dem Album *Noise* (Eastwest, 2004) erschienen.

Goetz zu sagen – um eine ‚Weltmitschrift',[50] also das Kurzschließen überlieferter bzw. fremder Texte mit anderem Material.

Meinecke, der selbst ja ein ähnliches Konzept verfolgt, bringt einen Mehrwert dieser Strategie auf den Punkt: „Es macht ja auch riesig Spaß, den Ingredienzien selber auf die Spur zu kommen. Das ist ein Genussfaktor, Dinge herausschmekken zu können, ohne dass man genau gesagt kriegt: Das ist jetzt dieses oder jenes Gewürz".[51] Durch das Offenlegen der Quellen seitens des Verlags ist dem Leser dieser Genuss freilich genommen worden. Was allerdings bleibt, ist eine Poetisierung der Vorlage. Wenn Airen bekanntermaßen in seinem Buch bzw. Blog nur erzählt, was er selbst erlebt hat, wird gerade dieses Material in Hegemanns Roman nun auf einer höheren, ästhetischen Ebene verhandelt. Treffend formuliert hat das Ijoma Mangold: „Die Literarizität von Helene Hegemanns Roman nimmt durch diese Abschreibe-Kunst eher zu als ab. Weniger Autobiographie, mehr Konstruktion [...]. Artistik statt Authentizität".[52]

Ausgehend von der Frage nach der Relevanz der Plagiatsvorwürfe für eine ästhetische Beurteilung von Helene Hegemanns *Axolotl Roadkill* hat der vorliegende Beitrag aufzuzeigen versucht, dass durch eine differenziertere Betrachtung der Plagiatsfrage in eine moralische, eine juristische und eine ästhetische Dimension die Diskussionen um die im Feuilleton geführte Urheberdebatte in ihrer eindimensionalen Struktur hinfällig geworden ist. Weiterhin wurde die vom Verlag betriebene und von der Presse fortgeführte In-Eins-Setzung von Autorin und Hauptfigur als treibende Kraft der Plagiatsdiskussion ausgemacht, die über enttäuschte Authentizitätsvorstellungen hinaus auf eine grundlegende Schieflage gegenwärtiger Literaturkritik hindeutet: Wann immer Rezensenten die Authentizität eines literarischen Werkes als Qualitätsmerkmal heranziehen oder autobiographische Aspekte der ästhetischen Beurteilung zugrunde legen, muss das Ergebnis als fragwürdig angesehen werden.

So hat der Umgang mit dem Roman rezeptionsästhetisch „das Potenzial, Geschichte zu schreiben: als vorläufiger Höhepunkt einer vor allem durch außertextliche Faktoren bestimmten Lektüre".[53] Bezeichnenderweise wird weniger über den Text als vielmehr über die von ihm ausgelöste Plagiatsdebatte gesprochen, wenn in heutigen Diskussionen das Wort auf Hegemanns Debüt fällt. Die nur oberflächig stattgefundenen Überlegungen hinsichtlich der moralischen,

---

50   Vgl. Peter Kümmel: Autor und Über-Autor. In: Die Zeit vom 18.02.2010.
51   Thomas Meinecke im Interview mit Ijoma Mangold. In: Die Zeit vom 18.02.2010.
52   Ijoma Mangold: Unecht wahr. Die Autorin Helene Hegemann hat abgeschrieben. Und? In: Die Zeit vom 11.2.2010.
53   Steinaecker (2010).

juristischen und ästhetischen Einordnung von *Axolotl Roadkill* kommen zu folgenden Zwischenergebnissen: Die montierten *Strobo*-Zitate sind juristisch gesehen ein Problem, das seitens des Ullstein Verlags durch das nachträgliche Einholen der Rechte abschließend gelöst sein sollte. Auf moralischer Ebene sind sie indes noch immer höchst bedenklich und lassen einen respektlosen Umgang mit der Quelle vermuten. Ein ästhetisches Qualitätsmerkmal wurde sowohl in der Selbstreflexivität des Werkes als auch in dem Prinzip der Montage und Modifikation von Fremdmaterial erkannt. Da das Buch keine empirischen Erfahrungen wiedergibt und nur zitiert, was andere erlebt und aufgeschrieben haben, muss es als artifizieller eingestuft werden, als dies noch vor den Plagiatsanschuldigungen der Fall war.

„Es hat etwas Rauschhaftes, über solche Dinge nachzudenken" Wolf Haas' poetologischer Roman *Verteidigung der Missionarsstellung*

Nikolas Buck

I

Von der Kritik gefeiert, von der Wissenschaft recht unverhohlen bewundert[1] und allein dreimal mit dem Deutschen Krimipreis ausgezeichnet, vollzieht der österreichische Schriftsteller Wolf Haas 2006 eine thematische Kehrtwende. Er lässt seine Krimireihe um den kauzigen Privatdetektiv Brenner vorerst enden und schreibt mit *Das Wetter vor 15 Jahren* einen Liebesroman – genauer gesagt einen Roman über einen Liebesroman, denn es handelt sich um einen fiktiven Dialog zwischen einem Autor mit dem Namen Wolf Haas und einer Feuilletonjournalistin über dessen neuestes Werk. Nach einer kurzen Rückkehr ins Genre der Kriminalliteratur folgt 2012 der ebenfalls stark selbstreferentiell angelegte Roman *Verteidigung der Missionarsstellung.*[2]

Wie sein Vorgängerroman ist auch dieser als Fiktion einer Skizze zu einem Roman konzipiert. In diesem Fall handelt es sich jedoch nicht um das Transkript eines Interviews wie in *Das Wetter vor 15 Jahren*; es wird vielmehr der Anschein erweckt, dem Leser liege ein vorläufiges, vom Autor noch nicht autorisiertes Manuskript vor. Der Manuskriptcharakter des Textes wird manifest, indem Kommentare des Erzählers – der sich erneut als Wolf Haas vorstellt – in den Text eingefügt sind: „[Hier noch London-Atmosphäre einbauen. Leute. Häuser. 1988. The Blick from the Bridge.]"[3] In der Folge häufen sich derartige technische nicht selten ironische Kommentare zu noch fehlenden Textteilen, zu möglichen

---

1   Vgl. Moritz Baßlers Kommentar zu den Brenner-Krimis: „Liebe Leser, [...] *das* ist große Literatur!" (Der deutsche Pop-Roman. Die neuen Archivisten. München 2002, S. 202).

2   Nicht alle Rezensenten beurteilen Haas' Hinwendung zu Formen ‚ernsthafter' Literatur positiv. Nichtsdestotrotz erhielt der Autor für seinen Roman *Das Wetter vor 15 Jahren* 2006 den Wilhelm-Raabe-Literaturpreis und auch *Verteidigung der Missionarsstellung* ist bereits mit dem Bremer Literaturpreis geehrt worden.

3   Wolf Haas: Verteidigung der Missionarsstellung. Roman. Hamburg 2012, S. 26. – Im Folgenden zitiert als: VM.

Streichungen und Verbesserungen.[4] Der Plot selbst dreht sich um den Studienfreund des Erzählers Benjamin Lee Baumgartner, der sich immer dann Hals über Kopf zu verlieben scheint, wenn gerade eine international grassierende Seuche die Menschheit bedroht.[5]

Aufgrund der analogen selbstreferentiellen Ausgangssituation interpretieren viele Rezensenten Haas' neuesten Roman in enger Zusammenschau mit *Das Wetter vor 15 Jahren*.[6] Tatsächlich sind es überwiegend dieselben Themen, die in den Romanen verhandelt werden: Es geht jeweils um das – durchaus anspielungsreich auf die reale Person Wolf Haas verweisende – Dasein als Schriftsteller, um Probleme der Rezeption und Erzählkonstruktion sowie nicht zuletzt auch um poetologische Fragen im engeren Sinne, d. h. Reflexionen zu grundlegenden Prinzipien des dichterischen Schreibens.[7] Letztere entspringen in *Verteidigung der Missionarsstellung* aus sprachphilosophischen Überlegungen, die die Figuren und der Erzähler im Roman anstellen. Die Reflexionen kreisen insbesondere um zwei Phänomene:[8] erstens die Neigung des Menschen, zeitliche Zusammenhänge stets als kausale Zusammenhänge zu interpretieren, und zweitens Alfred Tarskis wissenschaftstheoretischem Verbot einer Vermischung von Objekt- und Metasprache.

---

4   Zur ironischen Wendung des Verfahrens vgl. beispielsweise folgende Textstelle: „Zwei Seiten Landschaftsbeschreibung [...] Blabla Ein bisschen Bildungszeug und Reisekilimbim" (VM, S. 141).

5   Hieraus resultiert die episodische Struktur des Romans. Die Handlung beginnt zur Zeit des Ausbruchs der BSE-Seuche im Jahr 1988; es folgen Abschnitte zur Vogelgrippe 2006, zur Schweinegrippe 2009 und zum Ehec-Virus 2011.

6   So geschehen in Sandra Kegel: The Blick from the Bridge. In: Frankfurter Allgemeine Zeitung vom 31.08.2012 und Britta Peters: Ziemlich viel brillantes Schlaumeiertum. In: Die Tageszeitung vom 08.09.2012.

7   Vgl. Harald Fricke: Poetik [Art.]. In: Reallexikon der deutschen Literaturwissenschaft. Neubearbeitung des Reallexikons der deutschen Literaturgeschichte. Band III: P – Z. Hg. von Jan-Dirk Müller u. a. Berlin/New York 2007, S. 100–104.

8   Ein drittes Phänomen, die konkrete Darstellung von Sachverhalten durch typographische Abweichungen, wird hier außer Acht gelassen, da es im Roman nicht explizit thematisiert wird. Zwar sind die poetologischen Implikationen des Verfahrens, das sich im Roman etwa darin äußert, dass das schottische Paisley-Muster einer Damenbluse nicht beschrieben wird, sondern die Buchstaben in eben dieser Form über die Buchseite verteilt sind (VM, S. 53), nicht zu verkennen. Es soll an dieser Stelle aber folgender Hinweis des Autors – der auf das Ziel einer Unmittelbarkeit des Ausdrucks verweist – genügen: „Die Motivation ist immer dieselbe, meine Unlust, Dinge zu beschreiben. Gewisse Dinge sollen sich schneller vermitteln" (so Wolf Haas im Interview mit Christian Schachinger: „Was soll ich groß über China schreiben". In: Der Standard vom 31.08.2012).

Bei allen Parallelen zwischen den beiden Romanen, auf die die Literaturkritik zu Recht hingewiesen hat, wird in diesem Zusammenhang ein entscheidendes Differenzkriterium übersehen: Während die selbstreferentielle Ebene in *Das Wetter vor 15 Jahren* lediglich als eine Art „Verstärker"[9] für die Aufmerksamkeit des Lesers zu dienen scheint, können die sprachphilosophischen Reflexionen in Haas' neuestem Roman mitnichten als „pure[] Alberei"[10] abgetan werden. Sie erlangen im Gegenteil eine poetologische Funktion[11], indem sie nicht nur theoretisch erörtert werden, sondern auf der Handlungsebene eine unmittelbare Anwendung finden.

Ziel dieses Beitrags ist es, die qualitative Ausweitung der selbstreferentiellen Dimension in *Verteidigung der Missionarsstellung* im Einzelnen nachzuverfolgen und Konsequenzen für die poetologische Relevanz des Romans zu eröffnen. Als Voraussetzung dafür, die Besonderheiten in der Romanstruktur im expliziten Sinne als *poetologisch funktionalisiert* bezeichnen zu können, müssen allerdings Übereinstimmungen mit außertextuellen Aussagen des Autors feststellbar sein. Zur Rekonstruktion von Haas' poetologischem Programm werden daher im Folgenden stets Äußerungen aus Interviews und Gesprächen unterstützend herangezogen.

II

Das erste zentrale sprachphilosophische Thema in *Verteidigung der Missionarsstellung* entspinnt sich aus dem vom Erzähler thematisierten historischen Wandel von temporalen zu kausalen Satzverbindungen. Er berichtet, wie er in seiner Studienzeit an einer Arbeit über dieses Phänomen saß – mit dem diffusen Gefühl, „dass man damit alles Mögliche erklären könnte" (VM, S. 63). Dieses Thema spiegelt sich unmittelbar auf Handlungsebene wider und zwar in der Tatsache, dass einzelne Schritte der Handlung in absurder Weise kausal motiviert[12] werden, obwohl es sich lediglich um eine temporale Abfolge handelt: „Achtzehn Jahre nachdem er am Greenwich Market Bekanntschaft mit der Rinderseuche gemacht hatte, flog Dr. Benjamin L. Baumgartner nach Peking,

---

9　So Haas selbst über seinen Text in Claus Lochbichler: „Früher habe ich das Lesen gehasst". In: Welt am Sonntag vom 02.01.2011.

10　Gregor Dotzauer: Romandämmerung. In: Der Tagesspiegel vom 10.10.2012.

11　Vgl. die Ausführungen zu verschiedenen Funktionen metareferentieller Elemente in narrativen Texten bei Ansgar Nünning: On Metanarrative. Towards a Definition, a Typology and an Outline of the Functions of Metanarrative Commentary. In: The Dynamics of Narrative Form. Studies in Anglo-American Narratology. Hg. von John Pier. Berlin/New York 2004, S. 11–57, hier besonders S. 39–48.

12　Zu den verschiedenen Formen der Motivierung in narrativen Texten siehe Matías Martínez/ Michael Scheffel: Einführung in die Erzähltheorie. 6. Auflage München 2005, S. 111–119.

um an der Vogelgrippe zu erkranken" (VM, S. 69; Hervorhebung: N.B.). Gleichzeitig deutet diese Stelle bereits auf eine folgenschwere Entwicklung des Romans hin, die als Überlagerung der kausalen Motivierung durch eine finale Motivierung charakterisiert werden kann. Der Erzähler übernimmt gleichsam die Deutung der Hauptfigur, der Zusammenhang zwischen seinen Liebschaften und den Ausbrüchen von Seuchen sei nicht nur zeitlicher, sondern schicksalhafter Natur (vgl. VM, S. 164ff.). Da sich der zeitliche Abstand zwischen dem Erzählen und dem Erzählten gegen Ende des Romans auflöst, wird das Wissen um diesen Zusammenhang für den Erzähler letztlich zu einem moralischen Problem. Logische Konsequenz: Er sorgt mit einem Anruf bei der Hamburger Gesundheitsbehörde selbst dafür, dass die Sprossenfarm in Bienenbüttel, auf der Baumgartner mittlerweile arbeitet, als Infektionsherd einer neuerlichen Epidemie – diesmal ist es der grassierende Ehec-Virus – identifiziert wird. Zusätzliche Substanz erhält die Schicksalhaftigkeit des Geschehens durch eine besondere Akzentuierung kompositorischer Handlungsmotivierung: Entsprechend der Aussage des Erzählers, frei Erfundenes klinge in einem Roman oft überzeugender und realer als die aus der Realität entlehnten Geschichten (VM, S. 62), und im Gegenzug seiner Behauptung, er ‚verbrate' in *Verteidigung der Missionarsstellung* eine wahre Geschichte (VM, S. 155), muss das Geschehen im Roman zwangsläufig unrealistisch wirken (vgl. VM, S. 231).

Die insgesamt zweifelhafte Motivierung der Handlung lenkt die Aufmerksamkeit vom Inhalt weg auf die Form des Textes. Entsprechend neigt der Erzähler dazu, existentielle Problemlagen, die im Handlungskonstrukt des Romans mit dem Scheitern der Ehe Baumgartners und der Lebenslüge seiner Mutter durchaus angelegt sind, auszublenden:[13]

> Nachdem ich mich von seiner Mutter schon verabschiedet hatte, ist sie in ihren Hausschuhen noch einmal zu meinem Auto gekommen und hat mir das Ehrenwort abgenötigt. Dass ich ihm die Wahrheit über seinen Vater verrate, falls ihr Lee Ben jemals zurückkommt. […] Aber ich verschob es auf das nächste Mal.
> (VM, S. 222f.)

In einem Interview auf das besondere Verhältnis von Geschichte und Form in seinen Romanen angesprochen, erklärt Haas:

> Zuerst möchte ich immer ein ganz normales, unaufgeregtes Buch schreiben. Aber dann kann ich der Verlockung, das Ganze auf die Spitze zu treiben, nicht widerstehen. […]

---

13 Auch die Rezensentin Kristina Maidt-Zinke stellt fest: „Nicht, dass die Anfälligkeit des Helden für Frauen und Seuchen in irgendeiner Weise die Romanhandlung beflügeln oder befeuern würde – dem Autor ist es ja um das Gegenteil zu tun, um das Abschweifen, Retardieren und Auf-der-Stelle-Treten". (Die Erotik der Satzstellung. In: Süddeutsche Zeitung vom 09.10.2012).

Die Behinderung, die von der Form ausgeht, erzeugt erst die besten Plot-Wendungen. [...] Ich finde eher, dass Autoren ihre Leser verschaukeln, die die spielerische Struktur eines Romans unter den Teppich kehren und auf die sichere Karte eines Dröge-Realismus setzen.[14]

In *Das Wetter vor 15 Jahren* steht die Reflexion des Schreibprozesses eines fiktiven Wolf Haas zu Beginn deutlich im Fokus. Im weiteren Verlauf gewinnt die dahinterstehende Geschichte allerdings zunehmend an Konturen, so dass die Metaebene nur mehr als Beiwerk wahrgenommen wird. In *Verteidigung der Missionarsstellung* kehrt sich dieses Verhältnis um: Zunächst scheint es sich um eine recht konventionelle Liebesgeschichte zu handeln. Dann beginnt der (reale) Autor – wie er selbst sagt – damit, „Gletscherspalten in den Text einzubauen [...], in die man hinunterplumpst".[15]

III

Die tiefsten „Gletscherspalten" sind dabei fraglos jene Textstellen, an denen es zu einem logikwidrigen Kurzschluss verschiedener Erzählebenen kommt. Das erste Mal geschieht dies, als die Frau des Studienfreundes – im Buch nur „Die Baum" genannt – in der Wohnung des Erzählers in einem Manuskript zu lesen beginnt, dessen Inhalt mit der übergeordneten Ebene des Romans identisch ist. Dadurch erfährt sie von den Liebesaffären ihres Mannes und macht dem Erzähler wütende Vorwürfe. Dieser wiederum geht kaum darauf ein, wundert sich stattdessen, dass die Handlung trotz paradoxer *Mise en abyme*[16] weiter voranschreitet:

Ich fragte mich, wie sie es geschafft hatte, aus der Schleife auszusteigen. Sie hätte doch am Ende des Buches wieder an die Stelle kommen müssen, wo ich schlafen gehe und die Baum in meinem Arbeitszimmer sitzt und zu lesen beginnt. Dann hätte die Geschichte ein drittes Mal von vorn beginnen müssen [...] und so weiter, bis mein Roman *Verteidigung der Missionarsstellung* so dick geworden wäre, dass nicht nur alle Wälder der Erde hineingewandert wären in mein gefräßiges Buch, sondern auch für die Erde wäre bald kein Platz mehr gewesen, Mond und Sonne auch nicht, nur noch mein Buch. (VM, S. 162)

---

14   Timo Steppat: „Der Leser denkt, jetzt spinnt er wieder". Interview mit Wolf Haas. In: Cicero vom 16.10.2012.
15   Schachinger (2012).
16   Vgl. die neueste Definition des Begriffs bei Werner Wolf: Mise en abyme [Art.]. In: Metzler Lexikon Literatur- und Kulturtheorie. Ansätze – Personen – Grundbegriffe. Hg. von Ansgar Nünning. 4. Auflage Stuttgart/Weimar 2008, S. 502f.

Die Möglichkeit einer unendlichen Wiederholung des Geschehens ist zwar nur ange-
deutet. Angesichts dieser drastischen Illusionsstörung wird aber das gesamte Handlungskonstrukt zweifelhaft. Schließlich folgt kurz vor Ende des Romans die zweite
Mise en abyme: Der Erzähler trifft auf der Suche nach einer Bushaltestelle eine Reite-
rin, die ihm erzählt, dass sie gerade seinen neuesten Roman liest. Schnell wird klar, dass
es sich wiederum um denselben Text handelt, in dem sie als Figur auftritt. Folglich ver-
abschiedet sie sich mit den Worten: „War nett durch Ihren Roman reiten" (VM, S. 236).

Man könnte nun einwenden, dass paradoxe *Mises en abyme* selbstredend keine
Erfindung des Autors Wolf Haas sind, vielmehr schon in der Romantik Anwendung gefunden haben und insbesondere nach 1945 zu einem festen Bestandteil
des Repertoires formal avancierter Autoren geworden sind.[17] Ihr bloßes Vorhan-
densein markiert also zunächst einmal nur die Kunsthaftigkeit des Textes, recht-
fertigt aber noch keineswegs, *Verteidigung der Missionarsstellung* insgesamt als
poetologischen Roman zu bezeichnen. Entscheidend ist vielmehr die Funktionalisierung der *Mises en abyme* im Zusammenhang mit dem zweiten und eigentlichen
sprachphilosophischen Hauptthema[18] von Haas' Roman: Alfred Tarskis Verbot der
Vermischung von Objekt- und Metasprache. Der polnische Mathematiker und Lo-
giker Tarski löste die ‚Antinomie des Lügners' – die etwa entsteht, wenn ein Satz
seine eigene Nichtgültigkeit behauptet – auf, indem er zumindest für die Wissenschaft eine strikte Hierarchisierung verschiedener Sprachstufen einforderte:

> Für jede formalisierte Sprache lässt sich in der Metasprache eine formal korrekte und sachlich
> zutreffende Definition der wahren Aussage mit alleiniger Hilfe von Ausdrücken allgemein-
> logischen Charakters, von Ausdrücken der Sprache selbst und von Termini aus der Morpholo-
> gie der Sprache konstruieren – jedoch unter der Bedingung, dass die Metasprache eine höhere
> Ordnung besitzt als diejenige Sprache, die Gegenstand der Untersuchung ist.[19]

---

17 Vgl. den kurzen historischen Überblick bei Michael Scheffel: Metaisierung in der lite-
    rarischen Narration: Überlegungen zu ihren systematischen Voraussetzungen, ihren Ur-
    sprüngen und ihrem historischen Profil. In: Metaisierung in Literatur und anderen Medien.
    Theoretische Grundlagen – Historische Perspektiven – Metagattungen – Funktionen. Hg.
    von Janine Hauthal u. a. Berlin/New York 2007, S. 154–171, hier S. 168.

18 Gegen Richard Kämmerlings, der als zentrales Thema im Roman den soeben analysier-
    ten Zusammenfall zeitlicher und kausaler Zusammenhänge sieht (vgl. Laudatio auf Wolf
    Haas [anlässlich der Verleihung des Bremer Literaturpreises 2013]. Online abrufbar un-
    ter URL: http://www.rudolf-alexander-schroeder-stiftung.de/presse/2013_WOLF%20
    HAAS _Laudatio.pdf; zuletzt gesehen am 22.03.2013).

19 Alfred Tarski: Der Wahrheitsbegriff in den formalisierten Sprachen. In: Logik-Texte. Kom-
    mentierte Auswahl zur Geschichte der modernen Logik. Hg. von Karel Berka und Lothar
    Kreiser. Berlin 1971, S. 447–559, hier S. 554.

Sowohl der Erzähler als auch seine Hauptfigur Baumgartner sprechen das Problem, dass ein Satz nicht über sich selbst sprechen darf, wiederholt an und sind fasziniert von der Vorstellung, das Tabu, auf dem „unser ganzes Denken beruht" (VM, S. 215),[20] durchbrechen zu können: „Es hat etwas Rauschhaftes, über solche Dinge nachzudenken, und mit gutem Grund hat Tarski sie verboten" (VM, S. 214). Einen besonders großen Spielraum für Experimente derlei Art bietet die Sphäre der Kunst. Baumgartners holländische Bekanntschaft während seines Aufenthalts in Peking bringt die poetologischen Implikationen von Tarskis Wahrheitstheorie – Roman Jakobson zitierend – folgendermaßen auf den Punkt:

> Das, was die Wissenschaft nur mit einem Verbot zu meistern wisse, müsse die Chunst [sic] ausnutzen. Dort, wo ein Text gleichzeitig über die Welt und über sich selbst spreche, stolpere man sozusagen aus der sprachlichen Begrenztheit in eine Erkenntnis oder Erfahrung des Transzendenten hinaus.
> (VM, S. 139)

Tatsächlich wird Tarskis Verbot in *Verteidigung der Missionarsstellung* trotz der auffälligen Einbettung metasprachlicher Kommentare des Erzählers in den Romantext anfangs nicht gebrochen. Denn die Anmerkungen sind mithilfe durchgängiger Majuskelschreibung und eckiger Klammern so offensichtlich vom Rest des Textes abgesondert, dass man nicht von sprachlichen Ausdrücken derselben Sprachstufe ausgehen kann. Umso drastischer fällt dann jedoch die Verletzung durch die oben geschilderte Wiederholungsstruktur des Romans aus. Denn paradoxe *Mises en abyme* beinhalten ihrem Wesen nach eine Auflösung der Grenzen vormals hierarchisch getrennter Ebenen. So erhält der Roman, indem er letztlich zu einer einzigen „Orgie der Übertretung des Tarski-Verbots"[21] wird, als Ganzes eine poetologische Qualität.

In Interviews und Gesprächen beschreibt Wolf Haas sein Schreiben immer wieder als eine Art Rausch und scheut dabei nicht vor ungewöhnlichen Vergleichen zurück:

> [D]ie auffälligste Ähnlichkeit zwischen Schreiben und Sport sehe ich in dem Widerspruch von Kontrolliertheit und Rauschhaftigkeit, also dass die wirklich guten Dinge dann entstehen, wenn man das eigene System durchbricht, im entscheidenden Moment die richtigen Fehler macht. [...] Und irgendetwas ist dann doch dabei, was ich auch im nüchternen Zustand gelten lasse, obwohl ich es mich im nüchternen Zustand nicht zu schreiben getraut hätte. Mit nüchtern meine ich nicht ohne Alkohol, sondern ohne Übermut, ohne Maßlosigkeit.[22]

---

20   Vgl. auch die entsprechenden Passagen auf S. 33f., 100, 126–135, 138f., 214f.

21   Daniela Strigl: Sprachkunst, komisch. Wolf Haas' „Verteidigung der Missionarsstellung". In: Literatur und Kritik 48 (2013), H. 1, S. 82ff., hier S. 83.

22   Michael Eder: „Beim Schreiben bin ich eine Pistensau". Wolf Haas im Gespräch. In: Frankfurter Allgemeine Sonntagszeitung vom 12.04.2010.

Damit setzt er sich nachdrücklich von dem aus seiner Sicht konservativen Literaturbetrieb ab:

> Ich stehe auf Kriegsfuß mit der Natürlichkeit. [...] Die Erzählweise des traditionellen
> psychologischen Realismus wird ja meist verstanden als „das Natürliche" – aber doch
> nur, weil die Literaturwelt so wahnsinnig konservativ ist. In der bildenden Kunst malt man
> doch auch nicht mehr wie im 19. Jahrhundert.[23]

Durch „[b]loßes Geschichtenerzählen"[24] werde das Potential der Literatur nur
unzureichend ausgeschöpft. Haas' Romane sind dagegen als „Bekenntnis zum
Transzendentalen der Kunst"[25] und als Plädoyer für das „Manierierte"[26], für das
sprachliche und erzählerische Experiment zu lesen – getreu dem Motto des Autors, dass allein das Kriterium, sich beim Schreiben immer selbst zu überraschen,
uneingeschränkt Gültigkeit beanspruchen könne.[27]

IV

Die Konsequenz in der Anwendung der poetologischen Implikationen der von den Romanfiguren diskutierten sprachphilosophischen Probleme ist der entscheidende Unterschied zu Haas' Vorgängerroman *Das Wetter vor 15 Jahren*. Dessen Erzählsituation
– ein fiktiver Autor spricht mit einer Journalistin über seinen neuesten Roman – ist
zwar bereits von vornherein als selbstreferentielles Spiel angelegt. Eine Unzahl von
Äußerungen betrifft dabei auch poetologische Fragestellungen. Indem diese aber in
vielfacher Weise ironisiert werden, während die Fiktion stets intakt bleibt, verlieren sie
an Gewicht, können nicht mehr über das Werk hinaus Geltung beanspruchen.[28] Ein Beispiel: Der fiktive Autor äußert sich abfällig über „Vorausdeutungs-Ostereier", die viele

---

23 Karin Cerny: Wolf Haas: „Ich stehe auf Kriegsfuß mit der Natürlichkeit". Der Bestsel-
    lerautor über seinen neuen Roman *Verteidigung der Missionarsstellung*. In: Profil vom
    05.09.2012.
24 Schachinger (2012).
25 Strigl (2013), S. 83.
26 Cerny (2012).
27 Vgl. ebd.
28 Damit wende ich mich gegen Michael Jaumann, der in seiner Analyse von *Das Wetter vor
    15 Jahren* zwar ebenfalls Ironiesignale wahrnimmt, aber dennoch feststellt, dass der Roman
    „grundsätzlich als poetologischer Kommentar zu lesen" sei („Aber das ist ja genau das
    Thema der Geschichte!" Dialog und Metafiktion in Wolf Haas' *Das Wetter vor 15 Jahren*.
    In: Metafiktion. Analysen zur deutschsprachigen Gegenwartsliteratur. Hg. von J. Alexander
    Bareis und Frank Thomas Grub. Berlin 2010, S. 203–225, hier S. 222).

seiner Kollegen den Lesern „aufs Auge drücken" würden.[29] Tatsächlich funktioniert der Spannungsaufbau in *Das Wetter vor 15 Jahren* aber just über zahlreiche den weiteren Fortgang der Handlung betreffende Andeutungen der Interviewpartner.

Ganz anders stellt sich die Situation dagegen beim Roman *Verteidigung der Missionarsstellung* dar. Dieser ist ein einziger Akt der Exemplifikation, dass die Freiheit der Kunst eben in der Chance besteht, das Verbot der Vermischung von Objekt- und Metasprache aufzuheben und so ein „Gefühl der Unendlichkeit" (VM, S. 139) zu ermöglichen. So ergibt sich das seltsame Paradoxon, dass ausgerechnet mittels der Brechung der Fiktion in *Verteidigung der Missionarsstellung* durch mehrfache paradoxe *Mises en abyme* die poetologischen Aussagen im Roman viel verbindlicher wirken als in *Das Wetter vor 15 Jahren* – und das, obwohl sie durch höchst unzuverlässige Erzählinstanzen getätigt werden.[30] Die Auflösung der Hierarchie verschiedener Ebenen im Text – durch „die aus erzähltheoretischer Sicht denkbaren Extremformen von narrativem Selbstbezug"[31] – konsolidiert gewissermaßen das poetologische Programm des Autors. Hierauf wird bereits durch die Umschlaggestaltung von *Verteidigung der Missionarsstellung* angespielt: Auf diesem hält der (reale) Autor Wolf Haas ein Buch desselben Titels in der Hand. Nicht zufällig erscheinen in diesem Zusammenhang die Parallelen zum Cover von Oswald Wieners *Die Verbesserung von Mitteleuropa, Roman* (in der Neuauflage von 1985).[32] Dieser aus dem Umkreis der avantgardistischen *Wiener Gruppe* stammende Text lotet unter Zuhilfenahme des Montageverfahrens und unter Bezugnahme auf sprachphilosophische und sprachkritische Theoreme die Grenzen der Gattung ‚Roman' aus. Obwohl die *Wiener Gruppe* in den 1950er und 1960er Jahren nur circa zehn Jahre Bestand hatte, ist ihr Einfluss auf die österreichische Literatur bis in die Gegenwart spürbar:

---

29 Wolf Haas: Das Wetter vor 15 Jahren. Roman. Hamburg 2006, S. 59.

30 Unter Verwendung von Werner Wolfs *Systematisierungsversuchs metareferentieller Formen und Begriffe* lässt sich dieses Phänomen folgendermaßen typologisieren: Explizite Metareferenzen (Erzählerkommentare und Figurenrede) werden durch implizite metareferentielle Verfahren (*Mises en abyme*) unmittelbar zur Anschauung gebracht. Dies geschieht auf affirmative Weise mit einem Anspruch auf werkexterne Geltung. Vgl. Werner Wolf: Metaisierung als transgenerisches und transmediales Phänomen. Ein Systematisierungsversuch metareferentieller Formen und Begriffe in Literatur und anderen Medien. In: Metaisierung in Literatur und anderen Medien. Theoretische Grundlagen – Historische Perspektiven – Metagattungen – Funktionen. Hg. von Janine Hauthal u. a. Berlin/New York 2007, S. 25–64, hier S. 42ff.

31 Scheffel (2007), S. 168.

32 Vgl. Oswald Wiener: Die Verbesserung von Mitteleuropa, Roman. 2. Auflage. Reinbek bei Hamburg 1985.

Sprachexperiment, Sprachspiel, Sprachreflexion, Sprach-kritik, der Zweifel an der Kongruenz von Sprache und Wirklichkeit: in der österreichischen Literatur der vergangenen dreißig Jahre gehört all dies zum Kernbereich der literarischen Entwicklung. Einen nicht unbeträchtlichen Teil ihrer Identität schöpft die österreichische Literatur der vergangenen Jahrzehnte aus dem auch im Ausland bekannten Faktum ihrer Experimentierfreudigkeit. Seit den Tagen der „Wiener Gruppe" und später dann mit der in anderer Weise innovativen „Grazer Gruppe" ist diese Experimentierfreudigkeit nicht mehr verschwunden[.] [...] Die Lust am literarischen Experiment, auch an der literarischen Provokation lebt, die Verfahrensweisen sind sogar vielfältiger geworden[.][33]

Nun geht der in Maria Alm am Steinernen Meer geborene Wolf Haas in seinen Verfahrensweisen keineswegs so weit, die uns „vertrauten Gattungsbegriffe"[34] zu destruieren. Mit der Bewusstmachung sprachphilosophischer Probleme und ihrer poetologischen Funktionalisierung führt er jedoch zweifellos die Traditionslinie experimenteller österreichischer Literatur fort.

In seiner Dankesrede zur Verleihung des diesjährigen Bremer Literaturpreises kokettiert Wolf Haas im Übrigen damit, dass er ursprünglich ein ganz anderes sprachphilosophisches Problem als die drei genannten in das Zentrum des Romans stellen wollte, und zwar das der *performativen Verben*:

Interessanterweise sind es zentrale Elemente des gesellschaftlichen Lebens, die durch diesen fast magisch wirkenden Sprechakt, der nur funktioniert, so lange alle Beteiligten an seine Gültigkeit glauben, geregelt werden.[35]

Man darf darauf gespannt sein, ob und in welcher Weise dieses Phänomen für seinen nächsten Roman form- und handlungsbestimmend wird.

---

33   Ernst Fischer: Die österreichische Literatur im letzten Drittel des 20. Jahrhunderts. In: Geschichte der Literatur in Österreich. Von den Anfängen bis zur Gegenwart. Hg. von Herbert Zeman. Bd. 7: Das 20. Jahrhundert. Graz 1999, S. 433–536, hier S. 470.
34   Ebd.
35   Wolf Haas: Dankesrede [anlässlich der Verleihung des Bremer Literaturpreises 2013]. Online abrufbar unter URL: http://www.rudolf-alexander-schroeder-stiftung.de/presse/2013_WOLF%20HAAS_Dankrede.pdf (Zuletzt gesehen am 22.03.2013).

Sektion II:
Im Sinne authentischer
Vergangenheitsevokation
Romane über deutsche Geschichte

Die Darstellung der Eltern-Kinder-Generation in Eugen Ruges Deutschlandroman *In Zeiten des abnehmenden Lichts*

Olena Komarnicka

> Draußen war es sehr hell, als sie aufsah, so hell, dass es wehtat. Die Birken leuchteten gelb, ein warmer Herbst dieses Jahr, gut für die Ernte, dachte Nadjeshda Iwanowna. In Slawa wurden jetzt die Kartoffeln gemacht, die ersten Feuer rauchten schon, das Kartoffelkraut brannte, und wenn erst mal das Kartoffelkraut brannte, dann war sie gekommen unwiderruflich: die Zeit des abnehmenden Lichts.
> (Zeiten, S. 139)[1]

Der Titel des Romans *In Zeiten des abnehmenden Lichts* bezieht sich auf die Erntezeit in Slawa, dem Verbannungsort einer der Hauptfiguren, wobei der Autor damit das gescheiterte sozialistische Experiment in der DDR visualisiert. Der Roman erzählt die Geschichte einer deutschen Familie, die von Mexiko über Sibirien bis in die neu gegründete DDR führt. Es handelt sich um eine über vier Generationen erstreckende Familiensaga, die die deutsche Geschichte in den Jahren 1952 bis 1989 schildert und auf den Einfluss der politischen Situation in der DDR auf Schicksale der einzelnen Familienmitglieder hinweist.

Eugen Ruge war bis dahin als Dramatiker bekannt. *In Zeiten des abnehmenden Lichts* ist sein Debütroman mit autobiographischen Zügen. Der Vater des Autors, Wolfgang Ruge, war ein DDR-Historiker, der nach Sibirien ins Lager deportiert wurde und später wieder in die DDR zurückkehrte. Eugens Stiefgroßvater gehörte zu den Gründern der DDR. Wolfgang Ruge hat die Familiengeschichte im Gulag in seiner Autobiographie *Berlin – Moskau – Sosswa* (Pahl-Rugenstein 2003) erzählt und der Sohn setzt die Geschichte an der Stelle fort, wo der Vater aufgehört hat.

In Deutschland wurde der Roman zum Bestseller und ist bereits in 20 Sprachen übersetzt worden. Für sein Werk hat Eugen Ruge 2011 den *Deutschen Buchpreis*,

---

[1] Eugen Ruge: In Zeiten des abnehmenden Lichts. Reinbek bei Hamburg 2011. – Im Folgenden zitiert als: Zeiten.

den *Alfred-Döblin-Preis* und den *aspekte-Literaturpreis* bekommen. Michael Kumpfmüller schrieb folgende Buchbesprechung dazu:

> Das eigentliche Wunder dieses Romanes besteht aber darin, wie jeder seiner Figuren Gerechtigkeit widerfahren lässt, in einer präzisen, unprätentiösen Sprache, die ganz auf Beobachtung setzt, die Bedeutung der Dinge, auf Gerüchte, Gesten. Seine politische Haltung ist so unaufgeregt wie kompromisslos. Es gibt nicht den geringsten Grund, der DDR als Staat hinterher zu trauern, aber es gibt eine Menge Gründe, das gelebte, das geglückte oder vergeudete Leben mit feinem schwarzen Humor zu erzählen.[2]

Im Februar 2013 fand im Deutschen Theater Berlin unter der Regie von Stephan Kimmig die Aufführung des Theaterstückes *In Zeiten des abnehmenden Lichts* statt, die Ruge auf Basis seines Romans selbst angefertigt hat. In den Rezensionsberichten sind die Meinungen geteilt, im Unterschied zum Roman, der so gut aufgenommen wurde. Die Kritiker störten sich an dem ‚Geschrei' auf der Bühne, den Gefühlsausbrüchen; ledlich der ständige Perspektivwechsel zwischen den Figuren wurde als Auflockerung empfunden:

> Ruges Bühnenbearbeitung kommt nicht wirklich auf dem Theater an. Sie ist erzähllästig. Die Figuren wechseln von der ersten in die dritte Person. Sie berichten, erzählen, rekapitulieren, sie verlautbaren Brieftexte, sie denken laut – und sie tun dies immer wieder sehr ausführlich, und so lange steht alles um sie herum unbeschäftigt da.[3]

Die Aufführung wird für diejenigen empfohlen, die sich für DDR-Geschichte und die politischen Hintergründe interessieren. Jeder, der sich im Theater Entspannung und Unterhaltung erhofft, solle ein anderes Stück besuchen.

Der Roman beginnt und endet mit dem Jahr 2001, in dem der an Krebs erkrankte Alexander Umnitzer seinen Vater Kurt Umnitzer besucht und ihm 27.000 Euro stiehlt. Das Werk besteht aus 20 Kapiteln, die achronologisch geordnet sind. Im Mittelpunkt steht das Fest am 1. Oktober 1989 zum 90. Geburtstag des Familienpatriarchen Wilhelm. Diesem Ereignis hat der Autor sechs Kapitel gewidmet, die aus verschiedenen Perspektiven erzählt werden, nämlich aus der Perspektive von Irina (Alexanders Mutter), Nadjeshda Iwanowna (Irinas Mutter), Wilhelm, Markus (Alexanders Sohn), Kurt und Charlotte. Die politischen Geschehnisse und die familiären Beziehungen werden von diesen Personen unterschiedlich bewertet.

---

2   Michael Kumpfmüller: Michael Kumpfmüller und das Wunder eines Romans. In: Die Welt vom 24.09.2011 (http://www.welt.de/print/die_welt/vermischtes/article13623032/Michael-Kumpfmueller-und-das-Wunder-eines-Romans.html; 29.08.2013).

3   http://www.kulturradio.de/rezensionen/buehne/2013/deutsches-theater---in-zeiten-des-abnehmenden-lichts-.html (20.08.2013).

Die Erzählung umfasst somit insgesamt folgende Stationen: 1952, 1959, 1961, 1966, 1973, 1976, 1979, 1. Oktober 1989, 1991, 1995 und 2001. Die Geschichte im 2. Kapitel beginnt mit dem Jahr 1952, obwohl ab und zu Szenen aus der Kindheit von Alexanders Großmüttern Charlotte und Nadjeshda Iwanowna erwähnt werden. Charlotte Powileit, geschiedene Umnitzer, und ihr Ehemann Wilhelm, beide Kommunisten,[4] bereiten sich nach dem zwölfjährigen Exil in Mexiko auf die Rückkehr nach Deutschland vor. Das Ehepaar fühlt sich trotz der langen Zeit des Exils unwohl in diesem Land; deswegen hat es mit großer Ungeduld auf jede Ausreisemöglichkeit gewartet. Wilhelm ist der spanischen Sprache nicht mächtig und hat anfangs als Leibwächter eines Diamantenhändlers gearbeitet. Erst viele Jahre später findet er eine Stelle als Geschäftsführer der kleinen Exilzeitung *Demokratische Post*. Für seine Frau war die Exilzeit noch unerträglicher, weil sie sich Sorgen um ihre Söhne Werner und Kurt machte, die wegen ihrer Zweifel am Freundschaftsvertrag zwischen Stalin und Hitler zu zehn Jahre Lagerhaft in der Sowjetunion verurteilt worden sind. Der Erzähler berichtet über die Versuche der Rückkehr des Ehepaars Powileit folgendermaßen:

> Schon mehrmals war ihnen die Rückkehr in Aussicht gestellt worden, aber immer war am Ende etwas dazwischengekommen. Zuerst war es am Durchreisevisum für die USA gescheitert. Dann war kein Geld mehr in der Reisekasse, weil andere Genossen wichtiger gewesen waren. Dann behauptete das sowjetische Konsulat, dass keine Papiere für sie vorlägen. Und schließlich hieß es, sie hätten die Erlaubnis zur Einreise wiederholt nicht genutzt, sodass sie sich nun gedulden müssten.
> (Zeiten, S. 43)

Dank dem Staatssekretär im Bildungswesen geht der Traum der Eheleute in Erfüllung. Sie bekommen die Möglichkeit, ein neues Leben in der DDR anzufangen. Charlotte soll als Direktorin das Institut für Literatur und Sprachen an der Akademie für Staats- und Rechtswissenschaft übernehmen und Wilhelm dagegen soll Verwaltungsdirektor dieser Akademie werden.[5] Nach der Ankunft in Berlin im Jahre 1952 erlebt Charlotte ihren ersten Schock:

---

4 In der Kommunistischen Partei hatte sie [Charlotte] zum ersten Mal Respekt und Anerkennung erfahren. Erst die Kommunisten hatten ihre Talente erkannt, hatten ihre Fremdsprachenausbildung gefördert, hatten sie mit politischen Aufgaben betraut (Zeiten, S. 46f.).

5 In der DDR wurde neue Kulturpolitik unter dem Motto „Neue Kultur durch neue Eliten" gefördert. Mit der Entnazifizierung wurde der Zugang von NS-Sympathisanten zu Staat, Verwaltung und öffentlicher Kultur beendet. In die neuen Apparate kamen mehrheitlich junge Menschen, die meist aus sozial und kulturell unterprivilegierten Schichten stammten. Das Ziel war eine „neue Intelligenz" zu schaffen, die insbesondere aus der Arbeiter- und Bauernschaft stammen sollte. Mehr dazu siehe: Dietrich Staritz: Geschichte der DDR 1949–1985.Frankfurt am Main 1985, S. 54–60.

Dann Berlin. Eine abgebrochene Brücke. Zerschossene Fassaden. Dort ein zerbombtes Haus, das Innenleben entblößt: Schlafzimmer, Küche, Bad.[…] Nichts kam ihr bekannt vor. Nichts hatte mit der Metropole zu tun, die sie Ende der dreißiger Jahre verlassen hatte. Geschäfte mit armseligen, handgemalten Schildern. Leere Straßen. Kaum ein Auto, wenige Passanten. (Zeiten, S. 54)

Die Figur des Kurt ist deutlich Eugen Ruges Vater Wolfgang nachempfunden. 1956 kehrt Kurt Umnitzer nach dem zwanzigjährigen Aufenthalt in der Sowjetunion mit seiner Ehefrau Irina und seinem Sohn Sascha in die DDR zurück. Den größten Teil seiner Jugend hat Kurt im Lager verbracht. Anschließend wurde er in die kleine Stadt Slawa geschickt, wo er seine Frau kennengelernt hat. Der Ortsname Slawa verweist dabei auf Wolfgang Ruges langjährigen Aufenthalt im russischen Soswa. Kurts Bruder Werner, der auch zu Lagerhaft verurteilt wurde, hat die Haftzeit nicht überlebt.

Kurt ist fünfunddreißig, als er zurückkommt und als Wiedergutmachung sofort eine Stelle an der Akademie der Wissenschaften erhält. Der Neubeginn ist schwer: Sein Deutsch ist nach zwanzig Jahren in Russland nicht mehr akzentfrei, außerdem weiß er nicht, „was erlaubt war und wann man lachen durfte" (Zeiten, S. 161). Mit der Zeit gelingt es ihm aber, eine wissenschaftliche Karriere zu machen, und er gehört zu den führenden Historikern der DDR.

Nach der Reorganisierung ist Charlotte 1961 Sektionsleiterin an der Akademie, während Wilhelm als Wohnbezirksparteisekräter tätig ist:

Sie [Charlotte] war berufstätig, sie arbeitete wie ein Pferd, sie bekleidete einen wichtigen Posten an der Akademie, an der die künftigen Diplomaten der DDR ausgebildet wurden. […] Sie war Sektionsleiterin an einer Akademie – und was war Wilhelm? Ein Nichts. Ein Rentner, vorzeitig pensioniert… […] wahrscheinlich wäre Wilhelm nach seinem Scheitern als Verwaltungsdirektor der Akademie *vor die Hunde gegangen*, wenn sie nicht selbst zur Bezirksleitung gerannt und die Genossen angefleht hätte, Wilhelm irgendeine wenigstens ehrennamentliche Aufgabe zu geben. (Zeiten, S. 121f.)

Wilhelm ist ein treues Parteimitglied und das Regime erkauft sich Treue mit Privilegien. Er stellt die Partei über seine eigene Familie. Er wird von dem Autor als Familienoberhaupt und ein treuer DDR-Befürworter dargestellt. Jedes Jahr zu seinem Geburtstag wird Wilhelm Powileit von der Partei- und Staatsorgane mit einem Orden geehrt.

Als Ereignis im Jahre 1976 wird ein Weihnachtsfest beschrieben, das die ganze Familie um einen Tisch versammelt: Irina und Kurt, Charlotte und Wilhelm, Nadjeshda Iwanowna, Alexander und seine Freundin Melitta, die schwanger ist. Wilhelm sitzt immer mit dem Rücken zum Weihnachtsbaum. Der Erzähler weist damit auf seine politische Treue hin: Wilhelm lehnt Weihnachten grundsätzlich ab, weil es ein religiöses Fest ist, „und Religion sei vom Klassenfeind und diene dazu, die Gehirne der Arbeiterklasse zu vernebeln".[6] Die Mangelwirtschaft in der DDR wird vom Autor an mehreren Stellen beschrieben. Dieser Mangel kommt im Bereich des Wohnens und Essens zum Ausdruck. Nicht alle Lebensmittel sind für die Bürger leicht zugänglich. Nur die persönlichen Kontakte und Tauschhandel helfen Irina, alle nötigen Zutaten für die Weihnachtsspeisen zu besorgen. Alexander bewohnt nach der Trennung von seiner Ehefrau Melitta illegal in Ost-Berlin in Prenzlauer Berg ein Haus, das mit folgenden Worten beschrieben wird:

> Abgerissene, aufgebrochene Briefkästen. Die Tür stand sperrangelweit offen, ließ sich nicht schließen, weil eine dicke Eisschicht auf dem Fußboden die Schwelle blockierte [...]. Überall waren nach dem großen Temperatursturz zum Jahreswechsel die Rohre gebrochen. (Zeiten, S. 290)

Kurt und Alexander gelingt es auch in dieser Gegend nicht, ein Restaurant zu finden, das nicht wegen „technischer Probleme geschlossen" (Zeiten, S. 293) ist. In diesem Kapitel wird ein erschütterndes Bild der Gesellschaft dargestellt, die „alles freie Denken verbietet und in dümmlicher Selbstgenügsamkeit versumpft".[7]

Im Sommer 1989 flohen Tausende von Menschen aus der DDR in den Westen. Am 1. Oktober 1989 ruft Alexander seine Eltern an, die auf ihn gewartet haben, um sich zusammen zu Wilhelms 90. Geburtstag zu begeben, und teilt mit, dass er jetzt im Westen sei. Der Patriarch soll auf gar keinen Fall erfahren, dass sein Enkelsohn ein Flüchtling ist und die Republik verlassen hat, für die er selbst gekämpft und gelebt hat.

Der Mauerfall bringt Veränderungen und eine Verbesserung der Lebensbedingungen der Familie. Zum Vergleich beschreibt der Autor das Weihnachtsfest aus dem Jahr 1991. Jetzt kann Irina alle nötigen Zutaten ohne Mühe im Supermarkt kaufen.

Charlotte – Wilhelm – Kurt – Irina

Kurts Familie lebt anfangs bei seiner Mutter und dem Stiefvater. Charlotte unterstützt Kurt und hilft ihm mit allen möglichen Mitteln. Wenn es notwendig ist ihm Geld zu geben, macht sie sogar das kurz entschlossen ohne Wilhelms Wissen. Die Beziehung zwischen Irina und ihrer Schwiegermutter ist dabei stets angespannt.

---

6   Ebd., S. 257.
7   http://www.focus.de/kultur/kunst/theater-auf-der-buehne-in-zeiten-des-abnehmenden-lichts_aid_930425.html (20.08.2013)

Charlotte hat sie vor Jahren „wie den letzten Dreck behandelt, wie ein Dienstmäd-
chen" (Zeiten, S. 61). Sie erinnert sich an die Zeiten des Zusammenlebens wie folgt:

> Ohnehin betrat sie das Haus ihrer Schwiegereltern nicht gern, schon der Gedanke daran war ihr
> unangenehm. Sie hasste die dunklen, schweren Möbel, die Türen, die Teppiche. Alles in diesem
> Haus war dunkel und schwer. Alles erinnerte sie an ihre Leidenzeit […]. Nein, auch nach drei-
> unddreißig Jahren hatte sie nicht vergessen, wie es war, die Ritzen in der holzvertäfelten Flurgar-
> derobe zu putzen. […] Nie im Leben war sie so hilflos gewesen: der Sprache nicht mächtig, wie
> eine Taubstumme, die verzweifelt in den Gesten und Blicken der anderen Orientierung sucht.
> (Zeiten, S. 58)

In ihren Gedanken kritisiert Charlotte Irina bei jeder Gelegenheit. Sie ist ver-
schwenderisch, immer schlecht gekleidet oder „geschminkt wie ein Papagei"
(Zeiten, S. 130). Sie bemüht sich um die Verbesserung der Beziehungen, deswegen wagt sie nicht laut ihre Meinung über die Schwiegertochter zu äußern.

Wilhelm empfindet seinerseits eine zunehmende Abneigung gegenüber Kurt,
den er für ein „Weichei" hält. Seiner Meinung nach hat Kurt Glück gehabt im
Lager, weil er dadurch nicht an die Front musste. Wilhelm verachtet die ganze
Familie Umnitzer, die er als Defätistenfamilie bezeichnet:

> Kurt, wer sonst! Du bist selbst so wie ein Tschow[8], dachte Wilhelm. Defätist. Die ganze
> Familie! Irina mal ausgenommen, die war ja wenigstens im Krieg gewesen. Aber Kurt?
> Kurt hatte währenddessen im Lager gesessen. Hatte arbeiten müssen, wie schrecklich, mit
> seinen Händchen, mit denen er noch nicht mal ein Gurkenglas aufkriegte. Andere, dachte
> Wilhelm, hatten ihren Arsch riskiert.
> (Zeiten, S. 207)

Der Autor stellt Wilhelm als eine unglückliche und immer unzufriedene Person
dar. Seinen Enkelsohn Alexander hält er für unzuverlässig und arrogant. Kurt ist
für ihn kein richtiger Mann; seine Frau will ihn, seines Erachtens, töten.

Irina – Kurt – Alexander

Kurt hat Irina in Slawa kennengelernt und später geheiratet. Nach der Rückkehr
in die alte Heimat vernachlässigt aber Kurt seine Frau, indem er sie mit anderen
Frauen betrügt. Seine Beziehung mit dem Sohn kann man auch nicht als vorbild-
lich bezeichnen. Kurt widmet sich meist seiner wissenschaftlichen Arbeit und hat
keine Zeit für die Familie.

---

8   Mit dieser Abkürzung verachtet Wilhelm die Reformer Gorbatschow und Chruschtschow.

Für Irina ist Sascha das wichtigste im Leben; sie betet ihn an. Mit großer Ungeduld wartet sie immer auf seine Ankunft. Als sie am 1. Oktober 1989 erfährt, dass Alexander nicht mehr nach Hause zurückkommen wird, betrinkt sie sich. Das ist der Anfang ihrer Alkoholsucht, an der sie später 1995 stirbt. Sie verbringt immer sehr gerne Zeit mit Sascha; er ist ihr Ziel im Leben, deswegen nimmt sie ihm übel, dass er so früh das Elternhaus verlassen hat: „Immer zog er sofort mit den Frauen zusammen, anstatt erst mal abzuwarten, sich ein bisschen kennenzulernen".[9] Sie sehnt nach den Zeiten als sie noch zusammen gelebt haben:

> aber einmal im Jahr, dachte sie, sollte es möglich sein, dass Sascha allein nach Hause kam. Einmal im Jahr wollte sie mit Sascha Pelmeni essen wie früher. Was war daran verwerflich? […] nach dem Essen würde Sascha sich oben ein bisschen hinlegen, und dann würden die Männer sich in Kurts Zimmer setzen und eine Partei Schach spielen. (Zeiten, S. 63)

Irina kritisiert auch alle Freundinnen ihres Sohnes; man spürt, dass sie eifersüchtig ist und in diesen Frauen nur die Rivalinnen sieht:

> Sah er denn wirklich nicht, dass diese Frau [Catrin] *hässlich* war? Unschöne Knie, keine Taille, kein Po. Und ein Kinn, um ehrlich zu sein, wie ein Bauarbeiter. (Zeiten, S. 62)

Auch Melitta, die Mutter ihres Enkels Markus, bleibt von der Kritik nicht verschont:

> Die Frau, die Irina ihre übrigens nicht besonders gepflegte Hand reichte, war klein und unscheinbar, ihre Haare waren schmutzig blond, ihre Lippen fahl, und das Einzige, was an diesem Wesen hervorstach, war ein Paar aufmerksamer grüner Augen. (Zeiten, S. 251)

Fehlende Kommunikation und fehlendes Verständnis vonseiten Kurts bringt der Erzähler bei dem Treffen des Sohnes mit dem Vater zum Ausdruck. Nach der Trennung mit Melitta fühlt sich Alexander zerschlagen, findet aber keine Unterstützung von seinem Vater. Im Gespräch wirft Sascha dem Vater vor:

> Du hast mir abgeraten, ich weiß. Du hast mir immer abgeraten! Vor allem! Ich kann froh sein, dass du mir nicht abgeraten hast, zu existieren.[10]

---

9   Ebd., S. 62.
10   Ebd., S. 300.

Politische Meinungsunterschiede verschärfen die ohnehin schwierige Beziehung zwischen dem Vater und dem Sohn. An mehreren Stellen deutet der Autor auf den Vater-Sohn-Konflikt hin. Kurt ist ein DDR-Befürworter, im Unterschied zu Alexander, der ein Rebell und DDR-Flüchtling ist. Sogar nach der Wiedervereinigung bleibt Kurt weiterhin der Meinung, dass der Sozialismus die beste politische Ideologie sei. Als Alexander 1991 mit seiner Freundin Catrin zu Besuch kommt, streitet er sich mit Kurt darüber:

> *Was hier geschieht, ist der Ausverkauf der DDR*, sagte Kurt. *Die DDR war pleite*, hörte sie Sascha sagen, *die hat sich selbst ausverkauft.* Kurt: *Ich rede hier nicht von DDR, sondern von Sozialismus, von einem wahren, demokratischen Sozialismus!* Es gibt keinen *demokratischen Sozialismus*, hörte sie Sascha sagen. Darauf Kurts Stimme: *Der Sozialismus ist seinem Wesen nach demokratisch, weil diejenigen, die produzieren, selber über Produktion...*
> (Zeiten, S. 366)

Alexanders Flucht verdeutlicht die Unfähigkeit des Regimes, den jungen Menschen sozialistische Werte vertrauenswürdig zu vermitteln. Schon als junger Mann interessiert er sich für westliche Jugendbewegungen, hört Rockmusik, wofür er von dem Vater als „Gammler" (Zeiten, S. 173) beschimpft wird.

Alexander – Markus – Melitta

Alexander hat die Familie verlassen, als sein Sohn nur zwei Jahre alt war. Später hat Markus manchmal seine Groß- und Urgroßeltern besucht, das kam aber selten vor. Als Kind ist Markus aus diesem Grund unglücklich gewesen und wütend auf den Vater:

> Er hatte sie beide verlassen – auch ihn! Er hatte seiner Mutter Dinge angetan. Zwar war er noch zu klein gewesen, um sich zu erinnern, behauptete Muddel, aber ein bisschen erinnerte er sich trotzdem daran: an das Verlassenwerden. An den Horror. An Quäldinge. Er erinnerte sich an Muddels Wimmern, leise, damit er nicht hörte, was sein Vater im Nebenzimmer mit ihr machte, es hatte irgendwie zu tun mit An-den-Haaren-Ziehen, mit Über-den-Fußboden-Schleifen, Frauen abschleppen, hatte Muddel einmal gesagt [...]
> (Zeiten, S. 274f.)

Man sieht eine gewisse Ähnlichkeit bei den Beziehungen zwischen Kurt und Alexander sowie zwischen Alexander und seinem Sohn. Markus wird von dem Vater vernachlässigt. Man kann vermuten, dass auf diese Beziehung das Verhältnis zwischen Alexander und Kurt Einfluss ausgeübt hat. Der letzte war kein guter

Vater gewesen und Alexander hatte kein richtiges Beispiel gehabt, dem er folgen konnte, um eine gute Vater-Sohn Beziehung aufzubauen.

Während der Feier zum 90. Geburtstag macht Markus seinem Vater Vorwürfe, dass er nie da ist, wenn er ihn braucht:

> Zum Kotzen, einen Vater zu haben, der nie da war. Andere Väter waren da, nur er, Markus Umnitzer, hatte so einen Scheißvater, der immer nicht da war. Der Arsch.
> (Zeiten, S. 287)

Mit achtzehn macht Markus eine Ausbildung als Kommunikationselektroniker. Seine Mutter hat sich inzwischen erneut verheiratet, aber seinem Stiefvater zeigt Markus nicht viel Respekt. Wie Alexander sucht er die Nähe zur westdeutschen Kultur, nur noch in einer radikaleren Variante: Er besucht oft Klubs und nimmt Drogen. Auch hier hebt der Autor die Zuneigung der jüngeren Generation zum Westen hervor.

Den Zerfall der Familie macht die Szene auf Irinas Beerdigung noch deutlicher. Markus begegnet auf dem Friedhof seinem Vater und seinem Großvater, die ihn nicht erkannt haben, versteht aber, dass er keine Beziehung mehr zu diesen Menschen hat:

> Er hätte seinen Vater berühren können. Ja, er berührte ihn fast! Aber sein Vater ging an ihm vorbei, ohne ihn zu bemerken.
> (Zeiten, S. 387)

Markus trauert nur um seine Großmutter und erinnert sich an die zusammen verbrachte Zeit, in der Irina Pelmeni gemacht hat und er ihr helfen durfte.

Die Zeit-Redakteurin Iris Radisch hat den Roman Ruges als „DDR-Buddenbrock-Roman"[11] bezeichnet. Das ist die Anspielung auf den Roman von Thomas Mann *Buddenbrocks. Verfall einer Familie*, wobei hier der Untertitel die größte Rolle bei dem Vergleich spielt. Beide Romane haben einiges gemeinsam. Bei Ruge und Mann dient die eigene Familiengeschichte als Vorlage zur Handlung und in beiden Fällen geht es um den Verfall einer Familie. In den *Buddenbrocks* kommt dies in schwindender Tatkraft, einer immer schlechteren Gesundheit und dem ökonomischen Niedergang der Firma zum Ausdruck. Bei Eugen Ruge äußert sich der Verfall in dem Tod des Patriarchen, dem Sturz des Systems und der Krankheit der Familienmitglieder.

---

11 http://www.zeit.de/video/2011-09/1145964513001/roman-von-eugen-ruge-radischs-lesetipp-in-zeiten-des-abnehmenden-lichts (15.07.2013).

Die deutsche Schriftstellerin und Journalistin Angelika Overath hat in ihrem Artikel „Ostdeutscher Totentanz" den Roman mit folgenden Worten zusammengefasst:

> Dieser intensive, spannende Roman ist auch ein melancholischer Text über die Vergänglichkeit. Er relativiert jeden ideologischen oder religiösen Imperativ im Namen der Würde eines endlichen Menschenlebens.[12]

Der Roman hat so einen großen Erfolg gehabt, auch weil er ein Thema berührt, das in Deutschland lange Zeit wenig diskutiert wurde, nämlich das Schicksal der Familien des intellektuellen Establishments der DDR. Das waren die Leute, die für die Ideale der Deutschen Demokratischen Republik gelebt und gekämpft haben, aber später im wiedervereinigten Deutschland keine Anerkennung mehr gefunden haben. Der Autor hatte also nicht so sehr zum Ziel, die ideologischen Verirrungen seines Vaters hervorzuheben, als sich mit der Kriegsgeneration zu versöhnen.

Dabei hat Ruge bewusst die Erwartungen seiner potentiellen Leser nicht erfüllt, wie er bei der Buchpräsentation in China sagt: „Im Westen erwartete man eine Abrechnung, im Osten eine Verteidigung. Ich mache nichts von beidem".[13] Am Ende bleibe daher „dem Leser die Arbeit nicht erspart, sich eine eigene Meinung zu bilden".[14] Diesen Anspruch erfüllt das Buch in der Tat: Jeder, der seinen Roman gelesen hat, bildet sich eine eigene Meinung, da der Text aus verschiedenen Perspektiven humorvoll und in klarer Sprache erzählt wird. Die im Titel angesprochenen Zeiten des abnehmenden Lichts findet man im Zerfall der ganzen Familie Umnitzer, im Tod der Familienmitglieder und im Zerfall der DDR.

12　Angelika Overath: Ostdeutscher Totentanz. In: Neue Zürcher Zeitung vom 08.10.2011.
13　http://german.beijingreview.com.cn/german2010/kuk/2013-05/15/content_543035.htm (21.06.2013).
14　Ebd.

Das postmoderne Shoah-Erzählen?
Zu Kevin Vennemanns *Nahe Jedenew* (2005)

Dominika Gortych

Das hier zur Analyse stehende Buch ist keine Neuerscheinung im herkömmlichen Sinne. Es ist wahrscheinlich das älteste Buch, das in diesem Band besprochen wird. Die Entscheidung für diesen Roman resultiert aus einer äußerst subjektiven Irritation, die durch die Lektüre entstand und über Jahre hinweg einen tiefen Eindruck hinterließ. Es war keine Irritation wegen der geschilderten Geschichte, die dem polnischen Leser und der Autorin schon früher bekannt war: Es handelt sich nämlich um die Schilderung des Pogroms gegen eine jüdische Familie, die im Nordosten von Polen, im Roman als „südlitauische Heide" bezeichnet, Anfang der 1940er Jahre stattfand.[1] Die fortdauernde Irritation ergab sich aus der Form des Textes, die sofort an die Diskussionen zur (Un-) Darstellbarkeit der Geschichte der Shoah denken ließ. Die Vermutung, dass es sich bei Vennemanns Erstling um eine postmoderne Schreibweise innerhalb der Shoah-Literatur handelt, lag nahe. Ob das tatsächlich der Fall ist, gilt es im Folgenden zu untersuchen.

Vennemanns Roman kann man leicht übersehen. Er ist unauffällig (bis auf die Farbe des Umschlags): klein, schmal, auf den ersten Blick uninteressant. So übersehen wurde er auch anfänglich von der Kritik. Erst zwei Monate nach der Veröffentlichung erschienen erste Rezensionen, die das Buch als „mit Abstand [den] beste[n] literarische[n] Text, der in den letzten Jahren von einem unter

---

1 Eine Menge an Fachliteratur zu diesem Thema liegt bereits in den polnischen Buchhandlungsregalen. Manche Titel, besonders die essayistischen Veröffentlichungen von Jan Tomasz Gross, lösten eine nationale Debatte über die nicht nur moralische Schuld der Polen an der Judenvernichtung aus. Der Aufklärungsprozess der Gesellschaft ist nicht reibungslos verlaufen: Das polnische Selbstverständnis wurde zutiefst erschüttert, denn der Rahmen des positiven nationalen Mythos der Polen als Helden- und Märtyrernation wurde plötzlich gesprengt. Doch angesichts weiterer Publikationen sah sich ein gewisser Teil der polnischen Öffentlichkeit gezwungen, die aufgedeckten Schattenseiten der polnisch-jüdischen Geschichte in das nationale Narrativ zu integrieren, was auch zur Rekonstruktion der nationalen Identität der Polen führte. Vgl. Jan Tomasz Gross: Nachbarn. Der Mord an den Juden von Jedwabne. Mit einem Vorwort von Adam Michnik. Aus dem Englischen von Friedrich Griese. München 2001; Jan Tomasz Gross: Angst. Antisemitismus nach Auschwitz in Polen. Aus dem Polnischen von Friedrich Griese. Berlin 2012.

Dreißigjährigen" geschrieben wurde,[2] als ein „großes literarisches Versprechen",[3] ein „kleines literarisches Wunder"[4] und den „erste[n] Kriegsroman einer neuen Generation"[5] feierten. Kevin Vennemann, Jahrgang 1977, stimmt der letztgenannten Meinung nicht zu, weil er sich ungern als Teil einer bestimmten Generation sehen will und auch als keiner der Autoren von „pathetischen Romanen", die in den letzten Jahren in Deutschland erschienen sind und die Fragen der deutschen Schuld und Verantwortung sowie des transgenerationellen Täter-Traumas behandeln, gelten möchte.[6] Seine Beschäftigung mit dem Thema Shoah scheint eher dem neuen kategorischen Imperativ im Sinne Adornos verschuldet zu sein, den der junge Autor als eine Verantwortung „für das Bewusstsein darüber, was vor [s]einer Haustür passiert",[7] definiert. Dennoch lässt es die Form seiner Texte zu, ihn in die lange Reihe der sogenannten Autoren der dritten Generation bzw. der Nachgeborenen zu stellen, deren Schreiben sich durch die „Kraft der Poesie [und] der reinen Erfindung"[8] auszeichnet. Wie Vennemann „fabuliert und

---

2   Helmut Böttiger: Zerfallen aller Sicherheiten. Kevin Vennemann: *Nahe Jedenew*. In: Deutschlandradio Kultur, Feuilleton vom 28.12.2005 (http://www.dradio.de/dkultur/ sendungen/kritik/452137/, Zugriff am 04.08.2013).

3   Ebd.

4   Alexandra Kedves: Kaddisch für eine Kindheit. Kevin Vennemanns Romandébut „Nahe Jedenew". In: Neue Zürcher Zeitung vom 6.04.2006.

5   Georg Diez: Die schönste traurige Geschichte. In: Zeit Online vom 12.01.2006 (http://www. zeit.de/2006/03/L-Vennemann, Zugriff am 04.08.2013).

6   Kevin Vennemann im Interview mit Ofer Aderet: Schakschuka und Espresso (http://www. goethe.de/ins/il/lp/kul/mag/lit/lpw/de8811056.htm, Zugriff am 4.08.2013).

7   Und führt fort: „Nicht wegen eines Gefühl des Verantwortung für etwas, was in der Vergangenheit geschehen ist und nicht wegen meiner persönlichen Geschichte, sondern weil das, was in der Vergangenheit geschehen ist, immer mit der Gegenwart verbunden ist und diese formt" (ebd.). – In dieser Hinsicht nähert er sich dem Gedanken von Adorno, der dafür plädierte, „Denken und Handeln so einzurichten, daß Auschwitz nicht sich wiederhole, nichts Ähnliches geschehe" (Theodor W. Adorno: Negative Dialektik. Frankfurt am Main 1966, S. 358). Detlev Claussen sieht in einer „theoretische[n] Einsicht wie diese[r]" kein Versprechen für „Erlösung" oder „Versöhnung", sondern die Grundlage für „Selbstreflexion" (Detlev Claussen: Veränderte Vergangenheit. Über das Verschwinden von Auschwitz. In: Shoa. Formen der Erinnerung. Geschichte, Philosophie, Literatur, Kunst. Hg. von Nicolas Berg, Joachim Jess und Bernd Stiegler. München 1996, S. 77–92, hier S. 89), die Vennemann, wie man glauben möchte, mit seinen Romanen tatsächlich anzustellen versucht.

8   Thomas Jung: Ressentiments bis in die dritte Generation. Vom Scheitern der deutsch-jüdischen Symbiose in einem populär erzählten deutschen Gegenwartsroman von Anja Tuckermann. In: Juden und Judentum in der deutschsprachigen Literatur. Hg. von Willi Jasper u. a. Wiesbaden 2006, S. 421–440, hier S. 427.

innovativ wie traditionsbewusst evoziert"[9], soll am folgenden, etwas längeren Textauszug veranschaulicht werden:

Wir atmen nicht. Der Ort ist nahe Jedenew, wir hören die Jedenewer Bauern singen, grölen, Klarinette, Akkordeon spielen und hören ihre Lieder seit Stunden bereits [...]. Seit Stunden sitzen die Jedenewer Bauern im Wald hinterm Haus und trinken und lachen und singen und spielen, und nach Stunden erst, endlich, hören wir sie aus dem Wald heraustreten und lauthals singend über den Wall in den Garten marschieren. Nachts klirren die Fenster in der Küche, dann klirrt jedes einzelne Fenster im Haus. Abends sitzen wir hinterm Haus in der Hochsommerabendsonne auf dem schmalen Holzsteg, der auf den Teich hinterm Haus hinausführt, und sitzen und liegen und schwimmen in der Sonne und sitzen lesend zusammen und trinken die erste und letzte Sommerbowle des Jahres, schwimmen und bespritzen uns gegenseitig mit Wasser, nachts hocken wir in Badeanzügen in die Speisekammer gedrängt. [...] Abends hören wir Vater zu, der aus seinen Büchern Märchen, alte Sagen, Gedichte liest, nachts hören wir die Jedenewer Bauern singen, spielen, ungeordnet marschieren. Abends zählen wir die Mückenstiche auf unseren Beinen und flechten uns gegenseitig Zöpfe, nachts hocken wir in die Speisekammer gedrängt. Abends liegen wir im Gras hinterm Haus der Länge nach in der Sonne, nachts rutschen wir umständlich nacheinander so leise wie möglich auf die Knie, weil in der Speisekammer immer nur eine Person Platz genug hat sich hinzuknien. Abends nehmen wir Zygmunt an Armen und Beinen, werfen ihn lachend mit viel Schwung in den Teich, nachts sehen wir kniend durch den Spalt zwischen Boden und Speisekammer hindurch das weißblaue Mondlicht auf dem Küchenboden verteilt, hören die Jedenewer Bauern singen und Klarinette, Akkordeon spielen, als stünden sie unmittelbar neben uns, und sehen ihre Schatten, neunzehn insgesamt, im zersprungenen Glas überall auf dem Boden zerschnitten, langsam am Fenster vorbeiziehen, wir atmen nicht [...].[10]

So beginnt *Nahe Jedenew*. Auf Anhieb versteht der Leser, dass ihm kein gewöhnliches Lesevergnügen bevorsteht, keine leicht verständliche, kitschig-tröstende Geschichte aus der Vergangenheit, auch kein Märchen über die Kindheit. Die fehlende Chronologie in der Darstellung der Ereignisse und das Fehlen einer klaren Figurenkonstellation sind bereits von Georg Diez in seiner Rezension bemerkt worden: „Präzision ist hier nicht das Programm"[11] – und möglichst präzise und damit möglichst realistisch oder zumindest authentisch wollen doch die meisten Romane sein, die sich der Shoah-Erfahrung widmen, was viel mit einem moralischen Imperativ der Zeugenschaft zu tun hat.[12]

---

9   Ebd.
10   Kevin Vennemann: Nahe Jedenew. Roman. Frankfurt am Main 2005, S. 9f.
11   Diez (2006).
12   Auf das Problem der Authentizität in den Shoah-Darstellungen der Nachgeborenen haben bereits 1997 Köppen und Scherpe hingewiesen, indem sie konstatierten: „Während die

Hier geht es, so die erste Vermutung, nicht um das Verstehen und auch nicht um die sonst mit dem Genre Shoah-Roman verbundene präzise Wiedergabe der historischen Wirklichkeit. Es geht auch nicht um eine Auseinandersetzung mit bestimmten Fakten aus der Geschichte der deutsch-polnisch-jüdischen Beziehungen. Vielmehr stellt die Erzeugung einer gewissen Ästhetik, einer „äußerst suggestiven Atmosphäre"[13] das Hauptanliegen des Autors dar, was als die erste Spur einer postmodernen Schreibweise zu deuten wäre.

Seine Strategie fand nicht bei allen Kritikern Beifall: In einem Gastvortrag über die Anpassungsstrategien der Literatur an die Shoah-Wirklichkeit, über die Veränderungen innerhalb der Literatur über Shoah im Laufe der Jahrzehnte und letztendlich über die Gefahren, denen diese Literatur ausgesetzt ist, warf ihm der polnische Literaturwissenschaftler, Schriftsteller und Überlebender der Shoah, Michał Głowiński, einen „übertriebenen Erzählkonzeptismus"[14] vor, der allzu häufig drohe, sich in Kitsch zu verwandeln. Dass Vennemanns Schreibweise äußerst komplex ist und sich als „Experiment mit literarischen Irritationsstrategien"[15] betrachten lässt, was laut Barbara Beßlich typisch für die Texte der nachgeborenen Autoren ist, kann

---

Überlebenden auf ihrer Nähe zu den Toten und auf ihre durch keinerlei Darstellungen zu ersetzende Zeugenschaft bestehen, müssen die nachfolgenden Generationen das authentische Erleben der Vernichtung im eigenen Erleben wiederentdecken, das jedoch schon immer durch ein Sekundäres, Vermitteltes geprägt ist. Die Auseinandersetzungen um ‚legitime' und ‚illegitime' Formen kultureller Vergegenwärtigung, um ‚angemessenes' Gedenken und die ‚korrekte' Interpretation der Vergangenheit, mit denen die Einschreibungen in das kulturelle Gedächtnis überprüft werden, zielen im Kern auf die Frage der *Authentizität* der jeweiligen Darstellungs- und Erinnerungskonzepte. Wie sind ‚wirkliche' und vor allem wirksame Aussagen nach und über Auschwitz formulierbar, wenn es unmöglich ist, die Vergangenheit authentisch zu erfahren? […] Demgegenüber können Repräsentationen der nachgeborenen Generationen Authentizität nur unter einer Bedingung gewinnen: der von Derrida so genannten ‚écriture', einer Aneinanderreihung von Sätzen, die die Erfahrung des Holocaust, ob gewollt oder nicht, *studiert*, also ihre Bedingung des *Sekundären*, der Pluralität, der künstlerischen Konstruktion und der medialen Vermittlung selber zum Thema macht" (Manuel Köppen/Klaus R. Scherpe: Zur Einführung: Der Streit um die Darstellbarkeit des Holocaust. In: Bilder des Holocaust: Literatur – Film – Bildende Kunst. Hg. von Manuel Köppen und Klaus R. Scherpe, Köln 1997, S. 1–12, hier S. 1–3).

13 Böttinger (2005).

14 Michał Głowiński: „Porzucić etyczną arogancję. Humanistyka wobec ofiar Szoa". Ein Gastvortrag an der UAM in Poznań am 7.03.2012, Notizen im Besitz der Autorin.

15 Barbara Beßlich: Wende des Erinnerns? Geschichtskonstruktionen in der deutschen Literatur nach 1989. Einleitung. In: Wende des Erinnerns? Geschichtskonstruktionen in der deutschen Literatur nach 1989. Hg. von Barbara Beßlich, Katharina Grätz und Olaf Hildebrand. Berlin 2006, S. 7–13, hier S. 8.

nicht bestritten werden. Doch der zweite Teil der These über die Kitsch-Gefahr lässt Widerspruch zu. Ganz im Gegenteil scheint sich Vennemann genau dieser Gefahr zu entziehen. Er tröstet nicht, sondern bietet dafür einen direkten Zugang zum Leid der Opfer durch eine radikal subjektive Einfühlung, die überraschenderweise durch die Annahme einer kindlichen Erzählperspektive erreicht wird.

Eine kindliche Wir-Erzählstimme berichtet von einem Ereignis, das in den hochsommerlichen Alltag gewalttätig eindringt. Diese Erzählperspektive, der kindliche, der andere Blick, scheint sich programmatisch dem genannten Präzisionsanspruch zu widersetzen und zur Erzeugung der erwähnten Stimmung der existentiellen Unsicherheit und der Lebensbedrohung beizutragen. Denn „Kinderaugen schauen ohnehin nicht auf Zahlen und Figuren",[16] so Alexandra Kedves in der *Neuen Zürcher Zeitung*. Was sie sehen, sind einfache Bilder, einzelne Ausschnitte der Wirklichkeit, mit denen bestimmte Gefühle assoziierbar sind. Kinder, so Grzegorz Kociuba, haften emotional an einem Ereignis und betrachten es als ein autonomes Dasein. Deswegen gelingt es Vennemann, indem er sich dieses Erzählmodus bedient, die Perspektive einer großen Geschichtserzählung zu vermeiden und stattdessen die Welt der Erwachsenen durch die Folie der kindlichen Sensibilität und Sensualität zu filtern und somit die persönliche sowie lokale Dimension der Ereignisse zum Ausdruck zu bringen.[17] Es gelingt ihm dadurch auch, die Abgründe der menschlichen Seele in einer Grenzsituation zu erforschen.

Die mit den Kinderaugen betrachtete ländliche Idylle mit dem schmalen Holzsteg an einem kleinen Teich hinter dem Haus samt der ersten Sommerbowle des Jahres, dem Zusammensitzen, dem Lesen, dem Lachen, dem Leben, wird auf einmal dem Grölen der Bauern und dem Sich-in-der-Speisekammer-Verstecken, dem von allen Seiten drohenden Tod gegenübergestellt. Zwei unterschiedliche Situationen, zwei unterschiedliche Welten und doch – eine Geschichte. Der ungewöhnliche Narrationsmodus, der dem realistischen Roman unbekannt bleibt und der auf der Aneinanderreihung von chaotischen Monologen beruht, will wohl dem *decorum*-Prinzip genugtun: Indem er eine flüssige, kohärente Erzählung verhindert und die Sätze auseinanderfallen lässt, vermittelt er einen Einblick in den Zerfall der bestehenden Welt. Nicht alle Darstellungsformen ließen sich in diesem Kontext anwenden.

Findet man sich mit der chaotischen Erzählweise ab, wird man schrittweise, doch nicht reibungslos, in die Geschichte der vom Pogrom betroffenen jüdischen

---

16 Kedves (2006).
17 Vgl. Grzegorz Kociuba: Nadchodzą czyli (inna?) narracja o zagładzie. In: Kwartalnik Pobocza 31 (2008) (http://kwartalnik-pobocza.pl/pob31/gk_o_kv.html, Zugriff am 04.08.2013).

Familie eingeführt. Doch diesem Geheimnis – und hier stimme ich Helmut Böttiger zu – kann man sich nur assoziativ annähern.[18] Erzählt wird nämlich nicht alles und auch nicht chronologisch. Erzählt wird im Tempo der beschleunigten, chaotischen Erinnerung. Die Erzählerinnen, sechszehnjährige Zwillingsschwestern, schaffen es, sich vor dem Pogrom zu retten. Sie verstecken sich in einem Baumhaus in der Nähe des Familienhofes, wo gerade ihre Familie (der Vater, der ältere Bruder, dessen Frau und ihre vierwöchige Tochter) von ihren polnischen Nachbarn getötet worden sind; der unmittelbare Grund dafür ist, dass der Vater und sein Sohn Marian, Tierärzte jüdischer Herkunft, die besten Schweine im Dorf Jedenew unter dem Vorwand einer Schweinepest und angeblich im Auftrag der russischen Armee geschlachtet hätten. Vennemann scheint seine Lehre aus der Debatte über die (Un-)Möglichkeiten der Darstellbarkeit der Shoah zu ziehen, denn die Mordtaten an sich werden nicht direkt beschrieben. Sie werden ‚erzählerisch umkreist', wie an folgender Stelle:

> Wir stehen an den Ofen gelehnt, Marian und Anna zusammen an der Küchentür, und wir zählen bis hundert, und wir zählen bis tausend, und wir zählen bis Marian Jetzt ruft, losrennt, und rennen also hinter ihm her, stolpern durch den Garten hinterm Haus und über den Wall hinterm Haus in Richtung Wald, in Richtung Feld, und Antonina mit der kleinen Julia auf dem Arm verdreht sich den Knöchel und fällt und bleibt an der Bresche, die wir ins Feld schlagen im Mai, weinend liegen und legt den Kopf in die Arme, wie wir sehen könnten, wenn wir uns umdrehten, aber wir drehen uns nicht um, wir rennen weiter, wir laufen ins Feld hinein und denken: Sie fällt, sie legt den Kopf in die Arme, wie wir sehen könnten, wenn wir uns umdrehten, aber wir drehen uns nicht um, wir rennen weiter, wir laufen ins Feld hinein, wir denken: sie fällt, die legt den Kopf in die Arme [...].[19]

Die ständige Wiederholung der Reflexion, das redundante Memorieren der Vergangenheit, die zum gestaltenden Prinzip des Romans werden, resultieren vielleicht aus dem Zwang, das Erlebte schnell verarbeiten zu müssen und dies nicht zu können, weil es sich dem menschlichen Verstand, dem naiven Verstand der Kinder, wie die Wir-Erzählerinnen es sind, entzieht. Mit eigenen Augen müssen sie dem brennenden Familienhaus zuschauen und den deutschen Soldaten, die das ganze Hab und Gut der Familie, ihre ganze Welt entweder verbrennen oder abtransportieren lassen. Manchmal können sie einfach nicht mehr hinsehen: „wir sehen Antoninas helles Kleid in der Mitte des Teiches treiben, wir sehen weg".[20]

---

18 Böttiger (2005).
19 Vennemann (2005), S. 13.
20 Ebd., S. 27.

Während sie das gegenwärtige Geschehen beobachten, erinnern sie sich an Elemente der Vergangenheit: „einzelne Gesten, Taten, Sätze leiten jeweils", so Katrin Schuster, „das Mäandern der Erinnerung ein".[21] Für die Textstruktur hat das zur Folge, dass innerhalb eines Satzes unterschiedliche Zeitebenen miteinander vermischt werden, was die Chronologie der Geschichte zugunsten eines periodischen kreisförmigen Erzählens aufhebt. Als möchten die Figuren die Vergangenheit beschwören, kreisen sie um zentrale Ereignisse des Familienlebens: glückliche Nachmittage, als der Vater Märchen und Sagen vorlas, als der große Bruder, Marian, das Baumhaus baute, als er konvertierte, um seine katholische Nachbarin, Antonina, zu heiraten, als er dann Vater wurde und seinen Militärdienst leistete, als man Weihnachtskekse backte und im Sommer in einer im Korn geschnittenen Lichtung lag oder das naheliegende Dorf Jedenew aufsuchte, um Papier, Marmelade oder Zucker einzukaufen. In der Form möchte Georg Kasch einen konkreten Bezug auf den Kern des Inhalts sehen:

> Das synergetische Aufeinandertreffen von scheinbar völlig unterschiedlichen und zeitlich getrennten Ereignissen im gemeinsamen Präsens und an denselben Orten markiert den grundlegenden Bruch, den die antisemitischen Ausschreitungen darstellen.[22]

Zwar lässt diese Aussage an die Shoah-Definition von Dan Diner denken, der in dieser Tragödie einen „Zivilisationsbruch"[23] sieht, doch die Interpretation, Vennemann wolle sich mit seinem Roman an philosophischen Diskussionen von Adorno und Horkheimer bis hin zu Baumann beteiligen, ist kaum aufrecht zu halten. An keiner Stelle des Romans bezieht sich der Autor auf zivilisatorische Errungenschaften der Moderne, auf ihre Auswüchse, wie Bauman sie nennt und in ihnen die Grundlage für den industriellen Mord an den Juden sieht. Die hier angedeutete Mordtat gehört ihrem Wesen nach eher einer ursprünglichen Idylle und nicht dem industriellen Zeitalter. Auch die Motivationen der Täter resultieren nicht direkt aus einer staatlichen Ideologie, sondern aus individuellem Minderwertigkeitsgefühl, unterstützt durch eine verborgene antisemitische Haltung. Dagegen ist das Ziel, sich dem Geheimnis der Erinnerung anzunähern, durch Vennemann erreicht worden.

„Wie Wellen werden die Erinnerungen herangespült, überfluten die Wahrnehmung und müssen zurückweichen vor einer Gegenwart, in der es keine Hoffnung

---

21   Katrin Schuster: Im Angesicht der Sprachlosigkeit: Nahe Jedenev (http://buecher.hagalil. com/suhrkamp/vennemann.htm, Zugriff am 04.08.2013).

22   Georg Kasch: Reiz der Fiktion. Kevin Vennemanns Roman „Nahe Jedenew". In: Der Freitag. Das Meinungsmagazin vom 7.04.2006.

23   Dan Diner (Hg.): Zivilisationsbruch. Denken nach Auschwitz. Frankfurt am Main 1988.

mehr gibt"[24] – schreibt die Rezensentin der FAZ. Auch wenn die sich anbahnende
Katastrophe unvermeidlich erscheint, wollen die Wir-Erzählerinnen diese kaum
anerkennen. Die in einer hochpoetischen Sprache verfassten rhythmischen Sätze,
die sich immer mehr zu verdichten scheinen, sowie die Gleichzeitigkeit von vielen
verschiedenen Erlebnissen und Erfahrungen bilden das bereits erwähnte Gegenteil eines distanzierten Erzählens[25] – eine radikal subjektive Einfühlung, durch
die man sich den Opfern emotional nähern kann, ohne dabei in den gefürchteten
Kitsch zu verfallen. Die Zeitebenen überlappen sich, wodurch eine gewisse Disso-
nanz entsteht, die sich im „Schock des Unsagbaren"[26] ausdrückt. Denn, wie bereits
erwähnt, nicht alles lässt sich erzählen. Oder doch?

Eine der Geschichten scheint von zentraler Bedeutung zu sein und zwar die
vom Vater immer wieder gerne wiederholte Erzählung über die Nacht, als er in
einem Schneesturm, in dem er fast ums Leben gekommen wäre, die Höfe nahe
Jedenew entdeckt hat, wo die Familie seiner künftigen Frau lebte. Auch wenn die
Töchter diese Geschichte längst in einem der Bücher nachlesen können, die in der
Bibliothek ihres Vaters stehen, beschließen sie, dass

> diese Geschichte, die er sich als die seine entwirft und zusammenstiehlt, nun für uns
> seine Geschichte ist, wie auch alles andere um uns herum nur eine Geschichte ist, die
> ebenso gut erfunden sein kann wie Vaters. Die wir aufbewahren und für uns behalten
> oder vergessen oder auch einmal weitererzählen oder aber auch nur für uns erinnern

---

24   Andrea Neuhaus: Blick in den Strudel. Mit Kinderaugen: Kevin Vennemanns Roman über
     ein Pogrom. In: FAZ vom 23.02.2006.
25   Die „inkohärenten und entpersonalisierten Erzählstrukturen", die man teilweise auch
     bei Vennemann findet, bilden nach Stefan Krankenhagen „Distanz schaffende, indirekte
     Darstellungsmuster", die auf eine Undarstellbarkeit des Holocaust hindeuten mögen und
     sich einer „nachträglichen Sinnzuschreibung verweigern wollen" (Stefan Krankenhagen:
     Auschwitz darstellen. Ästhetische Positionen zwischen Adorno, Spielberg und Walser.
     Köln 2001, S. 14). Im Falle von *Nahe Jedenew* wird dieses Muster rekonstruiert: Die
     Inkohärenz und Indirektheit der Erzählung werden aufbewahrt, doch die postulierte Di-
     stanz wird aufgehoben. Nichtsdestotrotz wird die Vergangenheit der Vernichtung als nicht-
     darstellbar dargestellt, was Krankenhagen als Voraussetzung für eine kritische und nicht
     abzuschließende Auseinandersetzung mit Auschwitz hält. Wie Axel Dunker konstatiert,
     gelingt Vennemann „das Kunststück, ganz distanzlos und doch voller Distanz über den Ho-
     locaust zu schreiben. Er findet eine Sprache, die Sprache der Gegenwart, die den Leser ganz
     nah an das Geschehen heranführt und ihn doch ganz fremd und verstört davor stehen lässt"
     (Axel Dunker: Aber immer erinnern. Kevin Vennemann schreibt einen gegenwärtigen Ro-
     man über den Holocaust. In: literaturkritik.de vom 17.05.2006 (http://www.literaturkritik.
     de/public/rezension.php?rez_id=9523, Zugriff am 4.08.2013).
26   Kasch (2006).

können, einmal, zweimal, noch öfter, und dann vergessen können, wenn wir wollen, oder vergessen müssen, wenn nichts anderes möglich ist.[27]

Dem Erzählprozess und den erzählten Geschichten kommt im Roman zentrale Bedeutung zu. Nicht nur der Vater bedient sich einer Geschichte, um den Familienmythos zu stiften. Auch eine der Erzählerinnen versucht, einen Schöpfungsprozess in die Wege zu leiten: So, wie sie versucht, die bereits verlorene Welt mit ihrer Erzählung am Leben zu halten, tut sie auch alles, sich selbst am Leben zu halten – sie „erzählt um ihr Leben"[28]. Doch Zukunft wird es, wie Axel Dunker bemerkt, keine mehr geben.[29] Der Roman endet ähnlich, wie er angefangen hat: „Ich atme nicht" – lautet der letzte Satz.[30]

Verblüfft muss der Leser feststellen, dass alles hier nur eine Geschichte ist. Etwas anderes durfte jedoch nicht erwartet werden: Der Versuch, den Opfern eine unvermittelte Stimme zu geben, impliziert zugleich die Notwendigkeit, dass diese Stimme unauthentisch und konstruiert wird. Vennemann beansprucht kein moralisches Ziel, wie etwa die Auseinandersetzung mit der deutschen Schuld. Er erzählt – wenn auch mit großer poetischer Kraft – einfach eine Geschichte über die Geschichte und hebt damit, so Georg Diez, „die Distanz auf, die sich über die letzten sechzig Jahre hin zwischen den Deutschen und dem Krieg aufgebaut hat".[31] Es geht also in erster Linie – und das ist entscheidend für die richtige Einordnung des Textes – nicht um die Judenvernichtung, nicht um den Antisemitismus, nicht um Pogrome und nicht um die Zerstörung einer heilen, kindlichen Welt. Es geht um „Literatur per se",[32] und zwar um Literatur in einer besonderen Form: Es geht um eine „postmoderne Perspektive", die stark mit der tradierten Aufnahme der Holocaustliteratur kontrastiert, die den Vorzug dem Tatsachenbericht gibt und

somit Anspruch auf ein Authentizität implizierendes Dokument erlangt. Die postmoderne Literatur durchbricht diese anerkannten Grundsätze und setzt ihre eigenen epistemologischen wie ethischen Maßstäbe entschlossen, fast rebellisch, durch. Sie gilt als ein gesetzloses Spiel sowie eine *bricolage*, deren formelle Pluralität die Relativität der ästhetischen Ordnung enthüllt.[33]

---

27 Vennemann (2005), S. 97.
28 Schuster (2013).
29 Dunker (2006).
30 Vennemann (2005), S. 143.
31 Diez (2006).
32 Böttinger (2005).
33 Aleksandra Ubertowska: Die Postmoderne und die polnische Holocaustliteratur – lokale Zusammenhänge. In: Erinnerung in Text und Bild. Zur Darstellbarkeit von Krieg und

Die Form der Darstellung, die Textur des Textes, rückt somit in den Vordergrund jeglicher Reflexion, was angesichts der Shoah von besonderer Bedeutung ist – um sich nur auf den Klassiker dieses Problems, James E. Young zu berufen:

> Was vom Holocaust erinnert wird, hängt davon ab, wie es erinnert wird, und wie die Ereignisse erinnert werden, hängt wiederum von den Texten ab, die diesen Ereignissen heute Gestalt geben.[34]

Dessen ist sich die Literaturwissenschaft seit über zwei Jahrzehnten bewusst, was die Widerspiegelung in der Untersuchung neuer Darstellungsformen der Shoah, ihrer Voraussetzungen und Konsequenzen betrifft.[35] Das Ereignis als vergangenes existiert – Young zufolge – nur als Repräsentation, in Form von unterschiedlichen Medien, darunter Romanen. Das Medium prägt die Erinnerung und damit das Ereignis selbst. Es gibt ausreichend historische Fachtexte über die Vernichtung der europäischen Juden im 20. Jahrhundert. Man muss nicht unbedingt von der Literatur erwarten, dass sie neue Befunde ans Licht bringt. Die Relativierung des Kognitiven zugunsten einer Aufwertung des Ästhetisch-Expressiven, die Wolfgang Bialas als eine postmoderne Tendenz definiert, rückt seiner Meinung nach das Problem der *Darstellung* von Geschichte in den Mittelpunkt des Shoah-Diskurses, und nicht die Geschichte selbst.[36]

In Anbetracht dieser Feststellung lässt sich Vennemanns Erstling als ein postmoderner Shoah-Roman deuten: Die vom Autor vorgeschlagene Strategie der sprachlichen Unklarheiten und des Verschweigens, die leeren Stellen seiner Sprache, seine durchdachte Lenkung der Stille durch das Nichtbenennen und die Simulation der kindlichen Stimme ermöglichen eine Perspektivänderung und die Stiftung einer neuen Sprache, die von den gängigen Stereotypen in Bezug auf die Vergangenheit weit entfernt ist. Auf diese Art und Weise erreicht Vennemann auch seinen „originären, hochmusikalischen Sound, in dem die Bedrohung Wirklichkeit wird, der Unmittelbarkeit erzeugt und elektrisiert, aber das Grauen ästhetisch zugleich aufhebt"[37], wie Susanne Schulte in Laudatio zur Verleihung des GWK-Förderpreises 2006 resümierte.

Holocaust im literarischen und filmischen Schaffen in Deutschland und Polen. Hg. von Jürgen Egyptien. Berlin 2012, S. 251–264, hier S. 251.

34 James Edward Young: Beschreiben des Holocaust. Darstellung und Folgen der Interpretation. Aus dem Amerikanischen von Christa Schuenke. Frankfurt am Main 1992, S. 13f.

35 Vgl. Nicolas Berg: Vorwort. In: Berg/Jess/Stiegler (1996) [Anm. 7], S. 7–11, hier S. 7.

36 Wolfgang Bialas: Die Shoah in der Geschichtsphilosophie der Moderne. In: Berg/Jess/Stiegler (1996) [Anm. 7], S. 107–121, hier S. 111.

37 Susanne Schulte: Laudatio zum GWK-Förderpreis 2006. In: http://www.gwk-online.de/kuenstler/vennemann/vennemann.html, Zugriff am 04.08.2013.

Die so ausgeprägte Konzentration auf die Darstellungsweise der Shoah setzt sich zwangsläufig dem Vorwurf der Verachtung der Opfer und ihrer Geschichte aus, was Marcel Beyer bemerkt und sofort widerlegt:

> Der Holocaust als Motiv, als Beschriebenes, als Hintergrund einer literarischen Arbeit erscheint als eine Frage der Form, ohne daß dies etwas mit Ästhetizismus zu tun hätte, mit Formalismus als Eskapismus oder *l'art pour l'art* und wie die Kampfbegriffe lauten mögen. Daß Holocaust in der Literatur eine Frage der Form sei, läßt sich nicht als Hinweis auf eine menschenverachtende Haltung des Sprechers sehen.[38]

Es bleibt also Tatsache, dass der literarischen (auch künstlerischen) Darstellung der Shoah sowohl die historischen Tatsachen als auch die Imagination des Schriftstellers im gleichen Maße zugrunde liegen, was es notwendig macht, die Textur des Textes in der literaturwissenschaftlichen Analyse mit zu berücksichtigen, wenn sie nicht ganz in den Vordergrund rücken soll. Durch die Öffnung zum Fiktionalen vermag die Literatur – im Gegensatz zur Geschichtsschreibung – die „Erinnerung an die Geschehnisse aufrecht zu erhalten"[39] sowie andere Vergangenheitsvisionen zu erzeugen. So werden auch die Texte zu literarisch-imaginären Zeugnissen der Vergangenheit[40] und ihre Autoren zu *witnesses through imagination*.

Es stellt sich natürlich die Frage, ob jede Art von Narration über die Shoah möglich ist und auch ob jede Art dieser Narration angemessen wäre (man denke etwa an die provozierende Kunst von Zbigniew Libera).[41] Manuel Köppen weist darauf hin, dass sich die Holocaust-Thematik einer „für postmoderne Literatur typische[n] Gelassenheit, ihre[r] spürbare[n] Ästhetik der Indifferenz und neuentdeckte[n] Erzählfreudigkeit angesichts des Reproduktions- und Zirkulationscharakters der Bilder, Ideen, Empfindungen und Erinnerungen"[42] entzieht. Auch der israelische Historiker Saul Friedländer hat bereits überlegt, ob eine plausible, überzeugende, narrative Repräsentation der Shoah überhaupt möglich ist.[43]

---

38 Marcel Beyer: Kommentar. Holocaust: Sprechen. In: Text + Kritik 144 (1999), S. 18–24, hier S. 22.

39 Michael Bachmann: Der abwesende Zeuge. Autorisierungsstrategien in Darstellungen der Shoah. Tübingen 2010, S. 29.

40 Ebd., S. 78.

41 Vgl. Jan Strümpel: Im Sog der Erinnerungskultur. Holocaust und Literatur. ‚Normalität' und ihre Grenzen. In: Text + Kritik 144 (1999), S. 9–17, hier S. 9.

42 Köppen/Scherpe (1997), S. 4.

43 Saul Friedländer: Die „Endlösung". Über das Unbehagen in der Geschichtsschreibung. In: Der historische Ort des Nationalsozialismus. Hg. von Walter H. Pehle. Frankfurt am Main 1990, S. 81–94, hier 91.

Doch den jungen Schriftstellern, wie man am Beispiel von Kevin Vennemann beobachten kann, geht es wohl gar nicht darum, als plausibel herüberzukommen. Für die sogenannte dritte Generation scheint vielmehr, wie am Anfang ange-deutet, die neue Qualität des Erzählens von Belang zu sein. In Anbetracht der sich immer mehr vergrößernden „Spannung zwischen der Anwesenheit des Ho-locaust als familiär und medial tradierte[m] Topos und seiner Abwesenheit als nachvollziehbare[m] Ereignis"[44] versuchen einige Vertreter der jüngeren Schrift-stellergeneration kraft der poetischen Erfindung eine imaginative Welt der Vergan-genheit fabulierend zu evozieren. Die von Kevin Vennemann in seinem Roman vollzogene Aufwertung der Fiktion nähert ihn dieser Generation an. Man kann also mit Michael Hofman resümieren, dass für die jungen Schriftsteller – und wenn man so will für die postmoderne Literatur – nicht die „Frage nach der Le-gitimität der Darstellung des Undarstellbaren" relevant bleibt, sondern die „nach Mitteln, die dem paradoxen, aber dennoch notwendigen Unterfangen einer Dar-stellung angemessen sein könnten".[45]

---

44   Jung (2006), S. 427.
45   Michael Hofmann: Shoah in der Literatur der Bundesrepublik. Adorno und die Folgen. In:
     Shoah in der deutschsprachigen Literatur. Hg. von Norbert Otto Eke und Hartmut Stei-
     necke. Berlin 2006, S. 63–84, hier S. 64.

Zwischen Wortgewalt und Gewalttat.
Die Geschwister im Geiste – Ulrike Meinhof und Heinrich von Kleist – und ihre gespenstische Korrespondenz in Dagmar Leupolds Roman *Die Helligkeit der Nacht*

Marek Szałagiewicz

„Die Toten sind nicht tot, am allerwenigstens in der Literatur, und sie selbst hat etwas Geisterhaftes, Nächtliches, aber in einem liebevollen Sinne: Zärtlich beobachtet sie das Leben, wenn auch aus der Ferne" – diesen Satz, der einem Manifest ähnelt, kann der Leser dem Klappentext zu Dagmar Leupolds ungewöhnlichem Roman *Die Helligkeit der Nacht. Ein Journal* entnehmen.[1] Die Tatsache, dass dem Satz die Schlüsselrolle bei der Interpretation des Textes zukommt, wird durch die Brisanz der Figuren, die hier zu Wort kommen, von vornherein überdeckt. Das Ungewöhnliche des Werkes zeigt sich nicht nur in der Form: Es handelt sich um einen Briefroman, der sich allmählich, dem Untertitel gemäß, in ein Journal verwandelt. Ungewöhnlicher noch ist das Paar, das miteinander Briefe wechselt. In dem Text wird nämlich ein unheimliches Totengespräch zwischen zwei im gegenwärtigen Deutschland spukenden Geistern dargestellt. Der Absender der Briefe ist Heinrich von Kleist – der berühmte Dichter, Melancholiker und Einzelgänger, der sich am 21. November 1811 mit Henriette Vogel das Leben nahm. Die zunächst schweigende Adressatin ist Ulrike Meinhof – die engagierte und erfolgreiche Journalistin, die zur Führungsperson der terroristischen Roten Armee Fraktion wurde und die ebenso wie Kleist den Freitod wählte.

Die 1955 in Niederlahnstein geborene Dagmar Leupold studierte Germanistik, Philosophie, und Theaterwissenschaft an den Universitäten in Marburg und Tübingen.[2] Sie verfasste viele, oft ungewöhnlich gestaltete Texte wie z. B. den Roman *Nach den Kriegen*, in dem sie das Leben ihres Vaters im Nationalsozialismus literarisch verarbeitet. Für ihre literarischen Werke erhielt sie zahlreiche Auszeichnungen, wie den Martha-Saalfeld-Förderpreis. Wie die Autorin in einem Interview

---

1   Dagmar Leupold: Die Helligkeit der Nacht. Ein Journal. Roman. München 2009. – Im Folgenden Zitiert als: HN.

2   Zu Dagmar Leupolds Biographie siehe z. B. Literaturportal Bayern (http://www.litera-turportal-bayern.de/autorenlexikon?task=lpbauthor.default&pnd=119522519, Zugang am 10.12.2012).

für den Bayerischen Rundfunk selbst angegeben hat,[3] ist der 2009 veröffentlichte
Roman *Die Helligkeit der Nacht* Ergebnis einer vieljährigen Beschäftigung mit
den Gestalten Kleists und Meinhofs. Leupold wollte den Fragen nach dem radikalen Lebensentwurf, dem Unterschied zwischen Wortmacht und Machtwort und
der Gewalt der Sprache nachgehen. Obwohl zwischen den Figuren Kleists und
Meinhofs erhebliche Unterschiede in Bezug auf ihren geschichtlichen oder gesellschaftlichen Hintergrund bestehen, seien sie doch, so Leupold, für die Problematik des Extremismus exemplarisch.[4] Die Form des Romans sei auch von großer
Relevanz. In der Briefform komme die radikale Subjektivität der beiden Radikal-
denkenden deutlich zum Vorschein, außerdem unterstreiche sie die Tatsache, dass
die Protagonisten keineswegs repräsentativ denken und sprechen, sondern nur die
eigenen Eindrücke und Überlegungen zum Ausdruck bringen.[5]

Heinrich von Kleist, oder genauer genommen sein Geist, beginnt nach einer
zufälligen Begegnung mit der toten Ulrike Meinhof in Oßmannstedt, dem Land-
sitz Christoph Martin Wielands, Briefe an die Terroristin zu schreiben. Als junger
Mann hat sich der historische Kleist bei Wieland auf seinem Gut aufgehalten, deshalb ist der Ort auch für den fiktiven Kleist von besonderer Bedeutung. Das Gut
scheint dagegen keine größere Rolle sowohl für die historische als auch für die
literarische Figur der Terroristin spielen. Seinen Briefverkehr fängt der Roman-
Kleist am 18. März 2008 an; der letzte Brief ist auf März 2009 datiert. Wie er
bereits in seiner ersten Nachricht gesteht, ist der Zweck dieser geisterhaften Korrespondenz auch für ihn nicht besonders klar. Er beschreibt das folgendermaßen:

> Sie werden sich womöglich fragen, warum ich Ihnen schreibe – das wäre schön, dann
> teilten wir bereits ein Geheimnis: Denn das ist es mir noch.
> (HN, S. 7)

Kleist berichtet über seine Beobachtungen, teilt Meinhof seine Überlegungen mit,
sammelt Eindrücke von den kleinsten Phänomenen der Natur bis zu den wichtigsten politischen Ereignissen der gegenwärtigen Welt, die sich parallel zu dem
starren Reich der Toten abspielen. Er stellt viele Überlegungen an und kleidet
philosophische Gedanken in Worte, die ihm bei der Betrachtung der Umgebung
kommen. Wenn aber seine Impressionen der Natur zart und kunstvoll sind, bleiben

---

3   Cornelia Zetzsche: Interview mit Dagmar Leupold für das zweite Programm des Bayeri-
    schen Rundfunks vom 20.11.2011 (http://www.br.de/radio/bayern2/sendungen/radiotexte-
    das-offene-buch/Kleist102.html, Zugang am 10.12.2012).
4   Vgl. ebd.
5   Vgl. ebd.

seine Bemerkungen über die gegenwärtige Gesellschaft und Politik eher trivial und floskelhaft. Kleist berichtet z. B. über den Besuch des US-Präsidentschaftskandidaten Obama in Berlin; seine Beurteilung dieses Ereignisses ist aber nicht besonders einfallsreich:

> Gestern, wie Sie sicherlich auch in Stuttgart erfahren haben, tummelten sich unter der gloriosen Siegessäule die Massen: Ich ließ mich mitspülen und betrachtete den zukünftigen Weltenlenker mit Amüsement: ein Athlet auf der Theaterbühne; vorläufig sind alle Hürden nur Requisiten und werden im Flug genommen.
> (HN, S. 93)

Einen Grund für diese schlichten Betrachtungen bildet die Tatsache, dass Kleist eigentlich wenig Interesse am Zeitgeschehen zeigt. Die größte Aufmerksamkeit schenkt er seiner Schwester im Geiste – Ulrike Meinhof. Die kleinen Bemerkungen zur Zeitgeschichte dienen ihm immer dazu, sich der ehemaligen Terroristin geistig anzunähern. Zunächst scheitern jedoch diese Versuche, denn die Adressatin schweigt. Kleist muss sich selbst eine seine Gedanken kommentierende Ulrike vorstellen und ergänzt den Text seiner Briefe um selbst ausgedachte Antworten Ulrike Meinhofs. Im Zuge der eigenartigen Korrespondenz, die in Wirklichkeit eher als eine Auseinandersetzung mit den eigenen Gedanken und Vorstellungen zu betrachten wäre, verwischen sich die Grenzen zwischen den Aussagen der von Kleist erdichteten Meinhof und den möglichen Antworten der wahren Terroristin. Schließlich ist es schwer zu unterscheiden, ob der jeweils kursiv geschriebene Kommentar einen Einschub des Briefeschreibers bildet oder an dieser Stelle die tote Ulrike tatsächlich das Wort ergreift, um dem ebenso toten Heinrich auf seine Fragen und Zweifel zu antworten:

> Auf flachem Kiesbett lässt sich dem Wasser lauschen, wie es seinen unterirdischen Weg bespricht. Die weinenden Steine tröstet. Wir beide haben sie, jeder auf seine Art, zum Weinen gebracht. Aber zum Trösten taugten wir nicht.
> *(Lieber Kleist, Sie sind unverbesserlich im Verschränken unserer Lebensläufe! Aber in einem gebe ich Ihnen recht: Die Vorstellung, das Faktische – also zweihundert Jahre – einfach zu missachten und ein gemeinsames Wirken anzunehmen, ist sehr reizvoll. Als junges Mädchen habe ich mir lauter Koalitionäre erträumt, die durchweg aus anderen Zeiten stammten. Oder nie gelebt hatten; außer schwarz auf weiß. Es waren die beständigsten Freunde.)*
> Sehen Sie, Ulrike, ganz so sind wir einander zugefallen.
> (HN, S. 188)

Kleists Faszination gegenüber der ehemaligen RAF-Gründerin verwandelt sich beinah in eine Obsession. Er empfindet ein tiefes Bedürfnis, sich mit Meinhof wiederzutreffen. Kleist hofft darauf, dass er durch die Auseinandersetzung mit seiner ‚Schwester im Geiste' dazu imstande sein wird, mit den eigenen Dämonen und Ängsten zurechtzukommen. Deshalb kreisen seine Gedanken immer um die Gestalt der fast zwei Jahrhunderte nach ihm lebenden Frau. Die Lebensgeschichten von Kleist und Meinhof finden nicht nur den gemeinsamen Schluss, den Freitod, sondern die beiden Protagonisten scheinen auch über Jahrhunderte hinweg an der gleichen Lebenserfahrung teilzuhaben, besonders wenn es um die Begegnung mit dem Extremen geht. Kleist glaubt, dass sich Meinhof mit derselben Versuchung befassen musste wie er, nämlich mit der Versuchung der Gewalt:

> Liebe Ulrike! Ich möchte mit Ihnen das Äußerste verstehen – ich darf im Schutz der Dunkelheit anfügen, dass ich kaum glaube, man könnte dafür größere Sachverständige ausfindig machen als uns beide. Was ist das Äußerste? Es ist die Gewalt in ihrer Zweideutigkeit. Sie gestaltet, und sie zerstört.[6]

Der Gewalt wohnt aus seiner Perspektive eine gewisse kreative Kraft inne. Jedenfalls pochen unterschiedliche extreme Gruppen darauf und sehen in der politisch motivierten Gewalt das einzige Mittel, das die gesellschaftliche Ordnung zum Umsturz bringen kann. Der Gewalt wird eine vitale Energie beigemessen, die im Widerspruch zu der starren Ordnung der bestehenden Systeme steht.[7]

Daran glaubte auch Leupolds Kleist, als er in seinen Werken gegen sprachliche Konventionen verstoßen und damit eine gewisse Wortgewalt ausgeübt hat.[8] An der Wirkung der Wortgewalt hat hingegen Meinhof gezweifelt, deshalb hat sie den Weg in den terroristischen Untergrund eingeschlagen.

Zuerst setzt der literarische Kleist diese Gewaltarten miteinander gleich. Später erfährt er, dass sowohl sein Schicksal als auch der Lebensweg Ulrike Meinhofs von den ihnen nachfolgenden Generationen auf bestimmte Abnormitäten ihrer Gehirne zurückgeführt wurden. Daraufhin kommt er zu dem Schluss, dass nichts anderes als eine schöpferische Kraft das Wesen der Gewalt ausmacht und zwar

---

6   Ebd., S. 11.

7   Dieses Verständnis von Gewalt tritt am deutlichsten im Phänomen der politisch motivierten Gewalt und des Terrorismus in Erscheinung. Vgl. dazu z. B. Andreas Musolff: Krieg gegen die Öffentlichkeit. Terrorismus und öffentlicher Sprachgebrauch. Opladen 1996 oder Peter Waldmann: Terrorismus. Provokation der Macht. München 1998.

8   Dieser Glaube an die Vitalität der Gewalt trifft bestimmt auch auf den historischen Kleist zu, was z. B. in seinem politischen Engagement zum Ausdruck kommt. Vgl. Ulrich Greiner; Adam Soboczynski: „Ganz wie Muhammad Ali". Ein Gespräch mit Jan Philipp Reemtsma über Kleists tiefe Lust am Extremen. In: Die Zeit vom 05.01.2011.

sowohl der sprachlichen als auch der konkreten, physischen. Somit kann der Gewaltakt zum Schöpfungsakt werden:

> Belustigt hat es mich, festzustellen, dass unser beider Gehirn an allem schuld gewesen sein soll! Ihres hat dazu noch eine regelrechte Irrfahrt hinter sich. Erzählte ich Ihnen bereits, dass der Obduktionsbericht nun vielerorts in Büchern nachzulesen ist? Ein sehr schwankendes Gefühl, wie dort vom „denatus" die Rede ist. Die Obduzenten hätten allen Grund gehabt, an der Gesundheit ihrer eigenen Gehirne zu zweifeln, da diese doch solcherlei Mutmaßungen hervorbringen. Terrorismus und Imagination – beides ist ihnen gleichermaßen verdächtig, unheimlich und ordnungszersetzend. Ersterer zerstört, Letztere ist imstande, Zerstörung zu gestalten. (NH, S. 46)

Kleists Begeisterung für Gewalt geht allerdings schnell zu Ende, nachdem ihn Meinhof auf den ideologischen Missbrauch verweist, dem seine Werke in der Zeit des Nationalsozialismus zum Opfer gefallen sind. Kleists Werke wurden in dieser Zeit aus der völkisch-nationalistischen Sicht rezipiert. Die ideologische Aneignung seines Schaffens ist mit der vor allem auf die Rezeption des Dramas *Hermannsschlacht* zurückgehenden Erklärung Heinrich von Kleists zum „Dichter der Deutschen" verbunden. Seine wohl berühmteste Novelle *Michael Kohlhaas*, der ein enormes Gewalt- und Revolutionspotential innewohnt, wurde von der Instrumentalisierung gleichfalls nicht verschont. Der um sein Recht betrogene Rosshändler wurde als Symbol für die sich angeblich in derselben Lage befindenden Deutschen verstanden; die brutale Art und Weise, wie er seine Ansprüche geltend macht, wurde als Vorbild angeführt[9]. Die Erinnerung an diesen Text veranlasst Kleist zu Überlegungen über die Schattenseite der Gewalt:

> Ich wurde gestört. Gottlob, denn ich war schon wieder im Begriff, Sie zu rasch zu erdichten. Andererseits: Was sonst? Es ist nicht leicht für uns Tote, dazuzulernen. Zeit meines Lebens habe ich über Verblendung nachgedacht; Verblendung aber, gleich, ob sie auf falscher Berichterstattung und unseligen Gerüchten beruht oder aus gerechter Empörung erwuchs; Verblendung also hört immer erst über Leichen gebeugt auf. Wenn überhaupt. Der Rosshändler – Sie erinnern sich? (HN, S. 49)

Vielleicht ist es nicht ausgeschlossen, dass Gewalt etwas Neues schaffen kann. Daran scheinen jedoch nur diejenigen zu glauben, die mittels Gewalt ihre eigenen Ziele zur Erfüllung bringen wollen. Die Opfer der Gewalt stimmen diesem Gedanken sicherlich nicht zu.[10] Leupolds Kleist hat die heuchlerische Rechtfertigung der

---

9   Vgl. Rolf Busch: Imperialistische und faschistische Kleist-Rezeption 1890–1945. Eine ideologiekritische Untersuchung. Frankfurt am Main 1974.

10 Zum Thema Legitimierungs- und Rationalisierungsversuche von Gewalt, sowohl vonseiten der Täter, als auch der Opfer siehe Jan Philipp Reemtsma: Vertrauen und Gewalt. Versuch über eine besondere Konstellation der Moderne. Hamburg 2008, insbesondere S. 124–128, 187–325.

Gewalt, die ihr den Anschein einer konstruktiven Kraft gibt, durchschaut. Obwohl er sich für die Wortgewalt des Textes entschieden hat, ist er als Soldat der preußischen Armee der physischen Gewalt begegnet. Aus der Perspektive des Jenseits verurteilt er jedoch die beiden Erscheinungsformen der Gewalt aufs Schärfste, wie in der folgenden Passage:

> Ich schreibe Ihnen als Veteran der Liebe, als Veteran aller nur denkbaren Kämpfe. Darin sind wir einander gleich, und es bewegte mich in Oßmannstedt, die Spuren Ihrer Verausgabung zu sehen. Auf die zwiespältigste Art, die vorstellbar ist. Ihre Kämpfe waren erbittert und bitter; gegen die Lügen, den Kleinmut und den Starrsinn. Aber ich werde wohl niemals an die Berichtigung der Welt durch Kriegsführung glauben können – von den eigentlichen Schlachten vermelden die Schlachtfelder nichts. Die meiner Zeit ließen sich noch besichtigen, man konnte sie anrührend wörtlich nehmen bei aller Schrecklichkeit, die Ihrigen sind abstrakter und atomisiert in den Blutbahnen des Staates, den Atemwegen der Gesellschaft, den Kapillaren der Haut. Die Schlachtfelder, die in unseren Herzen liegen, sind die unsichtbarsten von allen. Und niemals sollten wir aus ihrer Anwesenheit in uns schließen, wir hätten das Recht, sie anderen zu bereiten.
> (HN, S. 15)

An dieser Stelle drängt sich die Frage nach dem Ursprung auf, nach der Quelle, die zu den Schlachten in den Herzen der Protagonisten beigetragen und den Gedanken, Gewalt könne schöpferisch wirken, eingeleitet hat. Kleist verweigert eine direkte Antwort darauf. Einige Verweise darauf liefert er aber in seinen Überlegungen beim Besuch einer Ausstellung über die RAF:

> Ich streifte umher, wie so häufig, diesmal allerdings besuchte ich nicht die Schwäne am See, sondern eine nahegelegene Buchhandlung. Und traf auf einen Tisch in der Mitte des Geschäfts, beladen mit Büchern zu Ihrer Bewegung, Gruppe, Horde (schon die Benennung stürzt mich in Verlegenheit), begann zu lesen, blieb, las über Sie, von Ihnen, wie Sie, in Not, genötigt, aber selbst auch nötigend, die Sprache erbrachen, brockiges Gestammel, schleimige Wut, ätzende Sätze. Monströse Fortpflanzung befallener Wortlaute, die auf kein Verständnis mehr zielten. Eine verschluckte Aggression, eine Verwandlung aller Zumutungen in eigene. Die Zersetzung hatte sich festgesetzt im Gewebe der Sprache, das Gift, das häufig genug in der Kreide steckte, welche die Regenten gefressen hatten und das ihre falsche Zunge unschuldig weiß belegte, wenn sie diese vorzeigten beim Lügen, war in alle Organismen, auch den Ihren gesickert.
> (HN, S. 32)

Das Virus der Gewalt steckt in der Sprache, oder, genauer gesagt, in dem, was durch die Sprache vermittelt wird – in der Ideologie. Der radikale Idealismus, zu dessen Anhänger sowohl Kleist als auch Meinhof zählen, trägt in sich eine bestimmte Gefahr der Eskalation.[11] Dies wiederum liegt an seiner schwarz-weißen Rhetorik.

Um diese Rhetorik besser verstehen zu können, lohnt sich der Bezug auf die Theorie des britischen Philosophen Isaiah Berlin. In seinen Überlegungen über die Quellen des europäischen Utopismus stellt er fest, dass dem auf die Ideen-lehre von Platon zurückgehenden europäischen Idealismus drei Voraussetzungen zugrunde liegen:

> Irgendwann habe ich begriffen, dass das Gemeinsame aller dieser Ansichten das pla-tonische Ideal gebildet hat: erstens muss es, wie in den Naturwissenschaften, auf alle gut gestellten Fragen eine wahre Antwort geben und nur eine einzige, alle übrigen sind zwangsläufig Irrtümer; zweitens muss ein zuverlässiger Weg zur Entdeckung dieser Wahr-heiten vorhanden sein; drittens müssen die wahren Antworten, wenn sie schon gefunden sind, miteinander kompatibel sein und eine einheitliche Ganzheit bilden, denn wir haben schon a priori gewusst, dass eine Wahrheit einer anderen nicht widersprechen kann.[12]

Diese unbewusst angenommenen Voraussetzungen führen zur Entstehung eines Teufelskreises, in den auch die beiden Protagonisten aus Dagmar Leupolds Ro-man geraten sind, als sie im Namen eines Ideals zugleich gegen dasselbe Ideal verstoßen haben. Auf diese Art und Weise unterliegt Kleist, der auf der Wortge-walt und ihrer Kreativität bestanden hat, der Gewalt der Sprache, obwohl er sich dagegen mit allen Kräften zu wehren versucht:

> Das Wort zu erheben war immer ein Akt der Menschlichkeit, auch da, wo es um Un-menschliches ging. Wie anders Oßmannstedt!
>
> Neben Spott gab es dort Trauer, Ruhe und Ihre Augen – oder nur meine? Oder irrte ich seinerzeit, als ich annahm, noch das Schrecklichste ließe sich gestalten? (Und folglich von der Gegenseite, dem Leser und Zuschauer, verstehen). Zugegeben, meinerseits nur unter Krämpfen und unschönen Qualen, Erbauung im ursprünglichen Sinn erreichte ich nicht. Aber ich baute aus der Sprache, ich baute auf die Sprache bei immerwährender Angst vor ihrem Kollaps und im immerwährenden Bewusstsein ihrer Dürftigkeit. Der einzige

---

11 Die Eskalationsgefahr ist eng mit der Problematik von Gewaltlegitimierung verbunden. Der radikale Idealismus lässt die Anwendung von Gewalt zu, der aber immer nach dem Motto „der Zweck heiligt die Mittel" eine instrumentelle Funktion beigemessen wird. Im Zuge der Gewaltanwendung tendiert die Gewalt jedoch dazu, diese Funktionalität zu verlieren und sich in einen Selbstzweck zu verwandeln. Dabei wird diese Tendenz oft als eine Abwei-chung, eine Perversion betrachtet, die ihren Ursprung in dem Geisteszustand des Täters hat. Vgl. Reemtsma (2008), S. 111f. und 116–124.

12 Isaiah Berlin: The pursuit of the ideal, in: ders.: The Proper Study of Mankind. An Anthology of Essays. New York 2000, S. 5. Übersetzt vom Verfasser des vorliegenden Beitrags.

Entschluss in meinem Leben: Weder das eine, noch das andere zu dulden. Wer, Ulrike, waren in Ihrem Leben die beiden Rappen, an denen Unrecht verübt wurde und für deren Wiederherstellung Sie töten ließen und selbst in den Tod gingen? (HN, S. 32f.)

Die Sprache des radikalen Idealismus muss deshalb zu einem Kollaps führen – entweder bereits auf der Ebene der Sprache, wovon Kleist erzählt hat, oder bei der Umsetzung des Ideals in die Praxis, woran Meinhof gescheitert ist. Die Rote Armee Fraktion hat sich im Laufe ihrer verbrecherischen Tätigkeit, wie einige Forscher ironisch feststellen, aus der Baader-Meinhof-Gruppe in eine Befreit-Baader-Fraktion verwandelt.[13] Die zweite Generation der RAF-Terroristen hat nicht mehr von Ideologie gesprochen; ihr Kampf mit dem Kapitalismus wurde zum Kampf mit dem Staat, mit der Polizei und mit der Öffentlichkeit. Sie ist in den ideologischen Teufelskreis geraten und hat das Schicksal ihrer Gründer, darunter auch Ulrike Meinhofs, geteilt.

Aus der Perspektive des Jenseits erkennt Kleist die Irrwege, auf die sowohl die Wortgewalt als auch physische Gewalttaten führen können. Davon hätte er sich aber noch zu Lebzeiten, spätestens im Moment der Entscheidung, Selbstmord zu begehen, überzeugen können, als sich herausgestellt hat, dass sowohl die Wortgewalt seiner Texte als auch die Gewalttaten aller Kriege, an denen er beteiligt war, ihre erwartete Wirkung verfehlt haben. Man könnte erwarten, dass der tote Kleist Reue über die einst getroffenen Entscheidungen empfinden wird, letztendlich kann er jetzt das eigene Leben sozusagen aus der Außenperspektive betrachten. Dazu kommt es aber nicht: Der tote Kleist bleibt in demselben Teufelskreis gefangen, in den er zu Lebzeiten geraten ist. Seine Annäherungsversuche an Ulrike Meinhof sind im Grunde genommen bedeutungslos; die beiden Protagonisten kreisen umeinander, ohne die eigenen Irrtümer zu durchschauen:

Seit vier Monaten verbunden, falsch, womöglich – wer weiß. Immerhin nahmen wir selbst ein Leben lang an allem Anstoß. Und erregten ihn. Und endeten ziemlich ramponiert. Ich las Ihren Brief an die persische Kaiserin. Böse, genau, kriegerisch. Sie sprechen in Ihren Artikeln ein echtes Machtwort. Ulrike Marie. Ich glaubte dagegen an die Wortmacht. In dieser kleinen Umstellung drehen wir uns gegeneinander. Ins selbe Joch geschirrt. (HN, S. 87)

Aus diesem Joch konnten sie sich zu Lebzeiten nicht befreien, deshalb können sie das auch nicht nach dem Tode tun. Die beiden haben die gefährlichste Eigenschaft der Gewalt übersehen. Der Gewalt wohnt immer ein zerstörerisches Potential inne, selbst

---

13   Gerrit-Jan Berendse: Schreiben im Terrordrom. Gewaltcodierung, kulturelle Erinnerung und das Bedingungsverhältnis zwischen Literatur und RAF-Terrorismus. München 2005, S. 25.

wenn sie eine kreative, d. h. den Umsturz eines ungerechten Systems ermöglichende Wirkung zu haben scheint. Um etwas aufzubauen, muss sie vorher etwas zerstören. Die Gewalt zehrt auch an dem Gewalttäter, bis sie ihn völlig vernichtet. Die sprachliche Seite des Romans spiegelt die Lage wider, in der sich die beiden Geister befinden. Dabei wirkt die Sprache, die Dagmar Leupold ihren Kleist sprechen lässt, zugleich poetisch und anziehend, so dass man den Eindruck haben könnte, der wirkliche Kleist würde keine Einwände gegen die dichterischen Exzesse seines Doppelgängers erheben. Die fein ziselierten Äußerungen in Kleists Briefen an Meinhof haben oft einen düsteren Hintergrund; ein existentielles Unbehagen scheint sie zu durchdringen. So reflektiert Kleist z. B. über sein derzeitiges Leben an Schwelle zwischen Diesseits und Jenseits:

> Im Lateinischen sind Geburt und Tod nur durch eine Silbe getrennt, natus, denatus, so sprach und schrieb man zu meiner Zeit von den Verstorbenen, besonders im Amtlichen; im Obduktionsbericht ist es nachzulesen. (Wenn die Lebenden wüssten, wie viel Einblick wir haben in ihre Geschäfte!) Denatus – das scheint mir sehr einleuchtend. Nicht verstorben ist man, wie im Deutschen, sondern entboren. Oder, wie im jüngsten Falle, wenn Sie diesen zugestehen mögen: renatus. Wiedergeboren.
> (HN, S. 8)

Nicht nur einleuchtend, sondern auch schwerwiegend ist diese Bemerkung in Bezug auf den ontologischen Status der beiden durch die Welt spukenden Protagonisten. Wie im Vorwort zum Roman beteuert wird, sind die Toten nicht ,tot'; sie schreiben doch Briefe aneinander. Ihr Umgang mit der eigenen Vergangenheit, ihre Gleichgültigkeit und Starrheit deuten jedoch darauf hin, dass sie auch keineswegs als lebendig bezeichnet werden können. Sie schweben im Purgatorium der eigenen Entscheidungen. Nicht die kontroversen Figuren der Protagonisten, sondern eben dieser unheimliche Zustand, in dem sie sich befinden, verleiht dem Roman gespenstische Züge.

Die Kritik hat den Roman generell positiv, aber nicht ohne Einwände empfangen. Gelobt wurde vor allem seine große literarische Qualität und der gelungene Versuch, die Gestalt Heinrich von Kleists dem 21. Jahrhundert anzunähern.[14] Kritisiert wurde die gesamte Aussage des Textes, die vielen Kritikern unklar blieb. Martin Halter hat in seiner Rezension in der Frankfurter Allgemeinen Zeitung festgestellt, der Mehrwert des politisch-literarischen Gedankenspiels in Leupolds Roman sei eher gering.[15] Insa Wilke konstatiert in ihrer Rezension für die

---

14 Jan Bürger: Posthumer Ernstfall. In: Die Zeit vom 22.04.2010, S. 50.
15 Martin Halter: Seelenpost nach Stammheim. In: Frankfurter Allgemeine Zeitung vom 07.04.2010, S. 30.

Frankfurter Rundschau, dass sich die Autorin mit der höchst brisanten Thematik überfordert und nichts Eigenes daraus gestaltet habe.[16] Für weitere Rezensenten war die Tatsache unklar, mit welchem Bedürfnis Leupold diese literarische Begegnung Kleists mit Meinhof konstruiert hat.[17]

In den kritischen Stimmen zum Roman kommt die mit den zwei kontroversen historischen Figuren verbundene Spannung zum Ausdruck. Der Text von Dagmar Leupold birgt eine gewisse existentielle Wahrheit in sich, was die großen Namen Kleist und Meinhof jedoch überdecken. Im Roman äußert sich die Wirklichkeit eines Lebens, das voll von unlösbaren Widersprüchen ist, von Widersprüchen, die aus den bis zum Äußersten befolgten Werten und Idealen resultieren. Erzählt wird die Wahrheit über die Existenz zweier Menschen, die sich zu Lebzeiten weder in der Welt zurechtfanden, noch mit ihr zurechtkommen konnten. Deshalb müssen sie nach dem Tode umherirren, ohne irgendwann Ruhe zu finden.

---

16   Insa Wilke: Die Meinhof und der Kleist. In: Frankfurter Rundschau vom 18.12.2009, S. 32.
17   Ulrike Frenkel: Ein Rätsel bis zum Schluss. In: Stuttgarter Zeitung, Stuttgarter Buchwochen, vom 18.11.2009, S. VI.

Sektion III:
Aktuelle Gesellschaftsdiagnostik
Romane über deutsche Gegenwart

Die Oberfläche und das Verzweifeln an ihr. Thomas Melles Roman *Sickster* im Kontext des Popdiskurses der 1980er und der Popliteratur der 1990er Jahre

Johannes S. Lorenzen

Als im Herbst 2011 Thomas Melles Romandebüt *Sickster* im Rowohlt-Verlag Berlin erschien, war sich das Feuilleton einig, dass mit diesem Roman eine lange überfällige „Analyse gegenwärtiger Verhältnisse"[1] oder zumindest ein „düsteres Bild unserer Zeit"[2] Eingang in den gegenwärtigen Literaturbetrieb gefunden habe. Nachdem der 2010 erschienene Roman *Axolotl Roadkill* der damals erst 17jährigen Helene Hegemann zuerst zu einem Generationenportrait der Nullerjahre stilisiert und nach der Plagiatsaffäre um das Buch und den Berliner Blogger Airen wieder fallen gelassen wurde, hätte Melles Text diese Position der definitiv-authentischen Gegenwartsdarstellung – glaubt man den meist sehr positiven Rezensionen im Feuilleton – einnehmen können.[3] Ähnlich wie Airens Blogeinträge und Hegemanns Roman spielt auch Melles Text in Berlin, schildert Teile der Clubkultur und zeigt Personen zwischen Exzess und Abgrund. Jedoch ist das Augenmerk von *Sickster* nicht auf eine oberflächliche Beobachtung großstädtischer Club- und Drogenkultur gelegt, sondern eher auf das emotionale und psychische Innenleben der geschilderten Figuren und ihr Scheitern an einer sinnentleerten, objektorientierten Berufs- und Lebenswelt im anfänglichen 21. Jahrhundert.

---

1   Ralph Gerstenberg: Die kranke Version des Hipster. Thomas Melle: „Sickster". Beitrag von Deutschlandradio vom 16.02.2012; Protokoll abrufbar unter: www.dradio.de/dlf/sendungen/buechermarkt/1678424 (Zugriff am 18.09.2013).

2   Nicole Henneberg: Ich muss doch ein Gleißen sein. In: Frankfurter Allgemeine Zeitung, 16.09.2011.

3   Hegemann verwendete teilweise wortwörtlich Zitate aus dem später auch als Buch unter dem Titel *Strobo* erschienenen Blog von Airen, zunächst ohne Quellennachweis; später wurde klar, dass auch David Foster Wallace, Maurice Blanchot, Rainald Goetz und andere Autoren und Medien in die „intertextuelle" Schreibweise der Autorin Verwendung fanden. Für eine Übersicht über den „Plagiatsskandal" vgl. Veronica Schuchter: Der Fall Hegemann. Analyse einer Debatte. Beitrag für literaturkritik.at. Link: http://www.uibk.ac.at/literaturkritik/zeitschrift/769111.html (Zugriff am 18.09.2013).

Tatsächlich ist *Sickster*[4] in seiner Schilderung von Gegenwart ein deutlicher Bruch mit den bisherigen Konventionen der Gegenwartsliteratur, zumindest hinsichtlich der Darstellung von Emotionen und Bewusstseinsvorgängen literarischer Charaktere und ihrer individuellen Spracheigenheiten. Die drei Hauptfiguren des Textes werden von Anfang an mitsamt ihren langsam fortschreitenden, psychischen Erkrankungen, ihren Zwängen und Süchten in den Vordergrund des Erzählten gestellt. Der heterodiegetische Erzähler schildert abwechselnd detailliert die kommerzialisierte, bis ins Privatleben hinein ökonomisierte Außenwelt und die psychische Reaktion der Figuren auf diese auf Perfektion hin ausgelegte Umgebung, was schlussendlich in einer wahnhaft überreizten Stilisierung der Figurenwahrnehmung resultiert.

Wie Baßler in seiner Rezension in der *Tageszeitung* anmerkt, gibt der Text „diesen mentalen Grenzzuständen [...] Raum, erfindet ihnen Texturen, verwandelt sie [...] in Literatur".[5] Dass der Wille zur avantgardistischen Reformulierung der Gegenwartsliteratur in einem popkulturellen Kontext ein Hauptanliegen von Melles Roman zu sein scheint, ist auch dem Feuilleton aufgefallen. Melles erkennbarer ästhetischer Bruch mit Konventionen und die Intensität von Gegenwartsdarstellung lassen Baßler Vergleiche mit modernistischen Literaturströmungen wie beispielsweise dem Expressionismus und dem Surrealismus ziehen.[6] Doch auch andere Subkulturen werden als Referenzrahmen herangezogen: Nicole Henneberg vergleicht in ihrer Rezension in der *Frankfurter Allgemeinen Zeitung* das Werk sogar mit der Beat Generation der amerikanischen Nachkriegsliteratur und zitiert einleitend Allen Ginsbergs Langgedicht *Howl* aus dem Jahre 1956, das mit expliziten und doch abstrakten Symbolen den Kapitalismus und die konservative und gehemmte amerikanische Gesellschaft jener Zeit kritisiert.[7]

Doch jenseits der ästhetischen und psychologischen Dichte ist stets deutlich, dass der Roman popliterarische Konventionen bedient und den Gestus von Popliteraten wie Christian Kracht oder Benjamin von Stuckrad-Barre aufgreift, die Oberflächenkultur der Gegenwart genauestens und weitestgehend wertfrei zu schildern, und als strukturierendes Element seines Romans aufstellt.

Medienelemente wie Musik, Film und Werbung, aber auch Markenartikel aus den Bereichen der Ess- und Kleidungskultur sind in die Schilderung des Geschehens eingeschoben, Zitate aus der Populärkultur ein wichtiger Bestandteil des Signalisierens von Gegenwartsbezug. So erkennt Baßler anknüpfend an seine

---

4   Thomas Melle: Sickster. Berlin 2011, S. 16. – Im Folgenden zitiert als: Sickster.
5   Moritz Baßler: Vom Hipster zum Sickster. In: Tageszeitung, vom 14.10. 2011.
6   Vgl. ebd.
7   Vgl. Henneberg (2011).

erste Beobachtung, der Text würde sich problemlos in expressionistische und modernistische Literaturen einreihen, in der *taz*: „Bei aller Literarizität – das hier ist Pop, also nicht zu früh lachen! Denn hier gibt es, was den Wahnsinn angeht, zum Glück nicht nur das Innere und den Diskurs".[8] Was bei Baßler wie eine ironische, typisch popliterarische Rahmung klingt, die den zuvor angemerkten Ernst des Erzählten quasi ‚auflockern' soll, zeigt sich bei einer genaueren Analyse jedoch nicht als eine Form der bloßen ironischen Oberflächenbeschreibung. Vielmehr handelt es sich um eine direkte Kritik an jener ökonomisierten Oberflächenkultur, die die Lebenswelt der Protagonisten darstellt und mit ihren Erfolgsversprechungen und Simulationen vom perfekten Leben die Figuren konsequent scheitern und in die Psychose abdriften lässt.

In diesem Aufsatz soll gezeigt werden, inwieweit Melle popliterarische Konventionen übernimmt und gleichzeitig durch eine in oftmals abstrakte Sprache gebettete Darstellung innerpsychologischer Vorgänge diese Konventionen zu durchbrechen versucht. Gerade die am Textanfang deutlich markierte Abkehr zur Kultur der 1990er Jahre und implizit auch der Popliteratur der 90er werden Rahmen der Fragestellung sein. Schlussendlich soll die Frage diskutiert werden, ob Melles Roman eine Art Entwurf für eine „Popliteratur 2.0" darstellt – also quasi eine unter veränderten Gesichtspunkten vonstatten gehende Weiterführung der literarischen Konventionen der Oberflächenbeschreibung – oder ob *Sickster* eine emotionale wie politisch gefärbte Ernsthaftigkeit in die Gegenwartsliteratur (wieder) einführen will und so eine postpopliterarische Tendenz in der deutschen Literatur der 2010er Jahre erkennen lässt.

Zur Herausarbeitung eines Modells popliterarischer Konventionalität soll zuerst ein Abriss der akademischen Beschäftigung mit der deutschsprachigen Popliteratur und ihrer Konzentration auf eine literarische Aufarbeitung der „Oberflächenkultur" der Gegenwart erfolgen und besonders anhand von Christian Krachts Roman *Faserland* die bisher charakterisierten Merkmale von popliterarischen Schreibtechniken aufzeigen.[9] Aufbauend auf diesen Merkmalen soll Melles Text mit seinen Ähnlichkeiten und vielmehr noch seinen Unterschieden gerade in erzählperspektivischer Hinsicht in den Blick genommen werden, um ihn mit den popliterarischen Prinzipien wie Ironie und dem Referieren auf Marken- und Medienkultur als Gegenwartsbezug zu vergleichen.

---

8 Vgl. Baßler (2011).

9 Da Krachts Roman am deutlichsten die Popliteratur der 1990er Jahre charakterisiert und auch die wissenschaftliche Diskussion einnehmend geprägt hat, wird hier auf modellhafte Analysen von anderen Werken wie Benjamin von Stuckrad-Barres *Soloalbum* oder auch dem Band *Tristesse Royale* verzichtet.

I. Das Erzählen von Oberflächenkultur: Gegenwartsbezug und Ironie zwischen 1980 und 1995

Die akademische Beschäftigung mit Popliteratur und ein damit verbundenes Diktum von Gegenwart als Konsum- und Markenkultur setzt relativ früh ein und lässt sich grob auf zwei Eckpfeiler herunter brechen: das Prinzip des Gegenwartsbezug und das Prinzip der Ironie. Einer der ersten Versuche, das Phänomen Popliteratur in der deutschsprachigen Literaturwissenschaft greifbar zu machen, ist Moritz Baßlers 2002 erschienener Band *Der deutsche Pop-Roman*.[10] Baßler konstatiert dort – seine eigenen Lektüreerfahrungen der 1990er-Jahre reflektierend –, „daß es bei der sogenannten Gegenwartsliteratur bis dato um Gegenwart gar nicht gegangen war".[11] Baßler sieht in den Autoren, die bisher unter dem Stempel „Gegenwartsliteratur" eingeordnet wurden – u. a. auch Autoren wie Hertha Müller, der späte Günther Grass, Peter Handke und Bernhard Schlink – eine bloße Weiterführung traditioneller Erzählformen der deutschen Literatur in die literarische Gegenwart. In Schlinks Bestseller *Der Vorleser* beispielsweise wird die Aufarbeitung von Nazivergangenheit und Holocaust der Nachkriegszeit *scheinbar* realistisch geschildert und durch den Umstand, dass der Ich-Erzähler bis in die Gegenwart von seinen erotischen Erfahrungen mit einer KZ-Aufseherin hadert, ins Gegenwärtige gesetzt. Baßler will mit seiner kritischen Analyse von Schlinks Roman diesen nicht unbedingt abwerten, sondern eher „die Probleme [...] zeigen, die ein realistisch-fiktionales Erzählen, zumal mit historischem Anspruch, bekommt, weil es den Einzelfall plotten, aber stets das Allgemeine meinen muß, um zu funktionieren".[12]

Anders verhalten sich dabei seines Erachtens die frühen Werke von Benjamin von Stuckrad-Barre und Christian Kracht, die Mitte der 1990er-Jahre den Literaturbetrieb mit vordergründig arroganten, oberflächlichen Romanen über Musikkultur, Konsumkultur und den Hedonismus einer reichen, desinteressierten Generation aufhorchen ließen. Gerade Krachts Roman *Faserland*, 1995 erschienen, wurde von anderen Autoren als lange überfälliger Eingang von Gegenwart in die deutsche Literatur beschrieben. So attestiert Florian Illies in seinem Zeitgeist-Text *Generation Golf*:

> Die Ernsthaftigkeit, mit der Kracht Markenprodukte einführte und als Fundamente des Lebens Anfang der neunziger Jahre vor Augen führte, wirkte befreiend. Nicht nur ich, so

---

10	Vgl. Moritz Baßler: Der deutsche Pop-Roman. Die neuen Archivisten. München 2002.
11	Ebd., S. 14.
12	Ebd., S 75.

durfte man endlich sagen, finde die Entscheidung zwischen einer grünen und einer blauen Barbour-Jacke schwieriger als die zwischen CDU und SPD.[13]

Illies wie auch Baßler zitieren, um ihre Meinung zu untermauern, den Anfang des Romans, der sowohl stilistisch als auch inhaltlich die Weichen für das gesamte Geschehen stellt:

> Also, es fängt damit an, daß ich bei Fisch-Gosch in List auf Sylt stehe und ein Jever aus der Flasche trinke. Fisch-Gosch, das ist eine Fischbude, die deswegen so berühmt ist, weil sie die nördlichste Fischbude Deutschlands ist. […] Also ich stehe da bei Gosch und trinke ein Jever. Weil es ein bißchen kalt ist und Westwind weht, trage ich eine Barbourjacke mit Innenfutter. […] Der Himmel ist blau. Ab und zu schiebt sich eine dicke Wolke vor die Sonne. Vorhin hab ich Karin wiedergetroffen. Wir kennen uns noch aus Salem, obwohl wir damals nicht miteinander geredet haben, und ich hab sie ein paar mal im Traxx in Hamburg gesehen und im P1 in München.[14]

In Krachts mittlerweile kanonisiertem Roman schildert ein namenloser Ich-Erzähler aus offenkundig reichem Elternhaus, ein Abgänger der Eliteschule Salem, eine ziellos anmutende Reise durch Deutschland von Sylt nach Zürich. Auf dieser Reise wird ihm die aktuelle Musik-, Medien- und Kleidungskultur zum fundamentalen Raster der Wahrnehmung und zum Hauptaugenmerk bei seinen Beobachtungen. Dass diese Oberflächenbeschreibung, die maßgeblich die akademische Diskussion von Kracht, aber auch über das Phänomen Popliteratur allgemein geprägt hat[15], keineswegs nur hedonistisch ist, sondern zudem eine gewisse Kritik an dieser Wahrnehmung aufkommen lässt, ist dabei der Distanz des Erzählers zum Erzählten geschuldet: „Die Barbour-Salem-Schnösel-Kultur wird […] thematisiert und stellt auch den Ich-Erzähler, sie wird aber im Text keineswegs […] empathisch propagiert".[16] Der unzuverlässige Erzähler lässt sich sich nie zu einer Position oder einer emotionalen Teilnahme an dem Geschehen hinreißen.

Diese ironische Distanz und die damit verbundene fehlende emotionale Stellungnahme zu dem Geschilderten und der geschilderten Welt an sich lässt sich auch unter anderen Gesichtspunkten als dem des Gegenwartsbezug durch Referenzen zur Produkt- und Konsumkultur analysieren. Christoph Rauen hat in

---

13 Forian Illies: Generation Golf. Frankfurt am Main 2000, S. 154.

14 Christian Kracht: Faserland. Köln 1995, S. 9.

15 Neben Baßler siehe auch den umfangreichen Sammelband: Poetik der Oberfläche. Die deutschsprachige Popliteratur der 1990er Jahre. Hg. von Olaf Grabienski, Till Huber und Jan-Noel Thon. Berlin/Boston 2011.

16 Baßler (2002), S. 112.

seiner Monographie *Pop und Ironie* aus dem Jahr 2010 eben jene Distanz und Unbestimmtheit des Erzählers zur Gegenwart im Kontext von Pop und Musikjournalismus untersucht und wirft einen weitgreifenden, historischen Blick auf popästhetische Verfahren, insbesondere auf das Prinzip der Ironie. Rauen sieht die Popliteratur der 1990er Jahre im direkten Zusammenhang mit den Popdiskursen der 1980er-Jahre, die sich wiederum gegen festgefahrene Ideale der 1960er und 70er Jahre stellten. In den Ausführungen zu Pop, wie sie besonders der Musikjournalist und Kritiker Diedrich Diederichsen mit Beiträgen in der Zeitschrift *Sounds* geprägt hat, sieht Rauen eine „Gegengegenkultur", die auch durch aufkommende Subkulturen wie Punk beeinflusst wurde.[17] Gerade ehemals wichtige Grundpfeiler der linken Kritik wie Kapitalismus- und Konsumskepsis und damit verbundene Personengruppen und kulturelle Bereiche werden durch Negation und dadurch resultierende Provokation von Akteuren wie Diederichsen herausgefordert.[18] Eine solche Form der Ironisierung setzt dabei an der Populärmusik an, die sich dann auf weitere Elemente von Gegenwartskultur übertragen lässt. So schreibt Diederichsen 1982:

> Eine schöne Definition von Pop lieferte mir unfreiwillig die Zeitschrift ‚Spex' in einem Verriß einer der größten Pop-Künstlerinnen, Debbie Harry, schreiben sie nörglerisch vorwurfsvoll: ‚dass diese Gruppe Stilelemente nie wirklich spielt, sondern nur benutzt.' Eben. Das ist seit Bertolt Brechts ‚ich gestehe, dass ich in Dingen des geistigen Eigentums...'; das ist 20. Jahrhundert, das ist der Fortschritt des menschlichen Bewußtseins, daß Kunst nach der Epoche des ‚Gegen' (gegen den Kapitalismus, böse Menschen, Lieblosigkeit, Schweine, Hörgewohnheiten, Sehgewohnheiten) eine neue Haltung hervorbrachte, die, immer gewahr der Widersprüche, um die herum und durch die sie entsteht, diese in respektlosen, naseweisen, plumpen und grellen Mini-Analysen vereint.[19]

Gerade diese Form des Aufhebens von scheinbar festgesetzten Bedeutungen und das Rekombinieren von Sprache und kulturellem Kontext ist trotz der Absage an einen nach Schwarz-Weiß-Schemata gegliederten Aktionismus der 68er und späten 70er Jahre doch immer nur in einem politischen Kontext möglich. Untersucht man die Popliteratur der 1990er-Jahre im Kontext dieses Popdiskurses von Ironie

---

17 Vgl. Christoph Rauen: Pop und Ironie. Popdiskurs und Popliteratur um 1980 und 2000. Berlin/New York 2010, S. 34ff.

18 Vgl. ebd., S. 36f. Ein Beispiel für diese Form der Negation wären Parolen wie „Vietnamkrieg ist toll" oder „Wir wollen autoritär erzogen werden", wie sie vom Punksänger Peter Hein in Jürgen Teipels Roman *Verschwende deine Jugend* erinnert werden (ebd., S. 40f.).

19 Diedrich Diederichsen: Neue Aussichten in den Schützengräben der Nebenkriegsschauplätze. In: Staccato. Musik und Leben. Hg. von dems. Heidelberg 1982, S. 85–101, hier S. 93.

und „Gegengegenkultur" zeigt sich, dass das Aufweichen der klaren Feindbilder eine ironische Positionierung bezüglich einer Vorgängergeneration inklusive ihrer kulturellen und gesellschaftlichen Termini immer schwieriger macht. Rauen analysiert *Faserland* besonders hinsichtlich der Bewertungen der Erzählfigur gegenüber anderen Figuren und der marken- und produktorientierten Umwelt. Dabei zeigt sich, dass der Ich-Erzähler durchaus reflektierend erkennt, dass seine Mitmenschen anscheinend nur noch ironisch und doppeldeutig miteinander kommunizieren und sich auch so inszenieren;[20] man kann sich demnach nie sicher sein, ob das Gesagte auch so gemeint ist. Dem Erzähler selbst ist diese Form der Distanz und Täuschung jedoch ebenso zu eigen. Explizit ist im Roman die Rede davon, dass in sozialen Kontakten stets die Gefahr der Ironie besteht, wenn man nicht gerade (wie der Protagonist in einer Heidelberger Studentenkneipe) vollkommen betrunken ist: „Alle sind sehr sehr nett. Ich glaube, keiner meint es ironisch. [...] Vielleicht bin ich aber auch zu betrunken und nicht mehr vorsichtig genug. Vielleicht merke ich die Ironie einfach nur nicht".[21] Gleichzeitig ist der Erzähler selbst nicht in der Lage in der von Diederichsen mitbegründeten Pop-Tradition eine eigene Haltung gegenüber dieser „Ironiefalle" zu gewinnen:

> Die Crux der anti-simulatorischen Haltung des Helden ist, dass sie im Widerspruch zu seinem Handeln steht. Da ihm Ironie, Täuschung und Spot in ‚Fleisch und Blut übergegangen sind', fürchtet er nichts mehr, als entsprechenden Verhaltensweisen zum Opfer zu fallen. [...] Fast das gesamte Personal des Romans teilt diesen habitualisierten und kaum mehr zu beherrschenden Zug zu Ironie, Verstellung und Relativierung, der sich auch in der Sprechweise des Erzählers niederschlägt.[22]

Besonders das Verhalten des Protagonisten gegenüber seinem suizidgefährdeten Freund Rollo, den er am Bodensee besucht, untermauert diese Doppelung der Ironie des Sprechens: Obwohl dem Erzähler bewusst ist, dass die anderen Partygäste keinen Anteil an der emotionalen Lage Rollos nehmen und er dieses Verhalten

---

20 Als Beispiel für den Versuch, gegengegenkulturelle Taktik im Sinne der 80er zu benutzen, kann die Figur Nigel angesehen werden, die T-Shirts mit Firmenlogos trägt, da dies „die größte aller Provokationen sei" (Kracht 1995, S. 27). Eine subversive Negation von Kapitalismuskritik als identitätsstiftendes Merkmal wird jedoch gleich wieder verworfen, da Nigel damit „Linke, Nazis, Ökos, Intellektuelle, Busfahrer, einfach alle" zu provozieren gedenkt (ebd.). Auch der Ich-Erzähler versucht sich an dieser Form der Subversion, wenn er am Flughafen Hamburg einen ihn wegen Belanglosigkeiten anpöbelnden Betriebsratsvorsitzenden hyperbolisch „SPD-Schwein" und „SPD-Nazi" nennt (ebd., S. 49).
21 Kracht (1995), S. 92.
22 Rauen (2010), S. 130.

sogar direkt angreift („Aber das sind doch nicht seine Freunde".[23]), distanziert er sich, als der Freund Nähe und Trost sucht, selbst von ihm.[24] In dem Kontext von Pop als Ironie und ehemals subversiver Praktik zieht Rauen abschließend das Fazit: „Ironie und Simulation kommen in *Faserland* anders als im Popkonzept der 80er-Jahre vorgesehen, nicht mehr nur in öffentlichen Zusammenhängen zum Einsatz, sondern tragen als verselbständigte und teils wieder Willen angewandte Sozialtechniken entscheidend zur Zerrüttung von Privatbeziehungen bei".[25]

Das kritische und kreative Potential von Pop wird bei Kracht zu einer fast schon universalen Uneindeutigkeit, die die erzählte Welt des Romans bestimmt. Sowohl bürgerliche Mainstreamkultur als auch Subkultur sind – gefiltert durch die unzuverlässige und monoperspektivische Erzählsituation – ständiger Negation und wahlloser Kritik unterworfen; eine Identifizierung des Erzählers mit einem klaren Selbstbild – und sei es durch Verneinung von Lebensidealen vorangegangener Generationen – scheint nicht mehr möglich bzw. wird aus Angst vor „Peinlichkeit" nicht mehr als wirksam angesehen.

In diesem kurzen Abriss einer möglichen theoretischen Herangehensweise an Popliteratur ist das Augenmerk auf die Besonderheiten der Erzählsituation und den damit verbundenen Darstellungskonventionen einer konsumorientierten und oberflächlichen Gegenwart gelegt worden. Sowohl Gegenwartsbezug durch Medien-, Marken- und Konsumkultur als auch Ironie als popkulturelles Stilmittel wurden als zentrale Termini einer kritischen Diskussion eingeführt; besonders wurde die fehlende emotionale Wertung und Einschätzung der Figuren bzw. der Erzählinstanz gegenüber dem Erlebten/Geschildertem herausgearbeitet. Genau an diesem Punkt setzt Melles Roman an: Emotionale Stellungnahme zur Umgebung, psychische, fast schon psychotische Reaktion auf die Oberflächlichkeit und Monotonie der Gegenwart und – damit verbunden – eine der Popliteratur eines Christian Kracht entgegengesetzte Form des polypersektivischen Erzählens sind im Gegenzug grundlegender Bestandteil in *Sickster*.

II. Das Innere unter der Oberfläche: Melles Rekontextualisierung popliterarischer Konventionen

Kontextualisiert man Melles Erstlingsroman in direkter Nachfolge zu *Faserland* und der Popliteratur der 90er Jahre, fällt bereits auf den ersten Seiten ein etwas

---

23   Vgl. Kracht (1995), S. 134ff.
24   Vgl. ebd.
25   Rauen (2010), S. 135.

anderer, kritischerer Blickwinkel auf die Welt der 1990er Jahre auf. Im Zentrum steht der Protagonist Magnus Taue. Geschildert wird die Phase nach dessen Abitur inklusive eingeschobener Rückblicke auf die Schulzeit Taues, der mit der Jesuitenschule St. Moritz eine ähnlich elitäre Schule besucht hat wie der Ich-Erzähler aus *Faserland*. Der durchgehend heterodiegetische Erzähler wechselt zwischen interner und Nullfokalisierung und gibt die ablehnende Haltung Taues gegenüber den Mitschülern aus reichen Elternhäusern wider, die sich ebenfalls durch Markenkleidung und anderen Statussymbolen zu inszenieren suchen und dabei auch auf eine nur allzu bekannte Requisite des Krachtschen Bildrepertoires zurückgreifen:

> Die Jesuitenschule, von der Magnus nun Abschied nahm, brachte alljährlich eine neue Generation von Gesellschaftsklonen hervor: arrogante, zumeist neureiche oder altadelige Schnösel, die die winzige Innenstadt Bad Godesbergs im immerselben Look der Button-up-Blauhemden, Levi's-Jeans und *Barbourjacken* [Hervorhebung J.S.L.] [...] gegen eine wachsende Horde von zumeist ausländischen Proleten verteidigten, durch Präsenz und Parfüm und *Perspektiven*.
> (Sickster, S. 16)

Die durch den Erzähler wiedergegebene Sichtweise Taues ist im popliterarischen Kontext eine Neuerung: Inzwischen wird die Markenkultur und ihre Wichtigkeit für die Selbstinszenierung der 1990er Jahre – wenn auch nicht direkt die Literatur- und Kulturkonventionen an sich – historisch rückblickend dargestellt und kritisiert. Dem namenlosen Erzähler aus *Faserland* und seiner Distanz zu allem um ihn herum wird sozusagen mit Magnus Taue ein Gegenpol gegeben, der die identitätsstiftende Funktion der Markenkultur klar abzulehnen scheint. Die emotionale und zwischenmenschliche Leere jener „neuen Generation von Gesellschaftsklonen" wird aus der Perspektive Taues mit Hinweis auf das Fehlen individueller und autonomer Selbstfindung kritisiert:

> Schlussendlich würden sie [die Mitschüler J.S.L.] den Kapitalismus der Eltern und die Schläue der Jesuiten in ideologischer Eintracht möglichst gewinnbringend in die Welt tragen [...]. Die Zöglinge des Internats durchliefen während ihrer neun Schuljahre eine geistige Karriere, die schon weit vor dem Abitur in Zynismus und Saturiertheit endete: *been there, done that,* Gähnen in St. Moritz, Kotzen in Florida, mehr nicht. Kein Wünschen, kein Sehnen, nur instantes Ausfüllen funktionaler Stellen, welche schon seit der Geburt für sie vorgesehen und frei gehalten wurden.
> (Sickster, S. 16)

Auch die mit dieser Inszenierung einhergehende ironische Distanz des Gesagten zum eigentlich Gemeinten bewertet Taue als oberflächlich und unkreativ: „Ansonsten entlud sich alle Kreativität und Intelligenz in einem selbstreferentiellen System, das jede

Neuheit in Zynismus und Zukunftsgewissheit auflöste und sich so von allen anderen damals kursierenden Jugendentwürfen erfolgreich abgrenzte" (Sickster, S. 17).

Der historische Rückblick auf die Kultur der 1990er Jahre innerhalb der Gegenwartsliteratur ist neben *Sickster* auch in einer weiteren Buchveröffentlichung der 2010er-Jahre Bestandteil der *histoire* und dort sogar Grundlage für die gesamte Narration. In Jörg Harlan Rohleders Roman *Lokalhelden* wird nicht wie in *Faserland* der *point of view* der reichen Jugendlichen bzw. jungen Erwachsenen der Oberschicht eingenommen, sondern der einer Gruppe kiffender und skatender Jungen ohne Zukunftsperspektive (wenngleich auch die dort geschilderte Clique aus einem Vorort von Stuttgart sich der Identitätsstiftung durch Markenartikel nicht gänzlich entziehen kann, was die Wichtigkeit der Skaterkultur und ihrer Insignien zeigt).[26] Auch in Rohleders Roman wird immerhin noch ernsthaft der Versuch einer rebellischen, an die linke Politkultur der 80er Jahre angelehnten Subversion versucht, wenn die beiden Freunde Schmall und Wolle nachts eine Bushaltestelle mit Graffiti besprayen, nachdem Schmall in der Tagesschau die Wahlergebnis der Bundestagswahl 1994 gesehen hat und vom erneuten Wahlsieg der CDU/CSU frustriert ist: „Auf dem Heimweg höre ich Slime. Kurz vor Mitternacht sprühen Wolle und ich ACAB (Anmerkung des Lektorats: All Cops Are Bastards) an die Haltestelle in der Hirschstraße. Warum auch nicht?"[27] Der finale Nachsatz „Warum auch nicht?" beraubt auch diese, von den Charakteren durchaus ernst gemeinte Rebellion jeglicher direkter Provokation, da sie so eher als eine Spontaneität ohne politischen Hintergrund erscheint.[28]

In Thomas Melles Roman ist die historische und kritische Abhandlung der 90er-Jahre-Kultur ein melancholisches Vorspiel, das zügig in die desillusionierte Gegenwart der späten 2000er-Jahre wechselt. Eine genaue zeitliche Einordnung wird nicht explizit vorgenommen, doch sowohl der 11. September 2001 als auch die Regierung unter Bundeskanzler Gerhard Schröder sind bereits Vergangenheit (vgl. Sickster, S. 84). Die Handlung spielt sich hauptsächlich zwischen dem Management eines Ölkonzerns, der Berliner Partywelt, dem privaten Umfeld der Figuren und später auch in der Psychiatrie ab.

---

26 Vgl. Jörg Harlan Rohleder: Lokalhelden. München 2010, S. 34ff.

27 Ebd., S. 199.

28 Rohleders Roman ist in vielem ein literarischer Perspektivwechsel bezüglich der Popkultur der 90er Jahre, da hier andere musikalische und popkulturelle Leitbilder geschildert werden. Sowohl die aus Seattle Ende der 80er stammende Musikrichtung „Grunge" und ihre weitreichende Medialisierung als Jugendkultur als auch die Skater- und Kifferkultur dieser Zeit sind tragende Elemente, die in Faserland nur am Rande oder gar nicht erwähnt werden (Dank für diesen gedanklichen Impuls an M. Gloy).

Thorsten Kühnemund ist Manager dieses Konzerns und ehemaliger Mitschüler von Taue, der dort als Journalist für das hauseigene Magazin angestellt ist. Bereits die Beschreibung des Managementgebäudes stellt eine gänzlich andere ästhetische Wahrnehmung dar als die oberflächliche ,designte' Gegenwartsästhetik der Popliteratur:

> Ein Unternehmen, das wie ein Raumschiff strahlt, ist auch ein uraltes Insekt. Sein Panzer fest und trotzig, sein Blut kein Blut, sondern Öl: Öl aus Adern der Erde, Quallenblut, Steinsaft, Fett der Saurier, menschenfern. Ein gepanzertes Tier hat Teil am großen Puls der Welt, der durch die Pipelines strömt, in den Kabeln sirrt, über die Tabellen wabert, aus den Medien tickert – so wie alle ticken und weben und spannen und leben. Das Tier sendet, frisst, empfängt, scheidet aus, ein Insekt aus lauter kleinen Insekten, ein Ameisenstaat, der tagaus, tagein seinen Hort befällt, emsig nagt und rechnet, die optimalen Strategien generiert für Schmierstoffverkauf, Shopumbau, Imagewertsteigerung, Kundenbindungsplan. (Sickster, S. 31)

Der Erzähler beschreibt in einer metaphernreichen und sehr abstrakten Sprache das Managementgebäude und die von dort aus geleitete Ölförderung. Die Animierung des Gebäudes zu einem Insekt inklusive der Beschreibung des Öls als „Quallenblut, Steinsaft, Fett der Saurier" erinnert an die abstrakte Darstellung von Großstadt und Massenkultur im Expressionismus.[29] Tatsächlich wird bereits einige Seiten vorher bei der Schilderung von Taues Gymnasialzeit direkt Gottfried Benns Gedicht „Anemone" zitiert (vgl. Sickster, S. 20). Diese vom Erzähler im Roman oft eingenommene Position der metaphorisch überhöhten Sichtweise auf die Gegenwart bzw. das gegenwärtige Berlin wiederholt sich oft in *Sickster* – entweder ausgehend vom nullfokalisierten Erzähler oder aber von der intern fokalisierten Wiedergabe der inneren Bewusstseinsvorgänge der Figuren.

Doch auch dieser Erzähler setzt sich ironisch und fast schon überheblich von dem Erzählten ab und beschreibt oberflächlich die Gegenwart. Anders als in *Faserland* geschieht dies jedoch nicht in der Form des unzuverlässigen, subjektiven Erzählens, sondern in Einschüben, die verallgemeinert zynische „Lebensweisheiten" zum Besten geben. Während eines Besuchs Taues in seiner Heimat Godesberg, merkt der Erzähler kurz vor einer Silvesterparty an: „Es hat etwas unendlich Pathetisches, wenn die Leute sich nicht von der eigenen Jugend verabschieden wollen. Jeder kennt aus seinem Bekanntenkreis mindestens einen dieser Berufsjugendlichen, die sich der eigenen Michael-Jackson-Groteske umso weniger bewusst sind, je älter sie werden" (Sickster, S. 141).

---

29 Zur Darstellung von Großstadt und Tiermetaphorik im Expressionismus vgl. Thomas Anz: Literatur des Expressionismus. Stuttgart/Weimar 2002, S. 93ff. sowie S. 100ff.

Auch die emotional verkümmerte Beziehung zwischen Thorsten und seiner Freundin Laura weiß der Erzähler durch seinen allwissenden Überblick ironisch zu illustrieren. In Anlehnung an das eingangs geschilderte Managementgebäude, das einem Raumschiff ähnlich sieht und im doppeldeutigen Sinne „Space-Management" heißt, beschreibt er die Wohnung des Paares ebenso: „Space Management auch dies: eine fast leere Plattenbauwohnung, ein leise summender Kühlschrank, ein hell lackierter Küchentisch, eine nackte Matratze auf dem Boden. Und zwei Körper, die sich aneinander rieben" (Sickster, S. 90).

Zusätzlich zu diesem distanziert-zynischen Erzähler referiert besonders die formale Einteilung des Romans das Pop-Prinzip des Gegenwartsbezugs. Das in acht Teile gegliederte Buch plus Prolog und Epilog, stellt seinen Gegenwartsbezug mit kurzen Zitaten aus Musiktiteln aus, die jedem Teil wie eine Art Motto voran gestellt werden. Während die Einleitung des zweiten Teils, in dem die Welt des Ölkonzerns vorgestellt wird, mit dem Zitat „'cause we are living in a material world / And I am a material girl" aus Madonnas Song „Material Girl" durchaus passend erscheint (Sickster, S. 23), sind spätere Songzitate wie „Left Lancelot / Out of the picture credit" der Rockband …And You Will Know Us By The Trail Of Dead zunehmend diffus und nicht unbedingt mit dem Inhalt des Referenzabschnitts in Einklang zu bringen (Sickster, S. 219).

Überhaupt sind die Referenzen an Popkultur und Musikkultur in *Sickster* zwar vorhanden, übernehmen aber nicht annähernd eine so zentrale Stellung im Erzählten wie die Aneinanderreihung von Produkten und Marken in *Faserland*. Die Figuren finden sich auch hier in einer Welt wieder, die sich mittlerweile ähnlich wie bei Kracht in einem universalen, ironischen Referenzrahmen bewegt, der die Figuren und auch den Erzähler verwirrt und abstößt. Auf einer Geschäftsparty, auf der Thorsten mit Laura auftaucht, wird die Oberflächlichkeit der dortigen Gesellschaftsschicht und ihre emotionale Leere von der Figur Laura sowohl skeptisch als auch abwertend registriert:

> Dann kam eine auf sie zu, die Sarah hieß und Laura anscheinend kannte. Sie gab ihr die Hand, deutete eine Umarmung an und spielte überschwengliche Wiedersehensfreude. Laura lachte, driftete durch die Leute weiter zum DJ, den sie vom Sehen her zu kennen meinte. Sie fühlte sich fremd. […] Mit einem Glas Champagner tänzelte Laura weiter fort, um sich alles genau anzusehen: den neuen Feudalismus, die Marmorfiguren, die Holzvertäfelung, die blendende Weißheit der Tischdecken, die blanke Frechheit der jungalten Gesichter, die Manschettenknöpfe, die Frisur-Friseure, die dezenten Dekolletés. Sie wünschte sich einen noblen Experten herbei, einen ironischen Insider, der alles kategorisieren und mit ein paar schönen Markennamen wie ‚Brook Brothers' oder ‚Ermenegildo Zegna' festzurren würde. Das wäre eine Freude, dachte sich, und eine Sicherheit. (Sickster, S. 95f.)

In dem zitierten Absatz wird noch etwas Anderes deutlich: Die von Laura herbei imaginierte Figur des „ironischen Insiders", der alles für sie kategorisiert und erklärt, gibt ihr ein Gefühl von Sicherheit in dem oberflächlichen Chaos von Prunk, Reichtum und Markenfetischismus. Auch Thorsten Kühnemund sieht sich im Alltag mit der Verunsicherung durch Ironie konfrontiert. Selbst bei beim Geschlechtsverkehr versucht er in den Augen seiner Sexualpartnerin unter der Ironie eine Form von ernst gemeinter Emotion zu lesen: „Sie kam noch näher, spielte das Spielerotisch-Spiel: blickte ihm tief in die Augen, verstellt und doch echt, mit dieser Ironie, die jederzeit als Ernsthaftigkeit gedeutet werden kann" (Sickster, S. 50). Die Figuren leben somit in einer oberflächlichen und von Simulationen und Medienreferenzen durchzogenen Gegenwart, die sie bis ins erotische und soziale Privatleben hinein prägt und auch quält.

Während der Protagonist von *Faserland* bei erotischen Annäherungen von Männern und Frauen Angstzustände und Scham bekommt,[30] haben die Protagonisten Melles ganz andere Probleme mit dem Sexus. Die körperliche und sexuelle Isolation und Frustration kommt dort nicht unbedingt durch eine sexuelle Angst vor dem anderen Körper; vielmehr ist es die ständige mediale Konfrontation mit sexuellen Inhalten durch die mediale Oberflächenkultur, die zu Überdruss führt. Besonders Kühnemund ist durch ständige Pornographisierung abgestumpft und emotionslos geworden:

> Thorsten war im Laufe seines [...] Lebens zu einer Art *Sexmaniac* geworden – manisch in der Tat und noch mehr im Geiste. Mit der wachsenden Erfahrung korrespondierte eine verkümmernde Phantasie. Früher war ihm ‚das Reich der Sinne' ein barockes, grelles Märchenreich gewesen, bewohnt von Engeln, Pfauen und ein paar blendend weißen Dämonen, ein Vielstromland voller Geheimnisse und sinnlicher Utopien. Inzwischen war jedes Geheimnis mit dem Schweiße der zig Geschlechtsakte verdunstet und abgewaschen. Alles lag offen und banal vor ihm, Fleisch auf Fleisch, Biologie, Trieb, Reiz und Reaktion. Das Rätsel Weib war ihm zum Porno-Filmstill verkommen.
> (Sickster, S. 34)

Auch Magnus Taue verbringt später einen Großteil seines Lebens am Computer und hält Chatkontakt mit einer Userin namens „Villa", die sich auf einer fiktiven Website mit dem Namen „villacam.org" teilweise entblößt und deren Gesprächskontakte mit anonymen Männern eine durchaus masturbatorische Funktion erfüllen

---

30 So erwischt der Erzähler seinen Freund Nigel zu dritt mit einem afroamerikanischen Model und einem bärtigen, tätowierten Mann im Bett. Als diese ihn dazu ermuntern wollen, mitzumachen, verlässt er panisch das Geschehen und weint im Taxi zum Flughafen nach Frankfurt (vgl. Kracht 1995, S. 45ff.).

(Sickster, S. 232ff.). Diese finale soziale Isolation, in die Magnus gerät, ist auch deswegen bedeutsam, weil sie mit der Entwicklung seiner Psychose einhergeht.

Das Abdriften der Hauptfiguren in schizophrene und paranoide Denkstrukturen ist dabei der Dreh- und Angelpunkt von Melles literarischer Stilistik, die auch formal mit Sinn und normierter Syntax bricht. Laura, die in einem Callcenter arbeitet und nebenbei in Jura promovieren will, sieht sich mehr und mehr mit einer psychotischen Wahrnehmung konfrontiert. Als sie, bereits zunehmend verunsichert und gelangweilt von der oberflächlichen Elitekultur, die Thorsten und sein berufliches Umfeld vertreten, heimlich seine SMS liest, bekommt sie mit, dass ihr Mann sie schon länger betrügt. Dieses Ereignis wird auch im literarischen Sinne ein „Metaereignis" auf mehreren Ebenen: Einerseits initiiert es den psychischen Verfall der Figur, die anfängt, sich Wunden ins Fleisch zu schneiden, und Panikattacken erleidet. Andererseits wechselt auch auf der *discours*-Ebene das bisher distanzierte, heterodiegetische Erzählen in die erste Person Singular und gibt in Form eines Tagebuchs Lauras Gedanken wieder – erneut in expressionistisch anmutender Metaphorik und in Form von scheinbar wahllos eingestreuten Sprachspielen: „Samstag, 8.51 Uhr. halbe Hauben / Placebo-Placebos / Wundrand / randwund / Herzgehirnkörper / Hautsicherheit" (Sickster, S. 209).

Diese sprachliche Darstellung einer nicht mehr sinnstiftenden Realitätswahrnehmung kann gerade im Hinblick auf Ironie und ironische Distanz in der Popliteratur als ein radikaler und nihilistischer Kommentar zur universalisierten Ironie der Gegenwart gelesen werden. Am deutlichsten ist dies erkennbar an Magnus Taues aufkommender Paranoia. Taues Neigung zur schizophrenen Realitätsverzerrung ist direkt mit Sprache und ihrer Wahrnehmung verbunden und steht expressionistischen Darstellungen des Wahnsinns in Nichts nach.[31] Der Hang zum Wahnsinn wird vom Erzähler als frühe Anlage der Figur erläutert:

> In den Jahren nach dem Abitur hatte Magnus eine seltsame Fähigkeit entwickelt, ohne sich darüber bewusst zu werden: Er nahm Metaphern für den Bruchteil einer Sekunde wörtlich und transformierte sie in ein aufblitzendes Bild vor seinem geistigen Auge. […] Die Redewendungen hatten zusehends ihr Metaphorisches verloren, und der Schmerz in den Worten wurde aktuell. […] Magnus litt an den Metaphern, ohne es zu merken. (Sickster, S. 228)

Taue versucht also das Gesagte wörtlich zu nehmen, den Umweg über das symbolisch Gemeinte zu kappen. Das ist durchaus als Versuch lesbar, jeglicher Form von Uneigentlichkeit und damit auch dem ironischem Sprechen zu

---

31   Zu Expressionismus und Wahnsinn vgl. Anz (2002), S. 82ff.

entkommen. Tatsächlich ist Taue der Einzige, der durch diese psychotische Anwandlung der Oberflächlichkeit und Sinnlosigkeit der Gegenwartskultur zumindest utopisch entkommen kann, dafür aber den Preis seiner geistigen Gesundheit zahlt.

Auch Kühnemund driftet aufgrund seiner starken Alkoholabhängigkeit immer mehr in die Realitätsverzerrung ab und kann ohne seine tägliche Dosis Schnaps nicht mehr überleben (Sickster, S. 294ff.).[32] Alle drei Figuren treffen sich schließlich in der Psychiatrie wieder, wo sich die Handlung im sozusagen „ironiefreien Raum" ins Utopische, fast Surreale verkehrt. Taue kann dort – in einem von sozialen Konventionen abgeschirmten Raum – endlich frei und ernsthaft sprechen; auch Laura findet in ihrer Zuneigung zu Taue eine gewisse Form von Sicherheit. In der Klinik hält Taue auf einem Fest eine Rede, die vom Erzähler zwar leicht abwertend als „Überschuss von quasi-revolutionärem Potential" (Sickster, S. 318) beschrieben wird, jedoch ihre Wirkung zeigt.

In einem letzten, surrealen *turn* der Narration gelingt es Magnus und Thorsten mit ihren Beziehungen zu den Medien und im Ölmanagement der Öffentlichkeit glaubhaft zu machen, man habe einen neuen natürlichen Treibstoff mit dem Namen „Hektal" erschaffen. Schließlich mobilisieren sie die Insassen der Psychiatrie und nehmen den Ölkonzern, in dem Magnus und Thorsten einstmals gearbeitet haben, ein. Diese Endpointe der Handlung ruft noch einmal eine Fülle an ästhetischen Referenzrahmen auf: die gesamte Idee des Aufstands von psychisch kranken Menschen gegen ein totalitäres System ruft Erinnerungen an Ken Keseys Roman *One flew over the cuckoos nest* und vielmehr noch seiner Verfilmung hervor.[33] Auch erinnert der Eingang der Insassen in die bürgerliche Welt des Industriekonzerns an Georg Heyms frühe expressionistische Erzählung *Der Irre*, in der ein flüchtender wahnsinniger Insasse in ein Berliner Einkaufszentrum geht und dort die Konsumkultur stört.[34]

Baßler geht in seiner *taz*-Kritik sogar so weit, diese Verknüpfung von Oberflächendiskurs und Psychiatrie als Tendenz der neueren Popliteratur auszumachen,

---

32 Der Alkoholismus geht auch bei Thorsten mit zunehmender sozialer Isolation einher.

33 Die offensichtliche Referenz wird von Henneberg (2011) in ihrer Rezension des Buches erstmalig aufgeführt.

34 Vgl. Georg Heym: Werke. Mit einer Auswahl von Entwürfen aus dem Nachlass, von Tagebuchaufzeichnungen und Briefen. Hg. von Gunther Martens. Stuttgart 2006, S. 228. Dass Heyms Vision vom Irren im Kaufhaus sich in den 1970er Jahren als Konsumkritik in George Romeros *Dawn of the Dead* im Bild einer Horde seelenloser Zombies wiederfinden lässt und Melles Roman die Masse an psychisch Kranken als uniformer „Schwarm" beschreibt, ist eine weitere subtile Referenz (vgl. Sickster, S. 326.).

wobei er diesen Zug ironisiert und die hier konstatierte Ernsthaftigkeit als Pop *per se* sieht:

Denn hier gibt es, was den Wahnsinn angeht, nicht nur das Innere und den Diskurs, sondern auch den Raucherraum der psychiatrischen Station, und dort trifft man sich wieder, um Pläne auszuhecken, in der jüngeren Popliteratur ist schon länger eine gewisse Tendenz erkennbar, die literarische Fantasie zur absurden Praxis zu machen [...].[35]

Meines Erachtens ist jedoch gerade die Endstation Klinik keineswegs ein weiterer, popliterarischer Zug, sondern ein Bruch mit den Konventionen. Das finale Aufbegehren der psychisch Kranken, Lauras, Thorstens und Taues führt nicht in eine neue, subversive Praxis, wie Baßler meint (und einen Beweis seiner These schuldig bleibt). Für Taue führt sie nach kurzer Genugtuung höchstwahrscheinlich direkt in den Suizid. Außerdem stürmt die Polizei kurz vorher den Konzern und nimmt „alle Fremdkörper mit der gebotenen Härte fest" (Sickster, S. 330). Die im irrealen, utopischen Rahmen versuchte Rebellion gegen Totalität, Oberflächenkultur und – im übertragenen Sinne – universalisierte Ironie findet schnell ihr Ende in einer allem Anschein nach ausweglosen und emotional kalten Realität.

III. Schlussbetrachtung

Melles Text nimmt in der popliterarischen Tradition einen ambivalenten Zwischenstatus ein. Einerseits wird ein hohes Maß an Gegenwartsbezug durch Musikzitate, Filmanleihen und Markenprodukte erzielt und stellt so sicher, dass der Roman durchweg als Text der späten 2000er-Jahre gesehen wird. Wo in *Faserland* die Reihung von Popmusik und Marken aufgrund der subjektiven Erzählperspektive des Protagonisten spielerisch und kritiklos wirkt, sind bei *Sickster* durchaus kapitalismuskritische und alternative Sichtweisen möglich, meist in Form des zynisch abgeklärten, allwissenden Erzählers. Doch auch diese Kritik wird nicht zuletzt durch die klassisch-postmoderne Rahmung des Gesamttextes als Film, den sich Zuschauer im „Dunkeln" eines Kinos ansehen, unbewertet stehen gelassen und auf eine weitere Metaebene gebracht.[36]

---

35 Baßler (2011).

36 Vgl. auch den „Prolog im Dunkeln" (Sickster, S. 7) und den „Epilog ins Helle" (Sickster, S. 333). Die abschließende Bemerkung des Erzählers (?) „Aber es war schön, oder?" und die von ihm gefilterte Wiedergabe der Zuschauer darauf „Ja, sagen Sie. Ja". lässt die vorher im Romangeschehen dargestellte Reise der Protagonisten in den psychischen Abgrund dadurch als bloße Fiktion erscheinen. Ob diese ein metanarrativer Kommentar zur Fiktionalität des Gesamtwerkes *Sickster* ist, muss als bloße Spekulation stehen gelassen werden.

Eine der Hauptinterventionen Melles in das popliterarische Stilprinzip seit den 1990er Jahren ist jedoch die schonungslose Darstellung der inneren psychischen Verfassung seiner Figuren und ihre damit verbundene Reaktion auf die Oberflächenkultur. Diese wird hier eingebettet in ein vom Spätkapitalismus geprägtes Leistungsprinzip gezeigt, an deren Perfektionsgedanken die Individuen innerlich verzweifeln. Damit finden ästhetische Stilmittel und Motive Einzug in die Gegenwartsliteratur, die besonders im expressionistischen Schreiben nachweisbar sind. Ob diese Rekombination von experimenteller Moderne und popliterarischen Konventionen stilbildend für die Gegenwartsliteratur sein wird, wird sich zeigen müssen.

Auch hinsichtlich eines Auswegs aus der „Ironiefalle" zieht *Sickster* ein eher desillusioniertes Bild: Der Versuch, die Oberflächenkultur und ihre ironische Distanz zu überwinden, führt in Wahnsinn und Suizid. Liest man Melles Text als konsequente Weiterführung des Popdiskurs der 1980er und der Popliteratur der 1990er Jahre, schafft es auch dieser Text nicht, der universalisierten Ironie eine neue Form von ‚Gegengegenkultur' und damit der Gegenwartskultur eine Form der subversiven Abgrenzung gegenüber zu stellen. Einen möglichen Denkimpuls führt der spätere Diedrich Diederichsen auf, der von der zunehmenden Entpolitisierung von Pop enttäuscht ist:

> Man sollte die auch durchaus bereichernden Erfahrungen der Freizeitkultur mit ihren impliziten politischen Dimensionen konfrontieren. Ob in der idelogiekritischen Version – ‚Windsurfen ist reaktionär' – oder einer ermächtigenen und ermächtigten Version – ‚Das Ecstasy-Erlebnis ist so far-freakin'-out, ich möchte darauf eine befreite Gesellschaft ohne Klassen, Rassismus und Sexismus gründen' –, ist zunächst einmal egal.[37]

Die Repolitisierung der Freizeitkultur inklusive Drogenkonsum und Lebensstilkritik, die Diederichsen hier vorschlägt, erinnert prägnanterweise an die von ihm verhasste Kritikfreudigkeit der 68er-Generation und deren Versuch, neue Ideologien jenseits der bürgerlichen Gesellschaft zu finden. Ein derartig formuliertes Prinzip Pop und eine daraus entstehende, neue kulturelle Ästhetik würde zu der einst so heftig abgelehnten Form der ernst gemeinten Kultur- und Gesellschaftskritik zurückkehren – und damit einen Nährboden für neue Subversionen schaffen.

---

37 Diedrich Diederichsen: Die Leude woll'n, daß was passiert. Wege aus der Ironiefalle: Für eine Wiedergeburt des Politischen aus dem Ungeist der Freizeitkultur. In: Frankfurter Allgemeine Zeitung, 13.10.2000.

„Dorthin, wo kaum ein Mensch je vor uns war". Das Porträt von Deutschland zwanzig Jahre nach der Wiedervereinigung in Moritz von Uslars *Deutschboden. Eine teilnehmende Beobachtung* (2010)

Magdalena Skalska

Literarische Expeditionen in den Osten

Der Literaturkritiker Richard Kämmerlings spricht in seinem Buch *Das kurze Glück der Gegenwart*, das 2011 erschienen ist und die deutschsprachige Literatur seit 1989 thematisiert, von einer „deutschen Wiederentzweiung".[1] Seiner Meinung nach zieht sich – über zwanzig Jahre nach dem Mauerfall – immer noch ein Graben durch die deutsche Literatur von Ost und West. Für die Behauptung, dass sich die hiesige Literatur weiter in eine ostdeutsche und eine westdeutsche aufteilen lässt, sollte unter anderem der in den letzten Jahren zu beobachtende Boom der Road Novel sprechen. Es handelt sich hier um Berichte über die Expeditionsreisen, die meist in die neuen Bundesländer gehen oder noch weiter z. B. nach Polen, in die Ukraine sowie nach Russland führen. All diese in und durch den unbekannten Osten wandernden Autoren stammen aus Westdeutschland. Zu erwähnen sind hier unter anderem solche Werke wie *Geld und Leben* (2006) von Jan Böttcher, *AnarchoShnitzel schrieen sie* (2006) von Oliver Maria Schmitt und *Tschick* (2010) von Wolfgang Herrndorf. Der letzte, in Hamburg geborene und in Berlin lebende Autor schickt in seinem Roman zwei Halbwüchsige mit einem gestohlenen Lada auf eine Reise in die rumänische Walachei. Irgendwo zwischen Cottbus, Bitterfeld und Dresden gerät sie jedoch ins Stocken. Durch Zufall lernen Tschick und sein Freund eine seltsame und fremde Welt kennen. Sie entdecken den ‚wilden' Osten des Landes. Der in dem Bestsellerroman vorherrschende Zug ins Komische, Humoreske und Satirische ist auch in anderen Berichten dieser Art leicht zu bemerken.[2]

Eine Besonderheit in diesem Kreis bilden Berichte über die modernen Fußreisen in die ehemalige DDR, wie zum Beispiel *Wenn der Vater mit dem Sohn. Unsere Wanderung durch Deutschlands unbekannte Mitte* (2009) von

---

1   Richard Kämmerlings: Das kurze Glück der Gegenwart. Deutschsprachige Literatur seit, 89. Stuttgart 2011, S. 93–111.

2   Vgl. Gerrit Bartels: Vom Winde gedreht. In: Der Tagesspiegel vom 31.03.2011, S. 27.

Fred Sellin, *Mitten durch Deutschland* (2010) von Dieter Kreutzkamp sowie *Ein deutscher Wandersommer* (2011) von Andreas Kieling. Hinzuweisen ist hier auch auf *Deutschland. Eine Reise* (2005) von Wolfgang Büscher. Die sich um die Jahrtausendwende häufenden kleineren Fußreisen in Deutschland sind einerseits als Gegenentwurf zu einem Massentourismus in einer Wohlstandsgesellschaft zu deuten, andererseits erhoffen sich all die westlichen Spaziergänger auf diesem Wege die Eigenheiten der ehemaligen DDR-Bevölkerung zu erkunden, die durch Beitritt ein Teil der Bundesrepublik Deutschland geworden ist.[3] Während Theodor Fontanes *Wanderungen durch die Mark Brandenburg* – aus der „Liebe und Anhänglichkeit an die Heimat geboren"[4] – der Selbstvergewisserung nationaler Identität dienten, scheinen die gegenwärtigen aus dem Westen kommenden Reisenden auf demselben Gebiet erst nach ihrer Identität zu suchen.

Von Uslars Auseinandersetzung mit dem Reporterhandwerk

In seiner Geschichte der deutschsprachigen Gegenwartsliteratur stellt Helmut Böttinger ein interessantes Phänomen fest, das noch vor kurzem als „ein unüberbrückbarer Gegensatz"[5] bezeichnet wurde: Zeitungsjournalisten werden Dichter und es kommt nicht selten vor, dass in Klappentexten renommierter Verlage mit der journalistischen Praxis der Romanautoren geworben wird. Anders als es früher der Fall war, wird heutzutage ein Journalist, der einen Roman schreibt, nicht mehr verachtet und verhöhnt, sondern wegen seines Schreibens geschätzt.[6]

Die oben beschriebene Entwicklung veranschaulicht das im September 2010 erschienene Buch *Deutschboden. Eine teilnehmende Beobachtung.* Geschrieben wurde es von dem 1970 in Köln geborenen Gesellschaftsreporter, Stilkritiker und Schriftsteller Moritz von Uslar, mit vollem Namen Franz

---

3   Die in den letzten Jahrzehnten des 20. Jahrhunderts vergessenen Fußwanderungen gewinnen um die Jahrtausendwende wieder an Bedeutung. Den unerwarteten Gipfelpunkt dieser Entwicklung stellt der Bestsellererfolg von Hape Kerkelings Bericht über seine Jakobsweg-Pilgerfahrt dar. Vgl. Peter J. Brenner: Der Pilgertourist. Hape Kerkelings postmoderne Wanderschaft. In: Universitas 65 (2010), S. 491–500.

4   Theodor Fontane: Werke, Schriften und Briefe, Abteilung II: Wanderungen durch die Mark Brandenburg. Hg. von Walter Keitel und Helmuth Nürnberger. München/Wien 1987, S. 11.

5   Helmut Böttiger: Nach den Utopien. Eine Geschichte der Gegenwartsliteratur. Wien 2004, S. 271.

6   Vgl. ebd., S. 271–280.

Moritz Walther Freiherr von Uslar-Gleichen. Seine journalistische Laufbahn begann als Volontär bei der Zeitschrift *Tempo*. Anschließend arbeitete er als Redakteur beim Magazin der *Süddeutschen Zeitung* und von 2006 bis 2008 beim *Spiegel*.

Das Buch beginnt in einem Berliner Restaurant, wo eines Abends von Uslar, der der Reportageform entsprechend selbst als Ich-Erzähler auftritt, seinen Kumpeln in einer Champagnerrunde Folgendes verkündet:

> Ich haue ab von hier, dorthin, wo kaum ein Mensch je vor uns war – nach Hardrockhausen, Osten, nordöstliche Richtung, nicht zu weit weg, vielleicht eine Stunde von Berlin entfernt. [...] Ich will dahin, wo die Leute in strahlend weißen Trainingsanzügen an Tankstellen rumstehen und ab und zu einen Spuckefaden zu Boden fallen lassen![7]

Die Reaktion auf diese Worte ist ein ratloses Schweigen. Kaum beruhigend wirkt für seine Zuhörer auch die Motivation des Autors, der erklärt, „alles über des Prolls reine Seele, über Hartz IV, Nazirock, Deutschlands beste Biersorten und die Wurzel der Gegenwart" (DB, S. 14) erfahren zu wollen. Um dieses Ziel zu erreichen, hat sich von Uslar eine bestimmte Strategie ausgedacht: „Dort suche ich mir einen Boxclub, trainiere mit, hänge rum und tue nichts, außer die ganze Zeit nur zuzuhören und zuzugucken, was passiert, und abends stelle ich mich da hin, wo der totale Blödsinn erzählt wird, auf Parkplätze, an Tankstellen, in Pilslokale" (ebd.). Eine derartige Vorgehensweise nennt von Uslar eine teilnehmende Beobachtung, was auch im Untertitel hervorgehoben wird.

Die Rolle eines Führers durch das Werk spielt die deutlich inszenierte, ein wenig lächerliche Reporterfigur, durch die sich der Leser die beschriebene Kleinstadt anschaut. Von Anfang an kann man sich jedoch des Eindrucks nicht erwehren, dass die vom Autor angewandte Methode eine Art Auseinandersetzung mit dem Genre der klassischen Reportage darstellt. Dafür spricht auch von Uslars Bekenntnis in einem Interview, die Pose des Reporters, den „Gestus des Neugierig-Irgendwo-Auftretens, das Auskriegen und Aufschreiben"[8] finde er ‚vergeblich'. Im Gegensatz zu den Anhängern des traditionellen Journalismus setzt er sich keine großen Ziele. Das Kleine und Belanglose findet er besonders interessant: „Wenig Geschichte war kein Problem" (DB, S. 17). Seine provokative Einstellung gegenüber den Profireportern, die ihre eigene Wahrnehmung

---

7   Moritz von Uslar: Deutschboden. Eine teilnehmende Beobachtung. Köln 2010, S. 14. – Im Folgenden zitiert als: DB.

8   http://www.youtube.com/watch?v=dpOJSG7ZOTE; 28.10.2013.

von Uslar zufolge oft heftig überschätzen, macht er in seinem Werk mit folgenden Worten deutlich:

> Ich versuchte, noch weniger zu sehen und noch weniger zu denken. Mein Ideal, die Kür der modernen Reporters, war die, dass ich einfach nur da war, ganz ohne zu denken, ganz ohne einen Schluss zu ziehen.
>
> Was kam beim Denken schon groß heraus? Doch nur der immer selbe, uralte Mist, der alles immer nur aufs Neue vollkommen falsch verstand. Da besser: das Verstehenwollen von Anfang an bleiben lassen. Mit Dämmeraugen, den trüben, halb geschlossenen, wollte ich hinblicken, und nur das wiedergeben, was sich an kleinen Bewegungen vollzog. Das im Kleinen genau beschreiben, was im großen Ganzen keinen Sinn ergab: finale Übung, mein Reporterglück. (DB, S. 235)

Von Uslars Konzept erinnert deutlich an die Methodik des Neuen Journalismus und seine subjektive Wahrhaftigkeit. Die Vertreter des um die Mitte der 1960er Jahre entstandenen Reportagestils erhofften sich – so ähnlich auch von Uslar – den Realitäten eines Landes in den dortigen Eckkneipen, Gasthöfen und Sportclubs nachzuspüren. Gay Talese, einer der Begründer dieser Methode, bezeichnet sie als „the art of hanging around".[9] Es ging ihm nämlich in erster Linie darum, „in der Nähe seines Stoffes einfach herumzuhängen, dabei zu sein, darin zu leben".[10] Die teilnehmende Beobachtung gilt hier als die einzige wahrhafte Quelle der Erkenntnis. Zugleich setzte man weiterhin viel auf literarische Stilmittel, ohne auf den starken Realitätsbezug zu verzichten.[11]

Land und Leute in *Deutschboden* von Moritz von Uslar

So wie vor fast 300 Jahren Baron de Montesquieu in seinen *Persischen Briefen* zwei Perser nach Frankreich geschickt hatte, um sich anhand ihrer Korrespondenz mit den Sitten und Gebräuchen sowie den religiösen und politischen Institutionen seines Heimatlandes aus einer distanzierten und kritischen Außensicht auseinanderzusetzen,[12] so schickt heute von Uslar seinen Reporter – nicht ohne sich ein bisschen Sorgen zu machen – auf die Suche nach einem idealen Ort für seine Feldforschung. Er ist professionell mit einem Notizbuch, einem Aufnahmegerät und obligatorisch mit einem Hut

---

9   Jakob Augstein: Liebhaber des Lebens. In: Der Freitag vom 8. April 2009.

10   Ebd.

11   Vgl. Thomas Leif (Hg.): New Journalism. Vom Kulturgut zum Wirtschaftsgut. Bonn 2002; Joan Kristin Bleicher (Hg.): Grenzgänger. Formen des New Journalism. Wiesbaden 2004.

12   Vgl. Charles Louis de Secondant de Montesquieau: Œuvres complétes. Hg. von Jean Ehrard. Bd. I: Lettres persanes. Oxford 2004.

ausgestattet. Nach mehreren Stationen landet der Reporter in einem sechzig Kilometer nördlich von Berlin gelegenen 14.000-Einwohner-Stadt. Aus Personenschutzgründen wird sie in dem Buch „Oberhavel" genannt (DB, S. 4). Es handelt sich um

> eine Kleinstadt wie im Westen, bloß ganz anders – grauer, brauner, fieser, härter, geduckter, hinterrückser, zwielichtiger, gemeiner. Ich fand's gleich so geil hier – komisch, ganz entscheidend geiler als die etwa zwanzig anderen Kleinstädte, die ich in den letzten vier Wochen im Osten besichtigt hatte.
> (DB, S. 45)

In dieser brandenburgischen Kleinstadt wird „der arme West-Reporter" (DB, S. 332) die nächsten drei Monate verbringen. Einquartiert hat er sich in der einigermaßen deprimierend wirkenden Herberge „Haus Heimat". Am ersten Tag seines Aufenthalts geht der Reporter die Einkaufsstraße hinauf und hinunter, wobei ihm sofort die unzähligen Nagelstudios und Asia-Bistros auffallen. Nicht zu übersehen sind auch die kuriosesten Versuche dortiger Geschäftsleute, den Umsatz zumindest ein wenig zu steigern:

> Die Postagentur verkaufte Fahrräder, ein Haushaltsladen war gleichzeitig Änderungsschneiderei, das Schneideratelier gleichzeitig Steuerbüro, im Blumenladen am Markt konnte man – lustig anzusehen – eine gebrauchte Playstation 2 für 60 Euro, kaufen.
> (DB, S. 60f.)

„Das erste Lokal am Ort" (DB, S. 42) ist die Gaststätte Schröder, wo sich allabendlich der männliche Teil der Bevölkerung versammelt, um zusammen die Zeit totzuschlagen. Jeder Gast wird hier von dem Wirt mit Handschlag empfangen und die neu eintreffenden Gäste klopfen zur Begrüßung auf die Tischplatten. Die Begrüßungsrituale bei Schröder beschreibt von Uslar in seinem Buch sehr genau:

> Beim Händeschütteln war es wichtig, die Hand des Begrüßten nicht zu schütteln und nicht zu drücken, es sollte mehr so ein beiläufiges Berühren der Fingerspitzen sein, und ganz wichtig war, dass man dem Begrüßten beim Handgeben keinesfalls ins Gesicht, sondern möglichst deutlich an ihm vorbeisah.
> (DB, S. 85)

Es gibt auch keinen besseren Ort in Oberhavel, wo man aus nächster Nähe die schlauen und anspielungsreichen Sprüche hören kann. Die besondere Atmosphäre des Ortes schildert der Reporter unter anderem in dem Kapitel *Frühe Biere*. Das Gespräch zwischen dem mit badischem Akzent sprechenden „Alten mit Tirolerhut" (DB, S. 143) und dem Alkoholiker, der „vier, fünf Anläufe" braucht, „um die Anzahl der Zigaretten, die er pro Woche rauchte, in einem verständlichen Satz der deutschen Sprache auszudrücken (es war nicht sonderlich viel, er rauchte eine Packung pro Woche)" (ebd.) spiegelt sie am besten wider:

> Alkoholiker: Kopfschmerzen habe ich heute. Weiß gar nicht, von was. Vielleicht vom Fahrradfahren ohne Mütze.
> Badenser: Kopfschmerzen kenne ich nicht. Die hatte ich noch nie in meinem Leben.
> Alkoholiker: Hast du zugelegt? Das erste Mal, als ich dich gesehen habe, hattest du noch weniger drauf. Also, so empfinde ich das jedenfalls.
> Badenser: Du machst dir zu viel Gedanken.
> Alkoholiker: Was trinkst du denn, wenn du zu Hause bist?
> Badenser: Fürstenberg. Eins der besten Biere der Welt. Gibt's auch im Flugzeug.
> Alkoholiker zu Heiko, er hielt ein Kümmerling-Fläschchen hoch: Wir nehmen noch zwei.
> (DB, S. 143f.)

Für den Reporter spielt die Gaststätte eine besonders wichtige Rolle. Von hier aus erschleicht er sich Vertrauen der Kleinstadt. An der Bar sitzend nimmt er eben den ersten Kontakt mit den Einheimischen auf. Bei Schröder lernt der schlaue Reporter unter anderem Blocky kennen, der ihn zuerst zu einer Stadtrundfahrt und dann zum Grillabend einlädt, wo unter der Deutschlandflagge mit dem Adler salutiert wird. In der Gaststätte kommt auch die für die Reportage äußerst relevante Bekanntschaft mit Raoul, Mitglied einer Punkrock-Band, zustande, „der sich im sozialen Netzwerk der Kleinstadt so auskannte wie wohl kein Zweiter in Oberhavel" (DB, S. 274).

In Begleitung des ortsansässigen Raoul erkundet der Reporter allmählich die wichtigsten Treffpunkte in der Stadt, zu denen in den warmen Monaten auch die Aral-Tankstelle und der große Platz vor Kaiser's gehören. Der letzte sei auf eine Art das größte Lokal: „Stünde einer da, dann könne man sich mit seinem Auto dazustellen. In Oberhavel, so Raoul, seien sie autoverrückt, das alles bestimmende Thema seien hier natürlich die Autos" (DB, S. 275). Fortan darf der Erzähler auch zu den Proben von Raouls Band. Auf dem Weg dorthin begegnet ihm eines Tages das titelgebende Ortsschild namens „Deutschboden" (DB, S. 164ff.).

Trotz des immer breiteren Bekanntenkreises gibt der Erzähler auf seinen noch in Berlin gefassten Plan nicht auf, in Oberhavel zum Boxtraining zu gehen, womit er den Leuten aus der Stadt näher kommen wollte (vgl. DB, S. 124). Im Rückblick wird sich der Erzähler der Lächerlichkeit seines Engagement als Boxer in Oberhavel bewusst:

> Überall, so merkte ich, hatte ich die Leute von Oberhavel quasi spielend kennengelernt, ich hatte diese ganze Kleinstadt [...] mit dem Bierglas in der Hand aufgestellt. Bloß dort, wo ich eine sogenannte Basis gehabt hatte, wo ich Sport getrieben, geschwitzt, gekämpft

und durchgehalten hatte, war ich nicht einem Menschen nahegekommen, hatte ich nicht einen Satz gehört, nicht eine Geschichte erfahren. (DB, S. 367)

Obwohl der Reporter sich also nach eigener Aussage gut vernetzt hat, bleibt das Figuren-Ensemble in dem Werk jedoch beschränkt. In überwiegender Mehrheit sind es Männer, mit wenigen Ausnahmen gelernte Handwerker, die nun aber von Hartz IV leben. Ab und zu mischt sich die eine oder andere Frau darunter, wie zum Beispiel Maria, die hübsche Bedienung in der Herberge mit einem „enorm großen Busen" (DB, S. 71), die mit unerschütterlicher Trägheit auf die Flirtversuche des Reporters reagiert.

Zusammenfassend ist das, was der Reporter in dem ‚wilden' Osten erlebt, wider Erwarten wenig spektakulär. Wolfgang Höbel gibt im *Spiegel* die Handlung des Berichtes nicht zufällig mit einem Satz wieder: „Kein Sex, viel Bier, fast nur Männer, Musik und eine Menge komisches, oft rechtsradikales Geschwätz".[13] So lautet der Befund zu den im Buch beobachteten kleinstädtischen Realitäten: „Es war alles immer nichts gewesen, es hatte sich nie auch nur die kleinste Kleinigkeit abgespielt. Alles immer aufregend, dabei alles ein großes, alles umfassendes, allmächtiges, alles überstrahlendes Nichts" (DB, S. 354).

Am Schluss des Buches sitzt der Superreporter wieder *An den alten Tischen*, wie auch das letzte Kapitel heißt. Die Frage nach den Eindrücken der merkwürdigen Expedition beantwortet er kurz und bündig: „Das sind schon ziemliche Arschgeigen da. Aber verstehst du, großartige Arschgeigen" (DB, S. 379). Von einer fast vierhundert Seiten schweren Reportage hätte man schon mehr Tiefe erwarten können.

Deutschboden als Reportage zu zwanzig Jahren Wiedervereinigung

Es lässt sich nicht leugnen, dass von Uslar ein genauer Beobachter ist. Die Präzision seiner Beschreibungen weist jedoch einen oberflächlichen Charakter auf, wie sie die Pop-Literatur der neunziger Jahre auszeichnet. Der Reporter schreibt Preisschilder mit, sieht sich die „obergeilen Tätowierungen" (DB, S. 102) der wilden Kerle genau an, sammelt Kleidungs- und Einrichtungsdetails; an der Aral-Tankstelle notiert er sich sorgfältig die Geheimnisse des Autotunings – und das meist, ohne die Haltung zu den genannten Gegenständen zur Sprache zu bringen.

---

13 Wolfgang Höbel: Ostprovinz-Reportage „Deutschboden". Wo Deutschlands wilde Kerle wohnen. In: Spiegel Online vom 02.10.2010.

Es muss einfach möglichst krass, freakig und ostig sein. Wie von Uslar in einem Interview sagt, spielt die Anwendung von solchen Mitteln wie Übertreibung und Ironie eine wichtige Rolle in seinem Werk. Auf diese Art will der Autor nämlich Bewegung bringen und die triste, leere und sinnlos erscheinende Wirklichkeit erträglich machen.[14] Er scheint aber seinen Zweck zu verfehlen. Bei der Lektüre von *Deutschboden* bekommt man schnell den Eindruck – worauf auch Richard Kämmerlings hinweist –, dass der Erzähler „den Einwohnern [...] wie den Mitgliedern eines fremden Volkes [begegnet]. Er beobachtet ihre Rituale, wie man es im tiefsten afrikanischen Busch tun würde und hält dabei seine eigene Beobachterposition stets im Bewusstsein des Lesers".[15]

Der immer noch unbekannte Osten scheint sich mit nur noch mehr Ironie und Absurditäten erobern zu lassen. Die brandenburgische Kleinstadt wird mit einer Mischung aus Staunen, Kopfschütteln, Spott und Missbilligung geschildert. Auch in diesem Fall taugen die neuen Länder „als Witzlieferant oder mindestens als Kontrastfolie für westdeutsche Selbstverständlichkeiten".[16]

Erst als der Reporter seine bisherige Vorgehensweise, den Oberflächenblick aufgibt und mit seinen neuen Kumpeln aus Oberhavel zu sprechen beginnt – was in einem der letzten Kapitel des Buches passiert –, gewinnt das von ihm gezeichnete Bild vom Osten an Überzeugungskraft. Sie fangen an, auf die ihnen eigene Art und Weise über Arbeitslosigkeit zu diskutieren. Sie erinnern sich an die Zeiten, als Oberhavel als eine Rechten-Hochburg berühmt war, ohne dabei große Worte zu verlieren:

> „Wir waren alle rechts". [...] „Du warst entweder Skinhead, oder du hast auf die Fresse gekriegt, so einfach war das". [...] „Wir waren vor allem jung". [...] „Es war eine Mode". [...] „Es war eine Jugendbewegung". [...] „Wir waren Spinner. Eigentlich auch nichts anderes als Mitläufer". [...] „Egal, ob aus Mitläufertum oder aus Überzeugung, wir waren dabei".
> (DB, S. 345)

Nach den zwanzig Minuten des Gesprächs – „zwanzig ernsten und anstrengenden Minuten" (DB, S. 348) – erschließt sich dem Reporter die innere Logik des Ortes und der von ihm zu beobachtenden Begebenheiten: „Ich war überrascht von der Tatsache, dass man mit den Jungs, die damals Skinheads gewesen waren, heute so wunderbar zusammensitzen, trinken und sich erstklassig verständigen konnte" (DB, S. 349). Aus dem „Proll" (DB, S. 14) des Ostens sind auf einmal nette Jungs

---

14   Vgl. http://www.youtube.com/watch?v=dpOJSG7ZOTE (15.10.2012).
15   Kämmerlings (2011), S. 148.
16   Ebd., S. 109.

geworden, die sich mit überraschender Ruhe in von Uslars Oberhavel mit ihrem Leben eingerichtet haben. Mit der Zeit erweist sich die Stadt als eine harmlose, gemächliche Kleinstadt. Der Reporter kann seine Überraschung nicht verbergen, wie wenig bedrohlich der von außen nach einer Mischung aus Perspektivlosigkeit und rechter Aggression aussehende wilde Osten in Wirklichkeit ist.

In ihrer Rezension bezeichnet Wiebke Porombka *Deutschboden* als eine „Reportage zu zwanzig Jahren Wiedervereinigung".[17] Ob es von Uslars Ziel war, die Frage zu beantworten, wie viel Wiedervereinigung nach zwanzig Jahren tatsächlich stattgefunden hat, ist zweifelhaft. Viel deutlicher als der Kampf der Kulturen zwischen Ost und West werden hier eben die Milieuunterschiede dargestellt, der tiefe Graben zwischen Bildungsbürgertum und Unterschicht. Während der Lektüre bekommt man den Eindruck, dass der Autor mehr über sich und das von ihm vertretene Milieu als über Ostdeutschland erzählt. Trotz der Annäherungsversuche an den Osten bleibt sein Blick sowie der der anderen westdeutschen Autoren, die in diese Gegend ziehen, ein fremder. Es verwundert nicht, wenn man sich der Tatsache bewusst wird, dass bei der fehlenden Anteilnahme des Beobachters selbst das Nächste und Vertrauteste immer fremd werden kann. In diesem Sinne wirkt auch die Jurybegründung anlässlich der Verleihung des Fontane-Preises der Stadt Neuruppin an Moritz von Uslar und sein Buch *Deutschboden* im Jahr 2012 ein wenig verwunderlich, denn statt den Blick „auf die Welt Foltanes von heute"[18] zu schärfen und die Liebe zu ‚Land und Leut' zu beweisen, scheint das Buch vielmehr gerade die Distanzerfahrung zwischen Ost und West aufrechtzuhalten.

---

17 Wiebke Porombka: Nachrichten aus dem wilden Osten. In: Frankfurter Allgemeine Zeitung vom 02.10.2010.
18 Vgl. http://www.fontane-festspiele.com/news/index.php?rubrik=1&news=166419&typ=1 (15.10.2012)

„Nichts ist so schwer, wie einfach zu leben". Zwischen Vergangenheit und Gegenwart. Das Mosaik der Stadt und der Tanz des Lebens im Roman *Walpurgistag* (2011) von Annett Gröschner

Karolina Rapp

Annett Gröschner kam als gebürtige Magdeburgerin 1983 nach Berlin, weil es damals – wie sie bekennt – „die Stadt in der DDR" war, „in der man am freiesten leben konnte".[1] Die Wahlberlinerin sagt: „Ich glaube, ich bin nur aus Versehen nicht in Berlin geboren" und stellt sich bewusst in die Tradition eines Franz Hessel oder Alfred Döblin: „Die hat es alle irgendwie hierher gespült, wie mich auch".[2] Die Hauptstadt Deutschlands ist bei Annett Gröschner nicht nur Lebensmittelpunkt, sondern auch eigenständiger Text. Berlin ist für die Autorin immer unterwegs, immer im Begriff anders zu werden und ist zweifellos das Hauptthema ihrer zahlreichen Ausstellungsprojekte und ihres Schreibens, das sich in *Walpurgistag* die Dokumentation einer ‚Geschichte von unten' zum Ziel setzt, also Faktenmaterial in bewegende Geschichten zu verwandeln, das mit eingehenden journalistischen Recherchen untermauert ist.

Der Roman *Walpurgistag* ist ein Resultat der oben erwähnten Aspekte. Dem Text liegen konkrete Vorstellungen zugrunde, die die Autorin im Interview mit der Zeitschrift *Cicero* ausführt: Erstens sollte sich die Handlung auf einen einzigen Tag (nämlich auf die 24 Stunden des 30. Aprils) konzentrieren und zweitens sollte alles, was erzählt wird, in der Wirklichkeit verankert sein. Die Autorin wollte die Mehrdimensionalität der Stadt darstellen und ihre Geschichte aus verschiedenen Perspektiven erzählen, weshalb sie gezielt nach realen Vorbildern gesucht hat:

> Und dann sollte die Geschichte innerhalb des S-Bahn-Rings spielen, also in der Innenstadt. Damit ich so viele Leute wie möglich porträtieren kann, habe ich im Jahr 2002 Handzettel verteilt und Annoncen aufgegeben. Und Jürgen Kuttner forderte über seinen Sprechfunk – das war damals so eine legendäre Sendung auf Radio Fritz – die Hörer auf: „Schickt ihr Tagesabläufe, Kids!"[3]

---

1   Zeit Online: http://www.zeit.de/kultur/literatur/2011-11/groeschner-interview (23.08.2012).
2   http://www.cicero.de/salon/oben-unten-und-retour/47536 (23.08.2012).
3   Zeit Online: http://www.zeit.de/kultur/literatur/2011-11/groeschner-interview (23.08.2012).

Diese Bitte hat bei der Hörerschaft eine erstaunlich große Resonanz gefunden –
Hunderte von Zuschriften trafen ein und sie bilden das Ausgangsmaterial für den
Roman *Walpurgistag*.[4] Annett Gröschner porträtiert in ihrem Roman dabei vor
allem Leute mit niedrigen Einkommen, Leute, die theoretisch keine Aussichten
mehr haben, die an den Zufall glauben. Die 24 Stunden des 30. Aprils und das
unerbittliche Uhrticken bestimmen die Kapitelstruktur und den Lebensrhythmus
der Protagonisten. Diesen Tag schildert Annett Gröschner mit höchster Akribie,
im Stundenprotokoll und mit einer Fülle von Figuren – Berlinern von Fleisch und
Blut, deren Lebenswege sich immer wieder kreuzen und die Bruchstückhaftigkeit
und Episodenhaftigkeit des modernen Lebens hervorheben.

Walpurgistag beginnt in deutlicher Döblin-Nachfolge auf dem Alexanderplatz:

> Auf dem Brunnenrand liegen eine Barbiepuppe ohne Kopf, drei lederne Brieftaschen ohne
> Inhalt, der Schwanz einer Ratte und die Zeitung von morgen, die einer schon ausgelesen
> hat. „1. Mai – Erleben wir den Gipfel der Gewalt?", steht groß auf der ersten Seite.
>   Ich krame weiter in den Tiefen meines Rucksacks und finde den blutig verschmierten
> Kopf einer Barbie, aber nicht meinen Schal. Der Alexanderplatz ist ein Kältepol. Nur
> Herumlaufen wärmt.[5]

Alex ergreift als Erster das Wort im Roman – die erste Figur, die im Roman auftaucht und die denselben Namen wie der Ort trägt. Alex ist ein exzentrischer Stadtstreicher mit undurchsichtiger Ostvergangenheit. Während er sich die kalte Nacht
zum 30. April unter die Weltzeituhr durch Sprünge zwischen Phnom Penh und
Helsinki erträglicher machen will, nehmen ihn die Polizisten Bartuschewski und
Gottfried fest. Mit der Szene am Alexanderplatz eröffnet Annett Gröschner ihren
Roman und verbeugt sich respektvoll vor ihrem Vorläufer Alfred Döblin. Sie betrachtet die Zeit, die das Berlin Döblins von dem heutigen trennt, als ein kurzes Au-
genblinzeln, als einen Bindestrich zwischen zwei Epochen, die ineinander gehen.
Die Autorin zeichnet diese Linie mit dem doppelten Alex am Anfang des Textes.

Weiter gewinnen die Handlung und zahlreiche Ereignisse ihre Eigendynamik.
In 78 Kapiteln beschreibt Annett Gröschner ärmere Leute und aus der Gesellschaft
Gefallene wie Alex und seine Freundin Annja Kobe. Annja Kobe ist schon die
Protagonistin von Gröschners Roman *Moskauer Eis*,[6] die nun in *Walpurgistag* ih-
ren Vater bewacht, der zu Eis gefroren in der Kühltruhe liegt, und die als vermeint-
liche Vatermörderin von der Polizei gesucht wird. Dazu kommen der ehemalige

---

4   Vgl. ebd.
5   Annett Gröschner: Walpurgistag. München 2011, S. 13. – Im Folgenden zitiert als: W.
6   Annett Gröschner: Moskauer Eis. Leipzig 2000.

Gewichtheber Akki, der die Truhe samt Vater von einem illegalen Unterschlupf zum anderen schleppt, die drei Rentnerinnen, die zum depressiven Dasein in einem Altersheim am Prenzlauer Berg „Nein" sagen, ein Gasableser und der Taxifahrer Andreas Hosch, der jeden Morgen nach dem Aufstehen schaut, ob sein Taxi nicht zufälligerweise gestohlen wurde. Weitere Figuren sind eine Lehrerin und ihre Freundin Viola Karstädt, die als Dramaturgin an abstrakten Theaterprojekten teilnimmt, der kleine Sohn einer alkoholabhängigen Malerin, eine Pizzafahrerin, eine aus drei Mädchen bestehende Straßengang, Candy oder Ilona Kaufmann, die nach einem Unfall nicht mehr weiß, wie sie heißt und wo sie wohnt, und schließlich auch ein Hund namens Stalin: insgesamt 25 Personen, Stunde für Stunde, Augenblick für Augenblick. Der Leser verfolgt ihre Wege durch Berlin – durch die Stadt, deren Geschichte sich aus Aberhunderten von Alltagsgeschichten zusammensetzt. Die Stadt erfüllt in *Walpurgistag* die Rolle einer mächtigen Erzählerin, Begleiterin und eines flüsternden Souffleurs, der den Lebensweg der Protagonisten mitbestimmt. Berlin erscheint hier als eine lesbare Landschaft, als Verkörperung der Poetik der modernen Stadt.[7] Die Stadt ist bei Gröschner, genau wie bei Döblin, nicht nur ein sozialer Brennpunkt, sondern vor allem ein pulsierender Organismus, ein Erfahrungsbereich[8] und eine schwarze Projektionsfläche, auf der Unbewusstsein, Bedürfnisse, Ängste und Gemütszustände der Protagonisten ungestört und deutlich zum Vorschein kommen. Für Ilona etwa, die ihr Gedächtnis verloren hat, erscheint Berlin in Wirklichkeitsfetzen:

Fahrräder abstellen verboten. Keine Werbung. [...] Deutsche Bank. Top Two. T-Mobile. Bestattungen Karl-Marx-Allee, Tag und Nacht. [...] Attraktiv & preiswert. [...] Peruaner sucht kleines billiges Zimmer in netter WG. [...] City-Bank. Fitness-Center. Augenlaser statt Brille. Sonderinformationen. Täglich spielen, täglich gewinnen. [...] Tanz in den Mai. [...] Für eine tolerante Stadt. [...] Ausgang Lichtenberger Straße. Kaufe. Staune. Dem Fahrpersonal ist Folge zu leisten. [...] Berlin. Berlin. Berlin.
(W, S. 182f.)

Ilona versinkt nach dem Gedächtnisverlust in der mosaikartigen Realität und muss das Bild von sich selbst neu konstruieren. Genauso wie der aus dem Gefängnis

---

7   Vgl. Karl Schlögel: Städte lesen. Chronotop St. Petersburg. Zur Rekonstruktion der Geschichte einer europäischen Metropole. In: Sankt Petersburg. Schauplätze einer Stadtgeschichte. Hg. von Karl Schlögel, Fithjof Benjamin Schenk und Markus Ackeret. Frankfurt am Main 2007, S. 23–46, hier S. 23.

8   Vgl. Armin Leidinger: Hure Babylon, Großstadtsymphonie oder Angriff auf die Landschaft? Alfred Döblins Roman *Berlin Alexanderplatz* und die Großstadt Berlin. Eine Annäherung aus kulturgeschichtlicher Perspektive. Mainz 2005, S. 93.

entlassene Franz Bieberkopf, der trotz seiner Zweifel[9] versucht, ins Alltagsleben zurück zu finden – in Berlin, „in dem sich draußen alles bewegte, aber – dahinten – war nichts".[10] Um das Erscheinungsbild Berlins einzufangen, montieren sowohl Döblin als auch Gröschner Ausrufe, Reklametexte, Filmprospekte, Statistiken, Lieder, Wetterberichte mit eingestreuten Lebensbildern der Bewohner irgendeines Miethauses und zahllosen anderen Einzelheiten zu einem faszinierendem Panorama der Stadt, zu einer diffusen Größe.[11]

Eine andere Protagonistin, Viola Karstädt, fragt sich,

> während ihr Blick über das Europa-Park-Gelände schweift, ob man die Geschichte einer Stadt aus einer Ich-Perspektive wirklich erzählen könne. Schon das Unkraut verstehe man nicht, das in den Ritzen der Gehwegplatten wächst. Warum tut es das an der Stelle? Und wer kam auf die Idee, so ein riesiges Gelände, wie das hier, mit Sichtbeton zu versiegeln […]? (W, S. 185)

„Berlin ist ein ungelöstes Versprechen" (W, S. 202), bemerkt Liebig, ein Taxifahrer. Die Stadt löst sich so in Fragmente auf und verfolgt die Protagonisten gleichsam mit ihren Augen. Berlin ist bei Gröschner eine riesige Geisteskraft, die oft gegensätzliche Gefühle der Protagonisten wie z. B. Herzenskühle, Boshaftigkeit, Schrecken, oder intensive, äußerste Verzweiflung widerspiegelt. Es ist ein Meer der Metamorphosen, in dem sich der wahre Charakter der Romanfiguren herauskristallisiert. Hier offenbaren sich Bruchstückhaftigkeit, Simultanität des Lebens und Zufälligkeit der Individuen.

I. Die Präsenz der Vergangenheit

Die Stadt mit ihren Häusern und Straßen ist Träger von Bildern und Mythen. Am lautesten hallt in Berlin aus dem Roman *Walpurgistag* von den Wänden das Echo der DDR-Geschichte wider – der DDR-Zeiten, die allmählich abzusterben scheinen. In der Stadt, die, wie Viola Karstädt feststellt, gerade die Mauer losgeworden ist, bleiben zahlreiche Spuren der verklungenen Epoche wie z. B. „gestreifte[]

---

9   Vgl. „ich kriege es nicht weg, wo soll ich hin? […] Ich geh auch rin, aber ich möchte nicht, mein Gott, ich kann nicht" (Alfred Döblin: Ausgewählte Werke in Einzelbänden in Verbindung mit den Söhnen des Dichters hg. von Walter Muschg. Bd. III: Berlin Alexanderplatz. Die Geschichte vom Franz Biberkopf. Oltern/Freiburg i. Br. 1961, S. 14).

10 Ebd., S. 9.

11 Siehe: Christian Schmid: Stadt, Raum und Gesellschaft. Henri Lefebvre und die Theorie der Produktion des Raumes, Stuttgart 2005, S. 163.

Markisen über den Fenstern des Berliner Kaffeehauses, das schon lange nicht mehr existiert" (W, S. 14). Am Alexanderplatz wird die Zeit noch immer von der aus der DDR stammenden Weltzeituhr gemessen:

> die Weltzeituhr, die vor dreiunddreißig Jahren zum zwanzigsten Jahrestag der DDR nach neun Monaten Bauzeit auf dem Alexanderplatz aufgestellt wurde.
> (W, S. 17)

Jetzt aber messen die Uhrzeiger die Gegenwart ab: „Alles ist gegenwärtigste, was sag ich, widerwärtigste Gegenwart" (W, S. 14).

Nach diesen Worten rezitiert Alex am Alexanderplatz ein kleines Gedicht mit dem Titel *Der Kältestrom auf der Nachtkorridoren*, das er sich selbst ausgedacht hat:

> Hörst du, wie sacht das Meer einströmt
> Unter dem Alexanderplatz, die Zikaden
> Hörst du die Erde die fette mit ihren Würmern
> Schmatzen und schmatzen?
> Ist das der Tod? Hat er nicht Urlaub, hier,
> Weil Beton ist, etagentief
> Gemacht von Menschen einer Epoche, die ausgelöscht ist
> Gründlich gewechselt wie die Uniform
> Des Genossen Gottfried
> Und der Alex seine Hohenflüge durch die Welt antritt
> Frei von Grunewald
> Schuld und Sühne
> Der Mitte von Nichts
> Nächstens am Strand von Berlin
> Sandlos
> Die Sterne bilden einen Wagen
> In den steigen wir ein.
> (W, S. 21)

Die DDR-Zeit gehört schon zur Geschichte. Sie ist wie der Tote, der etagentief unter der Erde beigesetzt wurde, der aber immer wieder belebt wird, wenn die Menschen sich an ihn erinnern. Kalte Nachtkorridore der dunklen und vergangenen Epoche scheinen unter dem Meereswasser zum Totenreich zu werden. Berlin ist aber auch gleichzeitig für immer mit der DDR-Geschichte verbunden. Gesichtszüge dieser Weltstadt sind geformt, weil ihre Wurzeln tief in die Erde reichen. Überirdisch wächst schon eine neue Stadt, der das einströmende Meer gesellschaftlicher, politischer und kultureller Veränderungen ihre Kraft verleiht.

Dieses (in Berlin ja nicht eigentlich, sondern nur metaphorisch vorhandene) Meer wird als Symbol des Lebens etabliert: Seine ewig fortwandelnde Bewegung, die Unergründlichkeit seiner Tiefen, der Wechsel zwischen Glätte und Aufgewühltsein, sein Sich-verlieren am Horizont und das Spiel seines Rhythmus verkünden Veränderungen und einen Ausbruch ins seelische Neuland. Jetzt soll die Stadt bis zum Himmel, bis zu den Sternen – Trostspendern in dunkler Nacht – reichen. In der ‚Berliner Luft' schweben Dämpfe der DDR, an die im Alltag durch die Sprache oder scheinbar unwichtige Gegenstände präsent bleiben.

Deutlich wird dies auch, als Alex mit Ilona über deren möglich Identität nachdenkt:

> Da können wir uns relativ sicher sein, dass du aus Ostberlin kommst. Leute, die den Konjunktiv benutzen und berlinern, sind immer aus Ostberlin, es gibt nur ganz wenige Ausnahmen. [...] Du könntest ein Ostprodukt sein. Und nicht nach Mitte der siebziger Jahre geboren. So hat man gegen Pocken in der DDR geimpft, im zweiten Lebensjahr, zwei Stellen, am rechten Oberarm.
> (W, S. 129)

Ilona selbst trägt also noch die ‚Zeichen der Vergangenheit', obwohl sie in West-Berlin zu wohnen scheint – wobei Alex aber erneut ‚Zeichen' interpretiert: „Interessant ist der Steckschlüssel. Die dazugehörigen Schlösser gibt es nur in Westberlin" (W, S. 130).

Die DDR ist im gegenwärtigen Berlin auch in den Erinnerungen an Menschen wie z. B. Anna Krümmlein präsent, die zwei Jahre vor dem Ende der DDR zu ihrer Tochter nach Westberlin ausgereist ist und die bald Heimweh bekam: „dann ist sie jeden Tag wiedergekommen [...]. Jeden Tag zahlte sie fünfhundert Mark Eintrittsgeld, ihre gesamte Rente. Ein stolzer Preis für ein bisschen Heimweh" (W, S. 85). Die DDR ist eine von Hand zu Hand wandernde Kaffee-Maschine aus der DDR-Produktion oder der Hund Stalin, der in der Nacht zum 1. Mai unter einem Wasserwerfer sein Leben lässt. Die DDR-Geschichte lebt in der wahren Natur der Menschen. Ilona hat ihr Gedächtnis verloren. Sie vergaß den Alltag. Ihren Sprachstil, der ihre DDR-Abstammung verraten hat, verlor sie aber nicht und mit nichts sonst können wir so klar „Ich" sagen wie mit unserer verfeinerten Stimme, unserem Stil.

II. *Walpurgistag* und Goethes *Faust*

Die Protagonisten steigen – wie es in Alex' oben zitiertem Gedicht heißt – in das Sternbild des Großen Wagen ein. Gerda Schweikert „bewegt sich um die eigene Achse, so schnell sie kann, und mit ihr dreht sich der Große Wagen" (W, S. 36). In derselben Minute um Mitternacht tritt Viola Karstädt in Neukölln ein Stück von der Laterne weg und schaut in den Himmel. Zwischen Wolkenfetzen blinken ein paar Sterne [...]. Die Wolken haben schon die Deichsel des Großen Wagens erreicht. Er steht kopf in Richtung Westen. Aber wo ist der Westen in Berlin? Eine Frage der Definition. Ich stehe im Westen und schaue nach Westen, der irgendwann zum Osten wird. (W, S. 37)

Ost- und Westberlin sind nur Begriffe. Der Zusammenbruch der DDR rückt allmählich in einen anderen Zeithorizont: den der Vergangenheit. Die Teilung Berlins nimmt die Konturen eines abgeschlossenen Geschehnisses an. Sie wird Teil der Geschichte. Eine Stunde später beobachtet Hosch die Sterne und zwar den mittleren Deichselstern des Großen Wagens (W, S. 70). Der Himmel vereinigt alle Figuren. Berlin und die Gestalten stehen in Wechselbeziehung miteinander.

Im Korrespondenzwechsel hat Annett Gröschner mir geschrieben:

> Ich nehme die Stadt als eigenständigen Text wahr. Die Stadt wird geschrieben und ständig überschrieben. Das sieht man schon daran, wofür Berlin in der Öffentlichkeit steht. Von der Stadt der Mauer zur Partystadt kann heißen, dass die Gegenwart im Gegensatz zur Zeit der Teilung nur aus Oberfläche besteht, kann aber auch heißen, da wird auf den Trümmern verlorener Reiche getanzt. [...] die Stadt schreibt sich selbst in Gestalt ihrer Einwohner.[12]

Berlin weiß die Freiheit zu schätzen und gibt den Bewohnern eine Chance auf Freiheit und die Möglichkeit, den eigenen Lebensweg zu wählen. Stadtluft macht frei. Das gilt schon für Franz Bieberkopf, der in Berlin die Wände ansang.[13]

Der titelgebende *Walpurgistag* verkündet Ereignisse der sich nähernden Walpurgisnacht. In Goethes *Faust* ist die Walpurgisnacht nicht nur ein Mond- und Hexenfest. Hier erinnert sich auch Faust an Gretchen, indem er eine Person bemerkt, die ihr gleicht.[14] Der *Walpurgistag* bei Gröschner ist ebenfalls ein Tag der Erinnerung – der Erinnerung an die Geschichte der Stadt, an das Leben und vergangene Träume der Protagonisten. In den Straßenwinkeln wimmelt es wahrscheinlich schon von Hexen und bösen (DDR-)Geistern, die weggejagt oder in der Gegenwart aufgenommen werden. Der Teufel ist offensichtlich auch schon da. Schließlich trägt Alex als ein Obdachloser am Alexanderplatz seinen schweren Rucksack mit sich herum, in den er Romanfiguren wie Puppen steckt

---

12 Privatkorrespondenz mit Annett Gröschner (vom 14.08.2012).
13 Vgl. Döblin (1961), S. 17.
14 Johann Wolfgang Goethe: Sämtliche Werke nach Epochen seines Schaffens. Münchner Ausgabe. Hg. von Karl Richter in Zusammenarbeit mit Herbert G. Göpfert, Norbert Miller und Gerhard Sauder. Bd. VI.1: Weimarer Klassik 1798–1806 I. Hg. von Victor Lange. München 1986, S. 659 V. 4183ff.

und bei Bedarf wieder herausholen kann. Er ist der Geist der Stadt, der – wie Ulrich Rüdenauer bemerkt – „fast zauberische Kräfte besitzt": „Dieser Alex ist ein sanftmütiger Mephistopheles, der alle möglichen Fäden in Händen zu halten scheint und stets ausreichend informiert ist, zumindest weiß, wie er an Informationen kommen kann".[15] Alex balanciert spielerisch und waghalsig an der Realitätsgrenze. Seine unklare Vergangenheit macht ihn selbst zu einem möglichen Teufels-Pendant. Annja Kobe charakterisiert ihn wie folgt:

> Über Alex' Herkunft weiß ich wenig, und im Grunde will ich gar nicht so genau wissen, was er zu Mauerzeiten gemacht hat. Ich nehme an, dass er mal Geheimdienstoffizier war […]. Er kannte sich jedenfalls bestens aus, als er das erste Mal im Bunker auftauchte. Ich hatte ihn nicht eingeladen, wie ich nie jemanden einlud. Alex spazierte einfach durch die Tür herein, er hatte sogar noch einen Schlüssel.
> (W, S. 58)

Alex erscheint wie Mephisto im Fausts Arbeitszimmer. Am Alexanderplatz geht er jetzt vorsichtig auf Zehenspitzen über das Steinwasser und fühlt sich dabei wie Jesus, der übers Wasser läuft (W, S. 14). Besessen vom Wunsch in das Zeitgefüge der Welt einzugreifen und die Planeten mit großer Geste anzuhalten (W, S. 13), spaziert er auf dem Zifferblatt der Weltzeituhr und wandert zwischen Zeitzonen am Alexanderplatz – am Kältepol: Nur Herumlaufen wärmt. Dabei sucht er nach Sätzen, die „rhythmisch zu seinen Schritten passen" (ebd.). Als wollte er den Geist des Alexanderplatzes mit geheimnisvollen Zaubersprüchen beschwören, sagt er: „Lie-ber A-lex-an-der-platz, schenk mir ein-en gu-ten Satz" (ebd.).

Als der einzige Protagonist scheint Alex mit dem Leben zufrieden zu sein. Genauso wie im Falle von Mephisto ist es niemals wirklich zu erkennen, was ihn antreibt. Einem Gespenst ähnlich erscheint und verschwindet er unerwartet und unbemerkt. Sugar, einer weiteren Figur, kommt Alex entsprechend ebenfalls „unheimlich, wie ein Geist" vor, denn er kommt „plötzlich von hinten und erschreck[t] uns" (W, S. 79). Alex' Antwort auf Candys Frage, warum er „eigentlich immer da sei, wenn dich keiner braucht?" ist rätselhaft: „Weil ihr meine Lieblingsgeschöpfe seid" (W, S. 80). Sie erinnert erneut an Mephisto, der „die vollen frischen Wangen" am meisten liebt.[16]

Am Fensterturm beobachtet Alex die Weltstadt im Tiefschlaf. Erneut geisterhaft kann er – zumindest seiner Meinung nach – mit einer Handbewegung die Lichter in der gesamten Stadt ausgehen zu lassen (W, S. 89). Genauso wie der

---

15 http://www.dradio.de/dlf/sendungen/buechermarkt/1600641/ (vom 12.05. 2013).
16 Goethe (1986), S. 543 V. 320.

Geist, der immer verneint, erkennt Alex keine Autoritäten an und wandert ohne jeden Ausweis durch die Welt (W, S. 92). Er bewegt sich auf allen Zeitebenen (er kennt Vergangenheit, Gegenwart und Zukunft) und begleitet alle Romanfiguren. Als er von Bartuschewski und Gottfried verhaftet wird, denkt er: „Gottfried kann sich nicht mehr erinnern, dass ich ihn und seine zweite Frau 1980 getraut habe" (W, S. 19). Er kennt auch die Zukunft. Zu einem Mann hinter dem Tresen sagt er: „Du wirst in sechs Jahren tot sein, aber sag's niemandem weiter" (W, S. 236). Gegenüber einem Mann im Kuhfellmantel hebt er kurz die Hand zum Gruß und bemerkt, als wäre das die normalste Sache in der Welt: „Ja, der Tod reitet furchtbar schnell, und was wir sehen, ist oft nicht die Wirklichkeit" (W, S. 257). Und wie Mephisto, der stets das Böse will und stets das Gute schafft, antwortet er auf Sugars Frage: „Was willst du denn schon wieder?" (W, S. 386): „Ich will euch einsammeln […], ehe ihr noch mehr Blödsinn macht" (W, S. 387).

Alex ,sammelt' tatsächlich alle Protagonisten samt ihren Seelen ein und steckt sie in seinen immer schwerer werdenden Rucksack. Insgesamt lässt Alex 25 Personen in seinem Rucksack verschwinden – Personen, denen man versprochen hat, jetzt richtig leben zu können, deren Schritte aber zwischen „Leben" und „Jetzt" stocken (W, S. 13); Personen, die schon vergessen haben, wer sie sind und wohin sie gehören; Personen, die fürchten, schlechte Entscheidungen getroffen und ihr Leben unwiderruflich versäumt zu haben – und wie Alex bemerkt: „Angst ist größer als Heimweh" (W, S. 23).

Es gibt keinen Unterschied zwischen den Menschen, die Alex einsammelt, und Johann Faust, der verzweifelt in seiner Studierstube bei Nacht über den Sinn des Lebens grübelt. Faust vermögen die herkömmlichen Wissenschaften (Philosophie, Medizin, Theologie) nichts mehr zu geben. Er glaubt, dass ihm das Eindringen in das Geheimnis der Welt das Glück sichern wird, und nähert sich dem Gedanken einer Erlösung durch den Tod. Das Geheimnis der Verzweiflung von Faust und den Protagonisten in *Walpurgistag* erklärt ein einziger Satz, der auf dem Kalenderblatt der schwangeren Heike Trepte zu sehen ist: „Nichts ist so schwer, wie einfach zu leben" (W, S. 175).

III. Die existentielle Dimension: *Walpurgistag* und *Berlin Alexanderplatz*

Annett Gröschner hebt in ihrem Roman hervor, dass der Mensch sich vor allem in der Eintönigkeit des rücksichtslosen Alltags verläuft. Nur Alex scheint den Satz: „Der Weg ist das Ziel, der Weg ist ein Spiel" (W, S. 13) zu verstehen. Annett Gröschner verschweigt in ihrem Roman nicht, dass jeder früher oder später am

Scheideweg steht, aus unterschiedlichen Gründen, und den Sinn des Lebens hin-
terfragt. Egal, ob man ein Gelehrter wie Faust ist oder eine ältere Dame wie Gerda
Schweickert, die in das Seniorenhaus umzieht und die das Haus, in dem ihre Familie 80 Jahre wohnte, verlieren wird – das Haus, das nun schon leergeräumt ist
– und erst jetzt bemerkt, dass sie sich an die Stimme ihres verstorbenen Mannes
Rudolf nicht mehr erinnert, obwohl sie fast vierzig Jahre lang neben ihm im Bett
gelegen hat (W, S. 25). Jetzt, wenn Gerda sieht, dass sie die Erinnerungen an
ihre Eltern, ihre Kindheit, Liebe und an ihre Freunde für den Umzug in Kisten
verpackt, blitzt wieder kurz das DDR-Motiv auf: „Rudolf muss das ja alles nicht
miterleben! Obwohl sie sich gewünscht hätte, dass er erst nach dem 9. November
1989 gestorben wäre. Da hätte er gesehen, dass nichts ewig ist" (W, S. 28).

Oder Viola Karstädt, die sich in seltsamen Theaterprojekten bei wildfremden
Leuten engagiert, was sie erst spät einsieht („Ich mach bei schwachsinnigen, däm-
lichen, asozialen Projekten mit, während das eigene Kind krank ist"; W, S. 181)
und die sich selbst fragt, ob man um jeden Preis die Kunst in die Realität versetzen
muss (W, S. 39). Oder eine Wirtin in einer Kneipe, die aus Horschs Perspektive
nicht gerade aussieht, „als sei das ihr Traumberuf", sondern eher „wie eine, die
mal Größeres vorgehabt hat. So wie er. Dann geht es ganz schnell" (W, S. 74).
Oder eben die 38-jährige Annja Kobe, deren Vater sich am 1. Dezember 1991
selbst eingefroren hatte und die mit gestohlenen Papieren in der Tasche ununterbrochen umzieht. Seit 1991 lebt sie mit dem toten Vater im Untergrund, weil sie
im Verdacht steht, ihren Vater ermordet und entsorgt zu haben. Sie ist immer auf
der Flucht und das Leben am Rande der Gesellschaft hat Spuren hinterlassen:
Annja ist, was die Nähe von Fremden angeht, empfindlicher geworden und bekommt bei dem bloßen Gedanken daran Schweißausbrüche. Ihr Alltag ist geprägt
von der Suche nach einem gültigen Ausweis und dem Wunsch nicht weiter aufzufallen. Das heißt: „nie bei Rot über die Straße gehen" (W, S. 59), kein Handy zu
haben und sich nicht zu verlieben. Sie hat immer Licht am Fahrrad und fährt nie
auf dem Fußweg, um nicht aufzufallen. Annja verliert aber nicht ihren Sinn für
Humor und stellt fest:

> Am 7. Februar ist Papa fünfundsechzig Jahre alt geworden. Er sieht wie Mitte fünfzig,
> denn sein Alterungsprozess ist extrem verlangsamt. […] Wenn er sich weiterhin so gut
> hält, werden wir wie Gleichaltrige und in weiten zehn Jahren gehe ich als seine Mutter
> durch, wie ein Kind benimmt er sich ja schon lange genug.
> (W, S. 53)

Annjas Vater – das wird indirekt deutlich – hat sich offensichtlich mit der Nach-
DDR-Ära nicht abfinden können, und eine passive Lösung gewählt – er vertieft

sich aus Angst in den Winterschlaf und wartet auf bessere Zeiten. Annja dagegen ist ein Paradebeispiel, dass man keine Hoffnung auf freies Leben in der Gegenwart hat, wenn man die Vergangenheit um jeden Preis vor der Welt verbergen will. Man schleppt dann ununterbrochen eine Kühltruhe mit einer Leiche überall mit sich herum und bemerkt nicht, dass man selbst allmählich abstirbt.

Annja schleicht in der Öffentlichkeit auf Zehenspitzen und scheint keinen Schatten mehr zu werfen, bis sie endlich selbst als der Tod erscheint: „ich bin ein Chamäleon" (W, S. 61). Indem sie Papiere von anderen Menschen stiehlt, eignet sie sich ihre Persönlichkeiten an. Wie der Tod wählt sie sich ihre neuen Identitäten aus. Weil der gestohlene Ausweis auf den Namen Danielle Schneider abgelaufen ist, trägt sie heute kurze blonde Haare und eine Brille: „Morgen klaue ich die Papiere einer Dunkelhaarigen" (W, S. 50).

Am 30. April um Mitternacht steckt Alex die Welt in seinen Rucksack und sagt zu Annja: „Das elfte Gebot, meine Liebe, du sollst dich nicht erwischen lassen. […] Helft mir mal, die Figuren wieder einzusammeln […]. Die schlafen schon. Gute Kinder" (ebd.). Er hat eine teuflische Idee:

> „Soll ich den Sack vor die nächste S-Bahn fallen lassen?", fragt Alex plötzlich und wirft ihn auch schon mit Schwung über die Brüstung, ohne ihn loszulassen. Er baumelt über dem Gleis, auf dem sich in schnellem Tempo eine S-Bahn nähert.
> (W, S. 441)

Auf diesen Vorschlag antwortet Annja: „Ach nee, erst mal abwarten. Morgen ist auch noch ein Tag. […] Keine Opfer mehr" (ebd.). In *Walpurgistag* hält Annja als der Tod Gericht – genauso wie es der Tod im Roman *Berlin Alexanderplatz* tut, in dem er sein langsames langsamen Lied singt. In den beiden Texten schafft der Tod eine Chance für die Protagonisten auf einen neuen Anfang. Sowohl bei Döblin als auch bei Gröschner ist der Tod das Leben und die wahre Kraft,[17] die die Protagonisten zur Besinnung und zur Selbsterkenntnis aufruft. In *Berlin Alexanderplatz* bringt der Tod Biberkopf dazu, einen Neuanfang als neuer Mensch zu wagen. In *Walpurgistag* steht am Ende auch nicht die Zerstörung, sondern die Auferstehung

---

17   „Wie kann ein Mensch gedeihen, wenn er nicht den Tod aufsucht? Den wahren Tod, den wirklichen Tod. Du hast dich dein ganzes Leben bewahrt. Bewahren, bewahren, so ist das furchtsame Verlangen des Menschen, und so steht es auf einem Fleck und so geht es nicht weiter. […] Ich bin das Leben und die wahrste Kraft, meine Kraft ist stärker als die dicksten Kanonen […], das Leben kann sich ohne mich nicht lohnen. Komm, nähere dich mir, damit du mich siehst, Franz, sieh, wie du unten in einem Abgrund liegst, ich will dir eine Leiter zeigen, da findest du einen neuen Blick". (Döblin 1961, S. 474f.).

der Protagonisten. Der Todestanz wird bei Gröschner zum Fest des Lebens. Annett Gröschner stellt in ihrem Roman *Walpurgistag* Berlin als eine Bühne dar, auf der sie ihre Außenseiter und Sonderlinge auftreten lässt. Der Leser erlebt hautnah die Macht des Berliner Raumes. Rauschhaft in den Raum versunken ist man in einer Art Schachtelzustand mit der Stadt und ihren Bilderzonen verklammert.[18] Die Bedeutung der Grenze zwischen Ost und West ist schon generationenabhängig und spielt nicht mehr die Hauptrolle im Alltagsleben. Die Vergangenheit und die Gegenwart gehen ineinander, aber die Gegenwart spielt die erste Geige. Die Vergangenheit, die Geschichte steckt nämlich nicht nur tief in der Erde, sondern es gibt sie auch im Jetzt – sie reicht also in die Tiefe der Gegenwart. In der Gegenwart erinnert man sich, in der Gegenwart hofft oder zweifelt man. Nur in der Gegenwart kommen alle Zeiten gemeinsam zum Vorschein. Alex steckt die Welt in seinem Sack, die Protagonisten, deren Lebensgeschichten universelle Probleme, die es überall auf der Welt gibt, widerspiegeln. Der ‚Walpurgistag' ist so die Quintessenz des Lebens.

Bei Gröschner steht immer die Realität im Vordergrund – eine traumhafte, skurrile, groteske, traurige und manchmal schreckliche Welt, eine Welt, in der es keinen Platz für falsches Pathos gibt. „Wach sein, wach sein, es geht was vor in der Welt. Die Welt ist nicht aus Zucker gemacht",[19] heißt es in *Berlin Alexanderplatz*. In *Walpurgistag* ist die Welt auch „nicht aus Zucker gemacht". Bei Gröschner ist das aber keine Klage, kein Horrorszenario, sondern ein Daseins-Stenogramm, eine Chronik des ganz gewöhnlichen, und deswegen des schwierigsten Lebens, das Tag für Tag, Stunde für Stunde seinen gewohnten Gang geht. In *Walpurgistag* geht das Leben weiter – und das auch außerhalb der Fiktion: Auf meine Frage, ob es den Protagonisten gut geht, antwortet Annett Gröschner: „Vorhin in der Kaufhalle ist mir Viola Karstädt begegnet und manchmal sehe ich Gerda Schweickert. Nur Alex ist irgendwie verschwunden".[20]

---

18   Dietmar Voss: Dialektik der Grenze. Aufsätze zur Literatur und Ästhetik einer unverant-
     wortlichen Moderne. Würzburg 2001, S. 55.
19   Döblin (1961), S. 410.
20   Privatkorrespondenz mit Annett Gröschner (vom 14.08.2012).

Das Fremde ins Eigene verpflanzen. *Deutscher Sohn* von Ingo Niermann und Alexanders Wallasch (2010)

Kristin Eichhorn

Als der Roman *Deutscher Sohn*[1] von Ingo Niermann und Alexander Wallasch 2010 erschien, ist er in erster Linie als Kriegsroman wahrgenommen worden.[2] Schließlich geht es in dem Buch um ein sehr aktuelles Problem, ein Thema, das die Feuilletons deshalb zu würdigen wussten, weil es von den Literaten bislang eher gemieden worden ist. So lobt etwa Richard Kämmerlings in der *Frankfurter Allgemeinen Zeitung*: „Die deutsche Gegenwartsliteratur hat endlich, spät, sehr spät, zu spät den Krieg entdeckt, den die Bundeswehr in Afghanistan führt, auch wenn man ihn nicht so nennen darf".[3]

Schwierigkeiten hat der Kritik allerdings die Art und Weise bereitet, wie Niermann/Wallasch ihr Afghanistan-Thema bearbeiten. Letztlich kommen die meisten Besprechungen nach anfänglicher Wertschätzung der Wahl des Erzählgegenstandes doch zu einer eher kritischen Perspektive, weil – nach Meinung von Georg Diez – „der Krieg nur als eine Kuriosität" vorkomme[4] und nicht so sehr im Zentrum stehe, wie dies auf den ersten Blick zu erwarten sei. ‚Eindrucksvoll' nennt auch die im Grunde wohlwollende Kritik von Kämmerlings den Roman; nur sei die Rückblende nach Kundus viel zu knapp.[5]

Sieht man von der Rezension von Ingeborg Harms in der *Frankfurter Allgemeinen Sonntagszeitung* ab,[6] erwartet das Feuilleton überraschend einmündig von

---

1 Ingo Niermann/Alexander Wallasch: Deutscher Sohn. Roman. Berlin 2010. – Im Folgenden zitiert als: DS.

2 Vgl. vor allem Georg Diez: Wunden der Sehnsucht. Nähe und Erfahrung statt Distanz und Metaphorik: Wie unterschiedlich amerikanische und deutsche Autoren über den Krieg schreiben. In: Der Spiegel 45 (2010) vom 08.11.2010, S. 146–148.

3 Richard Kämmerlings: Ingo Niermann und Alexander Wallasch: *Deutscher Sohn*. Deutschland sucht das Superpflaster. In: Frankfurter Allgemeine Zeitung vom 17.09.2010 (http://www.faz. net/aktuell/feuilleton/buecher/rezensionen/belletristik/ingo-niermann-und-alexander-wallasch-deutscher-sohn-deutschland-sucht-das-superpflaster-11007087.html, eingesehen am 26.09.12).

4 Diez (2010), S. 148.

5 Kämmerlings (2010).

6 Ingeborg Harms: Importe aus Feuchtgebieten. In: Frankfurter Allgemeine Sonntagszeitung vom 03.10.10 (http://www.buecher.de/shop/buecher/deutscher-sohn/niermann-ingo-wallasch-alexander/products_products/detail/prod_id/29550590/; eingesehen am 29.10.12).

einem Roman, der sich einer aktuellen ernsten Thematik widmet, die Einhaltung klassizistischer Stilreinheit. Schließlich entzündet sich die Kritik genau an jenen Aspekten, die in einem ernsten Text nach den bis Mitte des 18. Jahrhunderts gültigen Literaturkonventionen nichts zu suchen haben: Sexualität und Körperlichkeit einerseits, ästhetische ‚Spielereien' andererseits. So meint etwa das *SF-Magazin*, eigentlich schockiere Pornographie im Roman niemanden mehr; das Problem von *Deutscher Sohn* sei aber, „dass sonst nicht viel passiert".[7] Darüber hinaus sind vor allem die komplexe Motivik der Handlung und das intertextuelle Geflecht kritisiert worden, mit denen Niermann/Wallasch arbeiten. Unter diesem Motiv- und Anspielungsgeflecht werde – so der weitgehende Konsens der Kritik – die wichtige Thematik geradezu verschüttet. Kämmerlings nennt den Roman entsprechend einen „kraftmeierische[n] Versuch, noch den schwersten Stoffanker an Bord eines Papierschiffchens zu ziehen, eines metaliterarischen Spiels mit Verweisen und Versatzstücken nämlich".[8]

Dies ist umso schlimmer, als Jan Süselbeck in *Deutscher Sohn* überdies deutschnationale Tendenzen ausmacht. Vor diesem Hintergrund erscheint es Süselbeck – ähnlich wie Georg Diez in seinem Urteil über Christian Krachts *Imperium* – als fatal, diese Handlung, die auch nur Halluzination sein könnte, als „bloß[e] Literatur" anzusehen; schließlich dürften „[j]unge NPD-Wähler [...] diesen Text mindestens genauso genießen können wie unbelehrbare Popliteraturdandys".[9]

Letztlich sind damit von der Kritik drei Lesarten dieses Romans vorgeschlagen worden, die man – stellt man sie nebeneinander – nur schwer zusammen denken kann. Da ist einmal die Afghanistan-Thematik, die eine potentiell objektive Analyse von Gegenwart nahelegt; da ist zweitens die Lesart als intertextuell-popliterarisch, worunter die Kritik gerade das Gegenteil versteht: nämlich ‚Literatur der Literatur', und schließlich drittens die – dazu wiederum nicht so ganz passende – These, *Deutscher Sohn* sei ein Roman, der (problematisches) ideologisches Gedankengut weiterzugeben beanspruche.

Weiter kommt man, folgt man den Spuren, die Harms in ihrer Rezension aufgezeigt hat. Nach dieser aus der restlichen Diskussion aufgrund ihrer Differenziertheit deutlich hervorragenden Lektüre sucht *Deutscher Sohn* nämlich durchaus nicht nur gezielt Anschluss an das „Erbe der Klassik", sondern weist gerade in

---

7   Franz Birkenhauer: Womanizer mit schwärender Wunde. In: SF-Magazin vom 03.10.10 (http://www.sf-magazin.de/ingo-niermann-deutscher-sohn,329.html; 26.09.12).

8   Kämmerlings (2010).

9   Jan Süselbeck: Wälsungenblut, deutschreligiös. In: taz vom 09.10.2010 (http://www.taz. de/1/archiv/digitaz/artikel/?ressort=ku&dig=2010/10/09/a0044&cHash=e3b1722c55; eingesehen am 26.09.12).

dieser Traditionslinie keine deutschnationale, sondern im Gegenteil eher eine kosmopolitische Anlage auf.[10] Diesen Faden gilt es im Folgenden aufzunehmen, wobei zum einen dem Umgang mit den zitierten Texten, zum anderen der Motivik des Buchs im Detail nachgegangen werden soll.

In der Tat erweist sich der Roman, sieht man genauer hin, als für die gegenwärtige Literatur charakteristisch: *Deutscher Sohn* ist – so die These hier – nicht ein verkapptes Manifest deutschnationaler Gedanken, aber ebenso wenig bloßes literarisches Spiel. Vielmehr lässt sich das intertextuelle Schreibverfahren als formales Pendant zu der kosmopolitischen Aussage sehen, die gerade aus der Dekonstruktion der aufgegriffenen deutschnationalen Diskurse entsteht. Damit kann man eine ähnliche Beobachtung machen wie in zahlreichen anderen Texten der neueren deutschen Literatur: Auf der Oberfläche werden die als postmodern geltenden Zitierverfahren beibehalten, dabei aber so angewendet, dass in den Büchern dennoch eine ernst zu nehmende Kernaussage erkennbar wird.

I. Der Umgang mit fremden Texten in *Deutscher Sohn*

Um deutlich zu machen, was die Rezensenten an *Deutscher Sohn* gestört hat, reicht eine Wiedergabe des Inhalts. Im Zentrum von *Deutscher Sohn* steht der 28-jährige Bundeswehr-Soldat Harald Heinemann, genannt Toni, der, nach einem Anschlag in Afghanistan verwundet, nach Hause zurückgekehrt ist und nun in einem Multifunktionskippsessel auf die Heilung seiner Wunde am Oberschenkel wartet. Um sich die Zeit zu vertreiben, konsumiert er neben den verschriebenen Schmerzmitteln eine Menge Adelskronen Pilsner und surft im Internet auf seiner Lieblingspornoseite. Sein gleichmäßiger Alltag wird nur unterbrochen von einem Vortrag, den er auf einer Sitzung der Partei Die Linke über seine Kriegserlebnisse hält, und einen Besuch im Hamburger Bundeswehrkrankenhaus, der der Behandlung seines Kriegstraumas dient. Eines Tages bringt der ihn versorgende Zivildienstleistende Äthiopier Kanell die 19 Jahre alte Abiturientin Helen mit, in die sich Toni verliebt und mit ihr eine unkonventionelle und sexuell experimentelle Beziehung beginnt. Nach dem Versuch, Avocadokerne in sich einzuführen, verschwindet Helen schließlich spurlos und lässt eine große Blutlache in der Küche zurück.

In der Zwischenzeit hat ein Bekannter Tonis namens Berger begonnen, sich einen ‚Traum' zu erfüllen: Er schüttet auf seinem Grundstück einen immer größerer werdenden Müllberg auf, den er in ein zweites Epidaurus zu verwandeln plant. Zur Eröffnungsaufführung von Wagners *Parzifal* ist Toni anwesend, ebenso einige

---

10 Harms (2010).

sogenannte Deutschreligiöse. Mitten in der Aufführung fällt Tonis Blick auf einen riesigen Avocadokern auf der Bühne, um den die Deutschreligiösen wie um den Gral aus der Wagner-Oper herumstehen. Sozusagen als Tortenmädchen entsteigt Helen diesem Avocadokern. Das Licht, das aus ihren Händen strömt, trifft auf Tonis Wunde, die sich daraufhin schließt. Der Roman endet mit einem von dieser Handlung auf den ersten Blick unabhängigen Kapitel, in dem der nun wieder geheilte Toni mit seinem Vater im Harz eine Zitronenplantage anlegt.

Festhalten lässt sich zunächst so viel: Dass man bei diesem Roman nicht genau weiß, was innerhalb der Diegese als Realität zu gelten hat und was nicht, spricht schon für eine Lesart als ‚reine Literatur'. Obwohl ein Großteil der Handlung – wie auch eine dem Buch angehängte editorische Notiz vermerkt – „an wahre Begebenheiten angelehnt" ist (DS, S. 310) und entsprechende Realitätspartikel wie die Markennamen Adelskronen und Adidas oder die Bundeswehrkrankenhäuser in Hamburg und Koblenz aufweist, legt es das Buch doch tatsächlich nahe, den Großteil der Handlung als Phantasie seines Helden zu sehen.

Dies gilt bereits deshalb, weil die Schmerzen Toni mehrfach bewusstlos werden lassen. Vor allem aber lässt sich das Ende des Romans in dieser Weise lesen. Nach der Rückkehr vom Brocken wird Toni am Schluss der Handlung zu Hause von Helen mit einem Kuss empfangen, worauf die folgende irritierende Szene folgt:

> Das Sofa ist noch warm von Helens Körper, ich kuschle mich ganz eng in ihre Decke. Helen schaut mich eine Weile prüfend an, dann holt sie sich einen Stuhl aus der Küche und setzt sich vor mich hin.
> Ich lächle dankbar, als sie beginnt, zwei ihrer Finger vor meinen Augen rhythmisch hin und her zu bewegen.
> Mein Name ist Harald Heinemann, Freunde nennen mich Toni.
> (DS, S. 316)

Durch den letzten Satz erhält der Text eine zyklische Struktur, weil er die Worte wieder aufnimmt, mit denen sich der Ich-Erzähler im ersten Kapitel dem Leser vorgestellt hatte. Zudem weist die Geste Helens zurück auf die Traumabehandlung, die Toni im 5. Kapitel im Hamburger Bundeswehrkrankenhaus erfährt. Der behandelnde Arzt wendet bei Toni die Methode des Eye Movement Desensitization and Reprocessing (EMDR) an, bei der der Patient durch das Fingerkreisen des Arztes zu rhythmischen Augenbewegungen animiert wird und dabei Bilder des traumatischen Erlebnisses vor seinem inneren Auge vorbeiziehen. Die entsprechende Szene im Roman mündet denn auch in die Rückblende nach Kunduz und in die Schilderung des Anschlags, der Toni verletzt hat. Obwohl im Roman vom Ende der Sitzung erzählt wird (vgl. DS, S. 65), verzichten Niermann/Wallasch doch auf die Schilderung der Rückreise Tonis in sein Haus in Niedersachsen; auf die Szene in der Hamburger Klinik folgt eine weitere Rückblende, die vom Aufenthalt im Koblenzer Bundeswehrkrankenhaus erzählt, bevor das anschließende Kapitel die Geschichte in Tonis Haus fortsetzt. Helens Fingerbewegung am Ende nimmt die des Arztes wieder auf und macht damit den Realitätsstatus des dazwischen Geschilderten zweifelhaft. Indes erschöpft sich die Funktion der Szene nicht in der Markierung von Fiktionalität. Statt nur eine eindeutige Lesart zu unterlaufen, legt sie vielmehr eine andere Interpretation des Geschehens nahe. Sie verleiht nämlich der mystischen Wundenheilung während der *Parzifal*-Aufführung eine symbolische Bedeutung: Dass Toni nun wieder die kreisenden Finger wahrnimmt und somit aus seiner Gedankenwelt in die Realität zurückkehrt, deutet auf ein Ende der Traumabehandlung hin; das Schließen der Wunde am Oberschenkel kann man daher lesen als Bild für die Heilung der seelischen Wunden, auf die die EMDR-Methode zielt.

Unmittelbar deutlich wird hierbei der wichtigste Referenztext von Niermann/Wallasch, auf den auf auch fast jede Rezension aufmerksam gemacht hat: *Deutscher Sohn* entlehnt eine Reihe von Figuren und Motiven aus Charlottes Roches *Feuchtgebieten*.[11] Helen schließlich heißt bereits die Hauptfigur bei Roche, die in *Deutscher Sohn* ebenso wiederkehrt wie der Äthiopier Kanell. Doch nicht nur die Figuren kommen aus dem Bestseller-Roman von 2008. Dass diese Übernahme kein Zufall ist, zeigt bereits die Wiederkehr des Avocado-Motivs und der sexuellen Experimentierlust Helens in *Deutscher Sohn*. Auch ihr Verhältnis zu Kanell ist das Gleiche wie bei Roche: Geht dort der äthiopische Gemüsehändler der Protagonistin bei der Intimrasur zur Hand, erklärt Kanell bei Niermann/Wallasch seine Beziehung zu Helen auf Tonis Frage ebenfalls mit dieser Aufgabe (vgl. DS, S. 95). Später kommt im Roman dann noch eine Intimrasur vor (vgl. DS, S. 258ff.); einmal hat Toni den Verdacht, an Hämorriden zu leiden – wie es Helen Memel in *Feuchtgebiete* bekanntlich tut (DS, S. 118). Endlich erklärt sich die Vielzahl an durchaus mehr oder weniger ungewöhnlichen Sexualpraktiken, zu denen neben der Masturbation zwischen Küchengeräten (DS, S. 19ff.) und dem direkt aus *Feuchtgebiete* übernommenen Avocado-Experiment auch die zweifache Inanspruchnahme käuflichen Geschlechtsverkehrs gehört (DS, S. 136ff.; 173ff.), aus dem Hauptbezugstext von *Deutscher Sohn*.

Darin aber erschöpft sich der Anspielungsreichtums von *Deutscher Sohn* keineswegs. Weiterhin spielt der ehemalige Torwart der deutschen Fußballnationalmannschaft Toni Schumacher eine große Rolle für die Hauptfigur des Romans und zwar schon deshalb, weil Toni Heinemann den gleichen Vornamen wie sein Vorbild trägt und diesen ebenfalls von Harald zu Toni abwandelt. Der Bezug wird gleich im

---

11 Charlotte Roche: Feuchtgebiete. Roman. 9. Auflage. Köln 2008.

ersten Kapitel deutlich gemacht, wenn der Ich-Erzähler sich nach ein paar einlei-
tenden Reflexionen über seine Situation sich dem Leser vorstellt: „Ich heiße Harald
Heinemann, Freunde nennen mich Toni. Toni, wie Toni Schumacher" (DS, S. 7f.).
Die seinerzeit skandalöse Autobiographie des Torwarts *Anpfiff* ist für den Protagonisten von *Deutscher Sohn* seit seiner Kindheit ein wichtiges Buch, das er sich auch
zur Krankenhauslektüre wählt (vgl. DS, S. 69f.). Und so sind Tonis Visionen durchweg von Bildern aus dem Buch des Torwarts geprägt; gerade die Erinnerung an den
Anschlag in Kabul wird mit Fußballszenen überblendet (vgl. DS, S. 73ff.).

Hinzu kommen – auf den ersten Blick – weniger bedeutsame Referenzen wie
die auf Wagners *Parzifal* sowie ein Motto aus Albert Speers *Spandauer Tagebü-
chern*, das auf die Afghanistan-Thematik vorausweist:

> Heute befinde ich mich dreihundertdreiundfünfzig Kilometer vor Kabul. Ich rechne damit,
> daß ich, wenn keine Schneestürme auftreten, Mitte Januar in der Hauptstadt von Afghani-
> stan ankommen werde. Ich hoffe zwar, daß ich nicht mehr bis Kalkutta zu laufen brauche,
> aber das dachte ich vor einem Jahr von Kabul auch.[12]

Das alles wirkt zunächst in der Tat wie eine recht willkürliche Zusammenstellung
ganz unterschiedlicher Anspielungen, deren Bezug untereinander oder zur Thematik des Romans unklar bleibt. Sieht man genauer hin, erkennt man jedoch rasch,
dass die Collage in *Deutscher Sohn* durchaus recht durchdacht geschieht. Wie genau die Übernahmen des Fremdmaterials in *Deutscher Sohn* sind, zeigt ein Ab-
gleich mit Toni Schumachers Autobiographie *Anpfiff*, die immer wieder im Kopf
des Protagonisten herumspukt. Bereits die zweite Erwähnung des Buches im Roman verweist auf eine ausgesprochene Collage-Technik. Toni erinnert sich onanie-
rend an die Szene, „als Toni Schumacher sich von seiner Frau Zigaretten auf dem
Arm hat ausdrücken lassen und dabei keine Miene verzog" (DS, S. 22). Schlägt man
diese Episode bei Schumacher nach, fällt auf, dass auf derselben Seite tatsächlich
ebenfalls das Wort „Selbstbefriedigung" auftaucht und zwar in einem Kontext, der
insofern zu Toni Heinemanns Situation passt, als es auch hier um Verletzungen und
das Ertragen von Schmerz geht – ein durchgängiges Thema in *Deutscher Sohn*.[13]

Doch auch die Einarbeitung von Roches *Feuchtgebieten* und Wagners *Parzifal*
ist motivisch nicht abwegig. Schließlich steht im Zentrum von *Feuchtgebiete* wie
von *Deutscher Sohn* gleichermaßen eine Wunde, die sich ebenso wenig schließen
will wie die des alten Gralkönigs Amfortas, mit dem sich Toni nach seiner Heilung

---

12   Albert Speer: Spandauer Tagebücher. Frankfurt am Main u. a. 1975, S. 451; DS, S. 5.
13   Toni Schumacher. Anpfiff. Enthüllungen über den deutschen Fußball. München 1987,
      S. 130.

mit überzeugender Logik identifiziert (vgl. DS, S. 301). Auch in *Feuchtgebiete* gibt es bekanntlich eine Wunde, die nicht verheilen will bzw. die von der Hauptfigur noch einmal aufgerissen wird und insofern erst am Ende des Romans heilen kann.[14] Doch auch das Motto des Romans ist ausgesprochen doppelbödig. Es braucht keine lange Recherche, um herauszufinden, dass Speer am 2. Dezember 1956 keinesfalls „dreihundertdreiundfünfzig Kilometer vor Kabul" gewesen sein kann,[15] befand er sich doch – worauf schon die Quelle verweist, der das Zitat entnommen ist – zu diesem Zeitpunkt noch im Gefängnis in Spandau, sodass ihm eine Reise nach Afghanistan gar nicht möglich war. Ein Blick in die *Spandauer Tagebücher* löst den Widerspruch auf: Am 30. September 1954 beginnt Speer im „Kampf gegen die maßlose Langeweile" mit einem Marsch durch die Gartenanlage des Spandauer Gefängnisses, bei er sich zunächst vorstellt „die Entfernung von Berlin nach Heidelberg abzuwandern".[16] Daraus wird schließlich ein Gang um die Welt: Am 19. Juni 1955 ist Speer schon vor Wien,[17] am 6. August zwischen Budapest und Belgrad, wobei ihm die „Schleppkähne" der Havel „zu Donauschiffen wurden".[18] Alberts Speers Weg nach Kabul ist also Teil einer Fantasiereise und bildet damit einen weiteren subtilen Hinweis darauf, das Toni Heinemanns in *Deutscher Sohn* geschilderte Erlebnisse ebenfalls nur seiner Einbildungskraft entspringen.

Festhalten lässt sich somit zunächst, dass Niermann/Wallasch durchaus bemüht sind, das übernommene Fremdmaterial so in den Roman einzuarbeiten, dass es motivisch an die erzählte Geschichte anschließt und sich also in die Handlung um den ‚deutschen Sohn' Toni Heinemann organisch einfügt. Dieser Umstand stellt jedoch mehr als ein ästhetisches Konzept dar. Er steht in engem Zusammenhang mit der Thematik von Heimat und Fremde, die *Deutscher Sohn* vorrangig behandelt und die im Bild des Zitronenpflanzens im Harz ihren Höhepunkt erreicht.

II. „Statt die Fremde aufzumischen, holt man sie lieber nach Hause zu sich": Heimat und das Fremde als Leitthema in *Deutscher Sohn*

Der Vorwurf der deutschnationalen Tendenz hat *Deutscher Sohn* deshalb getroffen, weil der Roman eine Reihe von kulturellen Traditionen aufgreift, die in der

---

14 Vgl. Roche (2008), S. 168ff.
15 Speer (1975), S. 451.
16 Ebd., S. 394.
17 Ebd., S. 420.
18 Ebd., S. 422.

Regel als Vorläufer des Nationalsozialismus gehandelt werden. Dies gilt vor allem für die Ideologie, wie sie sich bei den Deutschreligiösen äußert. Diese aus
dem frühen 20. Jahrhundert stammende Bewegung,[19] deren wichtigstes Binde-
glied untereinander „nichts weniger als die deutsche Herkunft" ist (DS, S.
81), ist Tonis Familie eng verbunden, weil sein Großvater väterlicherseits zusammen
mit dem alten Berger eine wichtige Rolle in der Religionsgemeinschaft eingenommen hatte. Im Roman wird sie vornehmlich repräsentiert durch zwei alte
Frauen, die Toni im Krankenhaus besuchen und unablässig Verse deutscher
Dichter rezitieren (DS, S. 83f.).

Die Deutschreligiösen sind es auch, die Toni als ‚deutschen Sohn' bezeichnen, weil sie ihn – wie sich an der Opern-Szene zeigt – als eine Art Erlöser
ansehen. Zweimal begegnet der Titel des Buchs in dieser Bedeutung im Roman
– einmal verliehen von der alten Mutter Berger, die Toni vor der *Parzifal*-
Aufführung noch besucht und die ihm bei dieser Gelegenheit seine besondere
Rolle im Ritual deutlich macht: „Du bist der deutsche Sohn, du bist auserko-
ren" (DS, S. 283). Zweitens taucht die Formulierung während der angesprochenen Weihefeier selbst auf, als sich die Aufmerksamkeit aller Gläubigen auf
Tonis Person konzentriert:

> Hintenan folgen die bekannten Gesichter, die mich durch so viele Heidehofjahre beglei-
> tet haben. Jung und Alt, Mann und Frau, Mädchen und Junge – alle nicken mir freundlich
> zu. Noch mehr Hände streichen über meinen Kopf oder drücken zärtlich meine Schul-
> tern. Lippen bewegen sich. Es dauert, bis ich verstehe, was die liebevollen Stimmen
> sagen. Es sind immer dieselben zwei Worte, die jeder Einzelne weihevoll an mich richtet:
> „Deutscher Sohn".
> (DS, S. 299).

In der Tat scheint Toni im Anschluss daran seine Erlöserrolle anzuerkennen, streckt
er doch schließlich den „rechten Arm in Richtung Bühne aus" (DS, S. 297f.) und
ruft von „plötzlicher Erkenntnis übermannt" den Namen der Weltenesche und der
heiligen Irminsul aus (DS, S. 298). Zu dieser Tendenz passt auch die „tiefe Zufrie-
denheit" (DS, S. 306) im letzten Kapitel, als Toni das „Ende aller Floskeln" (DS,
S. 305) konstatiert. Nicht nur fühlt er sich ebenso „zu Hause" wie sein Vater (DS,
S. 303); zudem entdeckt er den Wert der (deutschen) „Heimat […], den man erst
begreifen lernt, wenn es bäng macht" (DS, S. 33). Schließlich deutet die Aussöh-
nung mit dem Vater auf eine Anerkennung der patriarchalischen Organisation der
Deutschreligiösen, durch die die Traditionen, die vom Großvater auf den Vater und

---

19   Vgl. Publikationen wie Alfred Conn: Das eddische Weltbild. Leipzig 1934.

vom Vater auf den Sohn weitergeben werden, ins Zentrum des Romans rücken.[20] Und so ist nur konsequent, wenn Tonis Vater am Ende den Erfolg seines Zitronenprojekts mit einer besonderen ‚deutschen Tugend' verbindet: „Wir denken generationenübergreifend" (DS, S. 305).

Diese Lesart ist allerdings deshalb problematisch und geht nicht so klar auf, wie dies auf den ersten Blick erscheint. Dies gilt nicht nur, weil das Ausstrecken des rechten Arms noch nicht die „altbekannte Geste" sein muss, die Süselbeck darin erkennt.[21] Vor allem aber erweist sich die skizzierte Genealogie letztlich als gestört. Einige Zeit vor der *Parzifal*-Aufführung kommt Toni nämlich in den Besitz einer Schachtel mit alten Fotografien. Eines dieser Fotos zeigt den alten Berger im Bett mit Tonis Mutter (vgl. DS, S. 229). Obwohl Toni schließlich darauf verzichtet, seine Eltern direkt mit dem Fund zu konfrontieren, deutet das Weinen der Mutter am Ende des entsprechenden Kapitels an, dass Toni in der Tat nicht der Sohn seines Vaters ist, sondern möglicherweise einer Affäre zwischen der Mutter und dem alten Berger entspringt:

> „Ach Junge", schluchzt Mutter plötzlich los und legt ihre Hände vors Gesicht, um ihre Tränen zu verbergen. Ich drücke sie an mich, aber sie sagt nichts. Eigentlich gibt es ja auch nichts zu sagen, was ich mir nicht selbst längt zusammengereimt hätte. (DS, S. 254)

Das ideologische Modell ist also zunächst mehr als brüchig und es hat auch einen anderen Grund, dass Toni sich am Ende mit seinem (vermeintlichen) Vater wieder versöhnt und dem deutschreligiösen Glauben toleranter begegnet als am Anfang. Im Rahmen einer von der *taz* veranstalteten Podiumsdiskussion im November 2011 hat Ingo Niermann seinem Kritiker Süselbeck vorgeworfen, das letzte Kapitel des Romans, in dem Toni und sein Vater im Harz Zitronen anpflanzen, nicht genügend berücksichtigt zu haben und damit die zentrale Funktion des Zitronenmotivs im Roman zu übersehen.

Das Zitronenmotiv wird nicht erst im letzten Kapitel etabliert, sondern durchzieht bereits den ganzen Roman, worauf Moritz Baßler bei eben derselben

---

20 Es ist kein Zufall, dass die Großeltern mütterlicherseits praktisch keine Rolle spielen, während neben Toni und seinem Vater gerade der Großvater väterlicherseits einen wichtigen Identifikationspunkt für Toni bildet – nicht zuletzt, weil dieser ebenfalls im Krieg war und den Rest seines Lebens einer Verwundung wegen in einem Kippsessel zugebracht hat. Entsprechend zieht der Enkel sarkastisch eine Linie zu seinem Großvater: „Wir sind Deutsche. Kriegsverletzungen sind bei diesem streitbaren Völkchen scheinbar vorprogrammiert" (DS, S. 12).

21 Süselbeck (2010).

Podiumsdiskussion auch schon hingewiesen hat.[22] Das Motiv ist keinesfalls trivial, schließlich ist gerade die gelbe Zitrusfrucht untrennbar mit Tonis Verletzung verbunden, indem der Attentäter, auf dessen Wirken sie zurückgeht, ein Zitronenverkäufer war (vgl. DS, S. 64). Nach dem Anschlag reagiert Toni zunächst geradezu allergisch auf Zitronen, was auf eine starke Traumatisierung hinweist. Als ihn Helen einmal für ihren Fernet Branca um eine dieser Zitrusfrüchte bittet, bekommt er eine Panikattacke und kann sich erst durch die Kombination von Tabletten und Alkohol wieder beruhigen (vgl. DS, S. 110f.). Ein weiteres Mal wird Toni bei der Wundreinigung ohnmächtig, als ihm plötzlich seine Ex-Freundin Bessy einfällt, die zu gelb gefärbten Haaren „zitronengelbe Wäsche" und „zitrusgelb" lackierte Fingernägel trug (DS, S. 192) – danach riecht Helens Atem plötzlich „nach frisch geschnittenen Zitronen" und dann „wird alles dunkel" (ebd.).

Umso bedeutender ist es angesichts dieser Situation, dass Toni am Ende des Romans ohne Schwierigkeiten genau die Pflanzen im Harz heimisch machen will, deren bloße Nennung ihn zuvor schon das Bewusstsein verlieren ließ. Liest man die gesamte Handlung von *Deutscher Sohn* als letztlich erfolgreiche Traumabehandlung, die die Wiederkehr der ärztlichen Fingerbewegung am Ende ebenso zyklisch beschließt wie die Wiederholdung der Worte „Mein Name ist Harald Heinemann, Freunde nennen mich Toni" (DS; S. 316), wird die Bedeutung des Zitronenmotivs klar. In dieser Lesart nämlich steht schon die Schließung von Tonis körperlicher Wunde stellvertretend für die seelische Verletzung, die sich bei der Konfrontation mit Zitronen immer wieder äußert. Das finale Kapitel ist aus dieser Perspektive ein letzter Test, ob sich die Wunde tatsächlich geschlossen hat, das Trauma also überwunden ist. Da die ‚Untersuchung' positiv ausfällt, kann Toni nun aus der Welt seiner Einbildung wieder in die Realität zurückkehren, was die erneute Wahrnehmung der kreisenden Finger andeutet.

Die Bedeutung des Zitronenpflanzens geht aber über diese Lesart, die an die konkrete Geschichte Toni Heinemanns gebunden ist, hinaus. Was Toni und sein Vater im Harz tun, ist nämlich die Verbindung von Eigenem und Fremden – ein Motiv, das ebenfalls zu den Leitthemen des Romans gehört. So hat Tonis Mutter zu Hause „Ampullen aus dem Afghan-Laden", von denen Toni weiß, dass diese keinesfalls in Afghanistan herstellt, „sondern von afghanischen Händlern aus China importiert werden" (DS, S. 36). Sind die Harzer Hexen „Made in China" (DS, S. 311), ist auch das Tradition suggerierende Label „Deutsche Grammophon" internationalisiert: „Heute befindet es sich längst im Besitz einer

---

22 Vgl. http://detektor.fm/kultur/deutscher-sohn-eine-diskussion-im-tazcafe/ (eingesehen am 26.09.12).

amerikanischen Muttergesellschaft. Deutsche Illusion" (DS, S. 290). Indem der Zivildienstleistende Kanell seine Herkunft als Äthiopier ebenfalls nur aus der Vermischung ganz unterschiedlicher Ethnien zu erklären weiß, bringt er die Sache auf den Punkt: „Das sind doch Prozesse, die sich im ständigen Wandel befinden, nicht nur hier bei uns oder in Äthiopien, sondern überall auf der Welt" (DS, S. 24). Was Toni und sein Vater am Ende des Romans tun, ist der Versuch, das Fremde in die Heimat zu integrieren und zwar so, dass jenes nicht als Fremdkörper erscheint, sondern beide eine harmonische Einheit bilden. Darauf deutet auch Niermanns eigene Erklärung des letzten Kapitels, die in gekürzter Fassung den Titel dieses Abschnitts bildet: „Statt die Fremde aufzumischen und versuchen, in Ordnung zu bringen, was immer das heißt, holt man sie lieber nach Hause zu sich".[23] Nicht umsonst erfordert der Erfolg des Unterfangens wiederum die Kreuzung verschiedener Sorten von Zitruspflanzen, um eine frostbeständige Zucht zu erhalten. Dazu bedarf es der im Text zuvor erwähnten gärtnerischen Fähigkeiten des Vaters (vgl. DS, S. 234), die den Leser auch an den Anfang von Goethes *Wahlverwandtschaften* erinnern können. Wie der der Landadlige Eduard dort schiebt er

> [...] einen kleinen Limettentrieb in den vorbereiten Schlitz, schmiert mit seinem Zeigefinger eine zähe braune Paste auf die Stelle und verbindet sie mit einer Gummibandmanschette, die er zuvor mit einem weiteren Messer auf Maß geschnitten hat. „Weißt du, so machen wir aus einer Bitterzitrone eine Limette. Natürlich nur, wenn alles optimal läuft". (DS, S. 304f.)

Worum es also geht in *Deutscher Sohn*, ist gerade nicht die Wiederbelebung deutschnationaler Gedanken. Das Buch ist vielmehr eine Auseinandersetzung mit dem Leben in einer interkulturellen Gesellschaft bzw. – um mit Harms zu sprechen – ein Text „über Ethik und Chancen der Globalisierung".[24] Im Zentrum steht die Frage, wie sich das Eigene und das Fremde so miteinander versöhnen können wie die Zitronen mit dem rauen Klima eines deutschen Mittelgebirges. Die abschließenden Reflexionen Tonis über seinen Auslandseinsatz unterstreichen diese Tendenz noch einmal:

> Ich habe mich in Afghanistan jeden einzelnen Tag fremd gefühlt.[...] Nur zufällig hat sich mein eigenes Schicksal mit diesem Land verbunden. War Afghanistan fremd für mich, wird es allen meinen Nachfahren vertraut sein. Durch mich. Ich weiß heute, dass man gerade deshalb immer distanziert und respektvoll gegenüber allem Fremden sein muss. Ist

---

23 Eigenes Transkript nach Ingo Niermanns Aussage in der *taz*-Podiumsdiskussion (http://detektor.fm/kultur/deutscher-sohn-eine-diskussion-im-tazcafe/; eingesehen am 26.09.12).
24 Harms (2010).

man erst einmal eingedrungen, wird es unweigerlich Teil von einem selbst und allen, die
nach einem kommen.
(DS, S. 312f.)

Wichtig ist dabei die Beobachtung, dass das Interkulturelle kein neues Phänomen
darstellt. An dieser Stelle kommt die Intertextualität zu ihrer Funktion, die geradezu ein formales Pendant zu dem inhaltlichen Schwerpunkt von *Deutscher Sohn*
darstellt. Das Zitronenmotiv schließlich stammt aus dem berühmten Lieds von
Mignon *Kennst du das Land, wo die Zitronen blühn* aus Goethes *Wilhelm Meister*,
aus dem die Überschrift des letzten Kapitels von *Deutscher Sohn* entsprechend
eine Zeile zitiert und das auch im Roman genannt wird (vgl. DS, S. 310).

Die in der Kapitelüberschrift zitierten Worte „Oh Vater, lass uns ziehn!" (DS,
S. 302) leiten bei Goethe Mignons Aufforderung zur Überquerung der Alpen in
Richtung Italien ein, wo die angesprochenen Zitronen wachsen. Demgegenüber
ergeben sich in *Deutscher Sohn* markante Verschiebungen: Auch Toni ist mit seinem Vater am Ende im Gebirge unterwegs, allerdings nicht in den Alpen, sondern
auf dem Brocken. Gleichzeitig ist „das Land, wo die Zitronen blühn", im Roman
von Niermann und Wallasch nicht länger Italien, sondern Afghanistan.[25]

Mit anderen Worten: Schon immer ist Fremdes in die eigene Kultur eingeflos-
sen und so muss man in seiner Gegenwart jeweils genauso mit den eigenen Erfahrungen zurechtkommen wie auch mit dem leben, was die vorangegangenen
Generationen in die gemeinsame Kultur eingeführt haben. Odin, Italien, Wagner,
Albert Speer und Toni Schumacher gehören genauso zur deutschen Geschichte
wie Charlotte Roche und Afghanistan. Und für diese gesellschaftlichen und literarischen Einflüsse gilt das Gleiche wie für die fremden Pflanzen auf dem Brocken:
„Sie verdrängen nicht, sie bereichern" (DS, S. 313).

---

25 Darauf verweist auch schon der Name des fünften Kapitels „Zitronen aus Kunduz" (DS,
    S. 50).

„wach sein, schauen, nachdenken: rumgehen" – das gegenwärtige Berlin im Visier. Zu Albrecht Selges Roman *wach*

Ewa Pytel-Bartnik

> Durch die vornehmen Straßen geht August mit den Händen
> auf dem Rücken: eine untergegangene Form des Gehens,
> denkt er sich, eine pastorale Form, Ausdruck von Ruhe und
> Selbstbeherrschung, einer Entspannung, der es nicht ein-
> fiele, Grenzen aufzulösen.
> (wach, S. 78)[1]

Der Flanierende ist im Berlin des 21. Jahrhunderts angekommen. Albrecht Selges Roman *wach* (2011) rekurriert auf literarische Vorbilder wie etwa auf Franz Hessels *Ein Flaneur in Berlin* sowie Walter Benjamins *Passagen-Werk* und *Berliner Kindheit*. Mit der Figur des Flaneurs und dem Spaziergang als Medien der Großstadterfahrung und zugleich Großstadtvermittlung macht nun der traditionsbewusste Berliner Autor Selge auf gegenwärtige Defizite des großstädtischen Lebens und des modernen Individuums – eines Großstadtbewohners und Konsumenten zugleich – aufmerksam. Mit zwei Handlungsschauplätzen – dem heutigen Stadtraum von Berlin, den der Romanheld August Kreutzer zu Fuß exploriert, und dem Shopping-Center, wo er arbeitet, liefert *wach* zum einen Bilder der Berliner Metropole – Ergebnisse der Beobachtungsarbeit und Spurensuche des Flaneurs August Kreutzer, die sowohl die Entwicklung der Stadt als auch ihre geschichtliche Schichtung hervortreten lassen. Zum anderen stellt der Roman eine scharfsinnige literarische Auseinandersetzung mit der Kultur des Konsumismus und der postmodernen, auf Konsum und sofortige Befriedigung eigener Bedürfnisse, ausgerichteten Lebensstrategien der modernen Gesellschaft, der Konsumgesellschaft, dar.

Ausgehend von der Konzeption des Flaneurs im Sinne Walter Benjamins untersucht der vorliegende Beitrag dessen Funktionsformen in Selges Roman *wach* und stellt eine Verbindung zwischen den literarischen Befunden und den interdisziplinären Untersuchungen zum Status der Shopping Mall sowie zum Nicht-Ort (Marc Augé) her. In diesem Zusammenhang wird im Folgenden der von dem flanierenden Romanhelden August Kreutzer wahrgenommene urbane Raum von Berlin dem

---

1   Albrecht Selge: wach. Roman. Berlin 2011. – Im Folgenden zitiert als: wach.

„LustschlösschenCenter", der geschichtslosen – wohl gemerkt – fiktiven Shopping Mall gegenübergestellt. Im Mittelpunkt der kulturkritischen und literaturwissenschaftlichen Analyse dieses Aufsatzes steht somit das von dem *wach*-Autor gezeichnete Berlin als ein Raum der verräumlichten Geschichte und als ein Raum des Konsums. Des weiteren wird im Folgenden versucht, den Gründen für so viel Langsamkeit, Schaulust und Kontemplation im Prosastück des Berliner Autors nachzugehen.

Die Vorgeschichte. Von der Gehlust zur Gehmanie, von der Schaulust zum Beobachtungszwang

August Kreutzer, ein ambitionierter, karrierebewusster BWL-Absolvent, Junior-Manager im LustschlösschenCenter in Berlin, ist Mitte dreißig und von seiner Freundin Susanne verlassen worden. Er lebt in einer „hochwertig sanierten", modern eingerichteten Wohnung, umgeben von alphabetisch geordneten Büchern und einem „kratzerlose[n] Ledersofa", mag lieber klassische Musik hören als lesen (wach, S. 18). Seine bereits zu Studienzeiten einsetzende Nervosität und seine Schlafstörungen versucht er anfangs mit stundenlangem Musikhören, mit Alkohol, Onanie und Rooibos-Tee sowie einmal, dem Rat seiner Freundin Susanne folgend, mit kurzen Spaziergängen morgens und abends, zu überwinden. Doch mit der steigenden Unruhe, Angst und Nervosität arten seine Schlafstörungen in Insomnie aus. Der gesunde Tee wird mit der Zeit durch Experimente mit Baldriandragees ersetzt und das nächtliche Schlendern, das sich anfangs als wirksame Therapie bewährt, wird zum Krankheitssyndrom (vgl. wach, S. 18f.). Vor Müdigkeit fühlt sich der Protagonist in seiner Wohnung „wie gelähmt" (wach, S. 19). Der Raum beeinflusst ihn, als wäre er in einer „Schwerkraftverstärkungswohnung" (wach, S. 19f.). August sucht nach den Ursachen dieser körperlich-seelischen Erfahrung anfangs in der Last der ,unsichtbaren Vergangenheit', in der Zeit „vor dem Krieg, während des Kriegs, nach dem Krieg", die seine sanierte Wohnung in sich birgt (wach, S. 186). Da er jedoch Spuren der Vergangenheit überall wahrnimmt, und deshalb „nicht zu Blei" erstarrt (wach, S. 187), vermutet er den Grund für die Schwerkraft in der Mall suchen zu müssen: „dort, im ewigen Tageslicht, muss sie sich natürlich verstecken, aber sie krallt sich heimlich in August fest, und erst bei ihm zu Hause, wenn es dämmerig wird, kriecht sie hervor und macht sich breit" (wach, S. 187).

In seinem Leben gefangen und unfähig zu einem Fortschritt sucht der Protagonist nach Erlebnissen aller Art, die ihn aus dem Zustand der Erschlaffung holen. Als „schön" bezeichnet er die ihn befallende Angst, als er einmal den Atem anhält und so der Gefahr des Erstickens begegnet (wach, S. 22). Als Erlebnis bezeichnet er das Kichern von Mädchen auf dem Friedhof, auf dem ihn übrigens Gräber interessieren, „an denen etwas nicht stimmt" (wach, S. 23), an denen ein Datum fehlt oder er dort eine Tafel mit rührender Inschrift entdeckt (wach, S. 24). Ein Erlebnis ist für August auch die Entdeckung, dass seine Tür nachts nicht abgeschlossen war (wach, S. 23f.). Müde von der täglichen Selbstdisziplinierung vor dem Arbeitsbeginn, von dem „innere[n] Aufrichten, eine[r] geschmeidigen Versteifung von Rücken und Blick zum Zweck der Berufstätigkeit" (wach, S. 33), auf der Suche nach Abwechslung und authentischem Erleben entdeckt August für sich die Stadt, die ihn ‚wach' hält. Es ist Berlin, das sich ihm als ein Archiv vergangener Zeiten, Stilen, Epochen offenbart, es ist die Straße, auf der er Menschen begegnet. In dieser von Geschichte durchtränkten Metropole spazieren zu gehen, empfindet der Protagonist als eine wohltuende Zeit- und Studienreise. Er geht tags und nachts gern „auf ungefähr" und über „absichtslose Grundstücke", „zufällige Straßen" und „unerwartete[] Wege[]" (wach, S. 13), wählt solche Orte als Ziele, an die man über ‚löchrige Gehwege' (wach, S. 14) gelangt. Zur Abwechslung erkundet August die Stadt auch mit öffentlichen Verkehrsmitteln, wobei er dann in eine „Zufallsrichtung" fährt und „an einem unbekannten Bahnhof an die Oberfläche zurückkehrt" (wach, S. 62).

Obwohl sich das LustschlösschenCenter, in dem er arbeitet, zum Flanieren eignet, erdrückt ihn die Atmosphäre des Einkaufszentrums und dessen Totalität, die auf die Konsumsteigerung und Produktion von Kauferlebnissen abzielt, also auf Imagination einer heilen Welt und Täuschung der Konsumenten baut.[2] In Selges Roman wird nun der Shopping Mall, wo der Protagonist August Kreutzer arbeitet, eine oppositionelle Funktion zum städtischen Raum von Berlin zugeschrieben, den er flanierend erkundet und beobachtet. Für Zygmunt Bauman gelten beide – die Shopping Mall und der postmoderne Flaneur – als Merkmale des Übergangs von der Moderne zur Postmoderne.[3] Selges Flaneur scheint einen dreifachen Weg zurückgelegt zu haben: vom Urbanen zum Artifiziellen und zum Urbanen zurück.

---

2   In meinen Ausführungen nehme ich Bezug auf die Begriffe Konsum und Konsumkultur, die zur besseren Orientierung erklärt werden sollen. Die Sozialpsychologin Ariane Stihler definiert den modernen Konsum wie folgt: „Der moderne Mensch konsumiert im Grunde nicht Güter, die seine Bedürfnisse befriedigen, sondern er konsumiert die von Gütern transportierten Symbole für Befriedigung und Erleben. Des Menschen Beziehungen zu sich selbst werden durch diese Symbole vermittelt. Sie sind es, die ihm Ansehen einbringen, ihm Zuwendung verschaffen und zu erregenden Erlebnissen beitragen" (zit. nach Malte Friedrich: Urbane Klänge. Klänge. Popmusik und Imagination der Stadt. Bielefeld 2008, S. 57).

3   Zygmunt Bauman: Flaneure, Spieler und Touristen. Essays zu postmodernen Lebensformen, Hamburg 1997, S. 151.

Die Mall steht dabei als Konsumraum und „Ort kalkulierter Täuschung"[4] für das Artifizielle. Das Urbane meint den stets wandelnden Raum der Stadt mit seiner palimpsestartigen Struktur, deren Spuren der Protagonist aufdeckt. Die Polarisierung zwischen dem historischen Raum der Stadt und der geschichtslosen Shopping Mall soll im Folgenden anhand einer kurzen Darstellung aktueller Positionen zu Funktion und Bedeutung von Shopping Malls im Alltag deutlich gemacht werden.

Die Shopping Mall

In der Shopping Mall visualisieren sich gegenwärtige gesellschaftliche, insbesondere wirtschaftliche Verhältnisse, erkennt Kerstin Dörhöfer.[5] Gleich, ob Architekten, Stadtsoziologen und Konsumpsychologen hierfür herangezogen werden, bleibt die Shopping Mall ein Ort des Konsums und des Erlebniskaufens.[6] „Sie ist Mittel wie Selbstzweck", pointiert Hellmann; sie erfüllt „als Mittel, sofern es um eine Bereitstellung des jeweiligen Warenangebots geht, die klassische Distributionsfunktion" und fungiert „als Selbstzweck, sofern es um die Bereitstellung einer ganz eigenständigen Erlebnismöglichkeit geht".[7] Bauman verweist auf die Bedeutung des Begriffs „Mall" im Englischen als Wege zum Spazieren. Gegenwärtig gelten die „Malls" meistens als Einkaufsstraßen, Wege auf denen man bummelt, während man einkauft und umgekehrt.[8] Die Verschmelzung von Bewegung und Kaufakt wurde in den modernen Gesellschaften zu einer Lebenshaltung gehoben. Es ist „der Verdienst" der Shopping Mall, Flanieren, Konsum und Gemeinschaftserlebnisse zu vereinigen und an einem Ort möglich zu machen.[9] Bauman bringt

4   Christian Schwarzenegger: Das „Verräumen" der Orte. Konsum Dritter Orte als Ikonophagie. In: Räume des Konsums. Über den Funktionswandel. Von Räumlichkeit im Zeitalter des Konsumismus. Hg. von Kai-Uwe Hellmann und Guido Zurstiege. Wiesbaden 2008, S. 142–155, hier S. 151.

5   Kerstin Dörhöfer: Shopping Malls und neue Einkaufszentren. Urbaner Wandel in Berlin. Berlin 2008, S. 22.

6   Vgl. dazu z. B. Horst Opaschowski: Kathedralen und Ikonen des 21. Jahrhunderts. Zur Faszination von Erlebniswelten. In: Erlebnis- und Konsumwelten. Hg. von Albrecht Steinecke. München/Wien 2007, S. 44–54.

7   Kai-Uwe Hellmann: Das konsumistische Syndrom. Zum gegenwärtigen Entsprechungsverhältnis von Gesellschafts- und Identitätsform unter besonderer Berücksichtigung der Raum-Konsum-Relation. In: Hellmann/Zurstiege: Räume des Konsums [Anm. 4], S. 19–50 [= Hellmann 2008a], hier S. 38.

8   Bauman (1997), S. 151.

9   Vgl. Guido Zurstiege: Der Konsum Dritter Orte. In: Hellmann/Zurstiege: Räume des Konsums [Anm. 4], S. 121–141, hier S. 122.

diese Abhängigkeit auf den Punkt: „Einkaufsstraßen machen die Welt (oder einen sorgfältig abgeschirmten, elektronisch überwachten und scharf kontrollierten Teil der Welt) sicher für das Leben-als-Spaziergang".[10] Mit dem ‚Leben als Konsum' setzt sich der Soziologe in seinem gleichnamigen Buch[11] auseinander, wo er die konsumistische Lebensphilosophie als das „Shopping-Leben" bezeichnet, dessen Höhepunkte in Neuanfängen und Auferstehungen gemessen werden. Von den „auf dem Markt angebotenen Identitätsbaukästen" verspricht sich der verunsicherte, weil im „kaleidoskopisch instabilen Umfeld" lebende Konsument die einzig vertrauenswürdige Strategie zum Entwerfen oder Neuentwerfen seiner Identität.[12]

In dem erlebnisorientierten Großprojekt „Mall" erliegt der Konsument einer geplanten Täuschung. Hellmann erkennt in diesem Zusammenhang die Räume der Mall als „Möglichkeitsräume": Die Wirklichkeit der Mall dient „ausschließlich der Stimulation der Simulation von Optionen".[13] In der vorgetäuschten idealisierten Welt der Mall fehlt das Soziale, ein menschliches Gegenüber und sie dient lediglich dem Konsum.[14] Entgegen der idealistischen Zielsetzung von Gruen, dem Erfinder des Bautypus „Shopping Mall",[15] der die Mall von der amerikanischen Stadtperipherie ins Stadtzentrum verlagerte, um den Kern der Stadt zu beleben und die Innenstadt zum Ort des Konsums und der Kommunikation zu gestalten, wurde sie mit der Zeit zum Ort der Vereinsamung und Isolation.[16] Für den Flaneur bedeutet dies einen Übergang in die „einbruchssichere Welt einer einsamen Monade" und den Einstieg in den Raum der „Vergegnung", wie Bauman konstatiert.[17]

---

10 Bauman (1997), S. 152.

11 Zygmunt Bauman: Leben als Konsum. Hamburg 2009, S. 67.

12 Ebd.

13 Hellmann (2008a), S. 38.

14 Vgl. Christoph Jacke: Vergesellschaftung durch Kommunikation und Konsum an den popkulturellen Dritten Orten Musik-Club und Fußball-Stadion. In: Hellmann/Zurstiege: Räume des Konsums [Anm. 4], S. 159–177, hier S. 159.

15 Zum ursprünglichen Konzept der Shopping Mall lässt sich ergänzend anmerken: „Gassen und Straßen, Höfe und Plätze unterschiedlichsten Charakters sollten ein räumliches Kontinuum intimer und öffentlicher Räume generieren. Diese verdichteten Erlebnisräume sollten neben dem kommerziellen Angebot auch kulturelle und gesellschaftliche Aufgaben erfüllen und neben Geschäften daher auch regelmäßige kulturelle Veranstaltungen beherbergen. Gruen wollte dem in seinen Vorstädten isolierten Mittelstand eine Idee des urbanen europäischen Gemeinwesens vermitteln" (Michael Zinganel 2001, zit. nach Zurstiege 2008, S. 122).

16 Marc Augé: Orte und Nicht-Orte. Vorüberlegungen zu einer Enthnologie der Einsamkeit. Frankfurt am Main 1994, S. 121.

17 Bauman (1997), S. 152.

Die angeführten Merkmale und Funktionen der Shopping Mall lassen sie nach dem französischen Ethnologen Marc Augé als einen Nicht-Ort denken und lesen. Ein Nicht-Ort besitzt keine Identität und weist keinen geschichtlichen Bezug auf.[18] Augè macht darauf aufmerksam, dass dem Benutzer des Nicht-Ortes die Erfahrung „einer ewigen Gegenwart"[19] zuteil wird. Es zählt für ihn nur das Hier und Jetzt und die Funktion des jeweiligen Nicht-Ortes verleiht ihm eine neue temporäre Identität: „Der Raum des Nicht-Ortes befreit den, der ihn betritt, von seinen gewohnten Bestimmungen. Er ist nur noch, was er als Passagier, Kunde oder Autofahrer tut und lebt".[20]

Zwar genießt der Nutzer des Nicht-Ortes seine Anonymität und die Freiheit, die ihm die neue Nicht-Ort-Realität gewährt, zahlt dafür aber den Preis des Auf-sich-selbst-Zurückgeworfenseins. In dem „Dialog" zwischen ihm und der Mall-Landschaft nimmt der Kunde nur „das eigene Gesicht und die eigene Stimme der Einsamkeit"[21] wahr.

Albrecht Selges Romanheld, August Kreutzer, erfährt all die Dimensionen der Shopping Mall als eines Nicht-Ortes bis hin zur völligen Vereinsamung und Erstarrung, woraus er sich schließlich in den Stadtraum, auf die Berliner Straßen rettet, wo er den Bauman'schen „sozialen Raum des Mit-seins"[22] sowie die Verwurzelung im geschichtlichen Gewebe der Stadt findet und sich der Vergangenheit wie auch der Zukunft zuwenden kann.

Die Schwerkraft muss aus der Mall stammen

Vor einer ausführlichen Beschreibung des Shopping Centers, wo August als Junior-Manager arbeitet, sind einige Zeilen aus der ersten und zweiten Strophe des expressionistischen Gedichts *Der Gott der Stadt* von Georg Heym in den Text eingearbeitet: „Der Wind, vorher kaum zu spüren, ist stärker geworden. Breit sitzt es auf Häuserblöcken, vom Morgen glänzt sein roter Bauch, zu seinen Füßen kniet die große Stadt. Niemand kommt zu Fuß zur Mall" (wach, S. 29).[23]

---

18   Augè (1994), S. 92.
19   Ebd., S. 123.
20   Ebd., S. 120.
21   Ebd., S. 121.
22   Bauman Zygmunt: Postmodere Ethik, Hamburg 1995, S. 276f.
23   Vgl. die entsprechende Passage bei Heym: „Auf einem Häuserblocke sitzt er breit. / Die Winde lagern schwarz um seine Stirn. / Er schaut voll Wut, wo fern in Einsamkeit / Die letzten Häuser in das Land verirrn. // Vom Abend glänzt der rote Bauch dem Baal, / Die großen Städte knien um ihn her. / Der Kirchglocken ungeheure Zahl / Wogt auf zu ihm aus schwarzer

Durch den ergänzenden Hinweis: „Niemand kommt zu Fuß zur Mall" wird der Eindruck erzeugt, als wäre die Mall die Stadt selbst – eine Stadt in der Stadt, die dem Gott Baal huldigt. Das LustschlösschenCenter ähnelt, architektonisch gesehen, einem mehrstöckigen Bauwerk, das eine Unterwelt aus Parkebenen in sieben Farben birgt. Vor der verschlossenen Tür zu diesem Konsumtempel warten schon die ersten Klienten, wohl Baals Anhänger, die eine neue Spielkonsole erwerben wollen.

Wie die Passagen bei Walter Benjamin hat auch die Mall in Selges Roman ihre Figuren: den Center-Manager Xerxes, der jeden Mitarbeiter der Mall kennt, die Erstbesucher, die Kunden, das Personal und den Prediger – den Fremden, der die Shopping-Welt nicht betreten und nur von außen die Kunden über Gott belehren darf. Es gibt auch eine Kaufsüchtige und einen Zurechtweiser (vgl. wach, S. 47), der nörgelnde Kunden zur Räson bringt. Es gibt aber auch den Flaneur – August Kreutzer. Vor der Öffnung der Geschäfte pflegt August noch in dem Labyrinth aus Etagen, Einkaufsstraßen, Cafés und Restaurants zur Entspannung herumzugehen (vgl. wach, S. 31).

Das LustschlösschenCenter kreiert, offensichtlich nach dem Vorbild der ersten Shopping Mall *Southdale Center*, die 1956 von dem Österreicher Architekten und Stadtplaner, Viktor Gruen, in Amerika entworfen wurde und noch gegenwärtig in Betrieb ist,[24] Illusionen, die die Kunden konsumfreudig stimmen sollen. Die Mall macht es möglich, dass man sich – um mit Guido Zurstiege zu sprechen – durch unmögliche Geographien bewegen kann:

Von hier aus laufen die sieben Gänge der Mall sternförmig auseinander, die Boulevards Istiklal Caddesi, Kärntner Straße, Via Condotti, Champs-Élysées, La Rambla, Oxford Street, 5th Avenue: zum Flanieren einladende Straßen, in denen sieben Weltstädte authentisch erlebbar werden. Jetzt noch ruhend, führen Rolltreppen und gläserne Aufzüge vom Großen Marktplatz ins Untergeschoss, zu den Lebensmittlern im Gastro-Walk, und ins Obergeschoss, zu Panorama-Cafés und Kinderbetreuung, Sportstudio und Erlebnisbad, Multiplex, Entertainment-Center, Arztpraxen. Die Mitte des großen Marktplatzes ist mit Bauzäunen abgesperrt, aus dem aufgerissenen Boden ragen, wie Tentakel eines einbetonierten Tintenfischs, große, verplombte Wasserrohre hervor: Hier wird bald die neuste Attraktion stehen, der Trevibrunnen im Maßstab eins zu eins [...].
(wach, S. 35)

Türme Meer" (Georg Heym: Dichtungen und Schriften. Gesamtausgabe. Hg. von Karl Ludwig Schneider. Bd. I: Lyrik. Hamburg/München 1964, S. 192).

24 Vgl. Kai-Uwe Hellmann: Räume des Konsums. Zur Einführung. In: Hellmann/Zurstiege: Räume des Konsums [Anm. 4], S. 9–15 [= Hellmann 2008b], hier S. 12.

An dem oben angeführten Zitat wird ersichtlich, dass die Inszenierung der bekannten Einkaufsstraßen innerhalb der Mall den Kunden die Welt nahe bringen[25] und in ihnen die Illusion des Konsums als eines Gemeinschaftserlebnisses erzeugen soll, das sie zu Weltbürgern und Konsumenten von Weltformat avancieren lässt. Die Gestaltung von Konsumflächen, merkt Malte Friedrich an, zielt übrigens darauf ab, den Akt des Kaufens[26] zu einem möglichst angenehmen und ‚aufregenden' Erlebnis zu machen und den Konsumenten eine inszenierte Form städtischen Abwechslungsreichtums zu suggerieren.[27] Dieser Manipulation, dieser stilisierten Mall-Realität wird sich August allmählich bewusst. Er wird zum einsamen auf sich selbst zurückgeworfenen Konsumenten, der das Rollenspiel zwischen ihm und dem Nicht-Ort – der Mall – durchschaut. Beim Betrachten des inszenierten Marktplatzes stellt der Protagonist seine Integrität in Frage:

> Hier wird bald die neuste Attraktion stehen, der Trevibrunnen im Maßstab eins zu eins, sechsundzwanzig Meter hoch und zwanzig Meter breit, einschließlich der brunnenseitigen Fassade des Palazzo Poli; an die Stelle restlichen Palastes wird ein einfacher Pavillon treten, Info-Polis, die Zentrale Besucherinformation. Was hält mich zusammen, fragt sich August.
> (wach, S. 35f.)

Dann verliert der Protagonist unerwartet das Interesse an dem inszenierten Interieur der Mall und nimmt seine Haut wahr. Hinter dieser plötzlichen Abwendung der Figur von der Scheinrealität der Mall zum eigenen Körper und zur eigenen Subjekthaftigkeit wird Selges Kritik der Konsumgesellschaft und Konsumindustrie erkennbar, für die natürliche Aspekte des menschlichen Lebens wie Vergänglichkeit oder Tod als Tabus gelten. Im Kommentar des Erzählers wird diese Kritik deutlich: „er wundert sich, dass nicht immerzu Menschen die Haut platzt wie eine zu voll gestopfte Einkaufstüte" (wach, S. 36).

---

25   „Denn Gruens Shopping Malls stellen das Verhältnis zwischen Geographie und Handlung gewissermaßen auf den Kopf; sie sind Heterotopien im Sinne Foucaults, Vorstellungen von einem Raum, die sich an einem nicht vorgesehenen Ort manifestieren. Der Handel spielt sich im Falle der Shopping Mall nicht in der Stadt ab, vielmehr spielt sich die Stadt als Inszenierung innerhalb der Mall ab. Und genau aus diesem Grund kann man sich an diesen Orten ja auch durch unmögliche Geographien bewegen" (Zurstiege 2008, S. 125).

26   Zur Konsumkultur merkt der Konsumsoziologe Malte Friedrich an: „Eine Konsumkultur besteht [...] nicht aus dem einfachen Akt des Erwerbs und des Verbrauchs einer Ware, sondern auch aus ihrer spezifischen Verwendung und der Verbindung mit Bedeutungen und Nutzungsformen" (Friedrich 2008, S. 57).

27   Ebd., S. 59.

Überraschend kommt in der Welt des Konsumtempels dem sonst umsatz- und leistungsorientierten Chef Augusts – Xerxes – die Rolle eines Ermahners zu, der beim Anblick der vor dem Shopping Center wartenden Kunden an die Vergänglichkeit des menschlichen Lebens und die Nichtigkeit des menschlichen Tuns erinnert wie nach dem Vorbild des biblischen Autors Kohelet „vanitas vanitatum, et omnia vanitas" (Koh 1,2):

> „Eben war ich noch glücklich, und jetzt weine ich", beginnt Xerxes mit der ihm eigenen leisen Nachdrücklichkeit. „Sehen Sie, Herr Kreutzer, da unten stehen Männer ohne Zahl, muskulöse Männer, ihre Arme sind die stärksten, ihre Nacken die dicksten, ihre Fitness die höchste, was sage ich: die allerhöchste ... *und von all diesen Menschen wird in hundert Jahren keiner mehr leben"*.
> (wach, S. 32)

An einer anderen Stelle erkennt Xerxes wiederholt die Mall als einen Ort, an dem sich apokalyptische Visionen der Vergänglichkeit des Irdischen verwirklichen. Noch einmal kommt die Angst des Center-Managers vor dem Tod zum Vorschein: „Das Grauenerregende ist ja, dass die Menschen, wenn sie hier hinausgehen, älter *sind*, als sie beim Hereinkommen *waren*" (wach, S. 42).

Bauman zufolge gehört die Angst vor der Vergänglichkeit und dem Tod zum „Katalog postmoderner Ängste".[28] Der Soziologe weist gleichzeitig auf die Merkmale der Gattung „Mensch" hin, auf dessen „Zeitgebundenheit" und das Bewusstsein, dass man eben zeitgebunden, also vergänglich ist.[29] Mensch sein bedeutet, dies zu wissen. Mensch sein bedeutet also auch, Angst zu empfinden.[30]

Xerxes verdrängt dieses Bewusstsein, täuscht Gelassenheit und Charakterstärke vor, diszipliniert sich. August dagegen lebt stets im Bewusstsein der eigenen Vergänglichkeit und der ihn umgebenden Umwelt.

In dem inszenierten Shopping Center als einem Sinnbild der konsumistischen Lebensrealität des modernen Menschen kommt nun Selges Kritik der Konsumkultur und der „gehetzten Gesellschaft",[31] wie Bauman die moderne Gesellschaft nennt, zum Vorschein. Jene Hast der „Bewohner des konsumistischen Zeitalters"[32] lässt sich dem Soziologen zufolge mit dem „Drang" erklären, „zu erwerben und zu sammeln".[33]

---

28 Bauman (1997), S. 171.
29 Ebd., S. 171.
30 Ebd., S. 171.
31 Zit. nach Bauman (2009), S. 45.
32 Ebd., S. 50.
33 Ebd., S. 50f.

August kennt sowohl diese Hektik als auch die Tücken der Konsumindustrie und die organisierte und kontrollierte Welt der Mall, die darauf aus ist, Zufall und Unvorhersehbares zu eliminieren, um das Konsumverhalten der Kunden reibungslos zu steuern. Als Junior-Manager im Shoppingcenter hat er die Aufgabe, im Editorial der Kundenzeitschrift, das er im Namen seines Chefs verfasst, den Kunden der Mall mal „mediterrane Erlebniswelten" (wach, S. 142), mal Bequemlichkeit (vgl. wach, S. 169) zu versprechen. Als Werbetexter im LustschlösschenCenter ist August ein Rädchen im Getriebe der „Erzählmaschine",[34] die den Kunden „Wunscherfüllungs- und Verwandlungsgeschichten" nahe bringt.[35] Der Protagonist ist selbst ein Teil der *Ökonomie der Täuschung* (Bauman), die an die *Irrationalität* der Kunden und ihre *konsumistischen Emotionen* appelliert[36] und sie auf eine nie zu Ende gehende Suche nach Erfüllung schickt, von einem Glück verheißenden Produkt zum anderen. Für die Juni-Ausgabe der Monatszeitschrift weckt August Konsumwünsche der Kunden mit den Worten:

> Faszinierende Warenwelten erwarten Sie. Auf zwei von zahllosen Juni-Highlights möchte ich Sie persönlich aufmerksam machen:
> „Besteck neu erleben" – das können Sie während der Internationalen Besteck-Wochen in den *Französischen Kochkunst-Passagen.* „Zeitgemäße Besteck-Philosophie liegt in der Verbindung von puristischem und sinnlichem Flair, konform zum aktuell gültigen Wohnambiente".
> (wach, S. 61)

In der Shopping-Realität zählen für den isolierten und entfremdeten Protagonisten seine Besuche an Manjas Stand während der Mittagspause. Manja ist Crêpe-Bäckerin in einem Restaurant, das zu einer französischen Kette gehört. Für den Zweck der Umsatzoptimierung trägt Manja ein Namensschild mit einem französischen Namen. In Wirklichkeit ist sie eine russischstämmige Immigrantin, deren Geschichten, „Häppchen aus der Vergangenheit" (wach, S. 49), August mehr begehrt als die kulinarischen Vorteile ihrer Crêpes. Als Werbetexter ersehnt der Protagonist solche Narrative, die ihn an wahren Geschehnissen und menschlichen Schicksalen teilhaben lassen. Etwas menschliche Aufmerksamkeit, die Manja ihm entgegenbringt, verbunden mit seinem üblichen Herumgehen in der Mall zeigen, wenn auch nur für kurze Zeit, therapeutische Wirkung. Sonst erliegt August dem Automatismus seiner Büroarbeit und der Langeweile, „der nervöse[n]

---

34   Zurstiege (2008), S. 125.
35   Ebd., S. 125.
36   Bauman (2009), S. 45.

Eintönigkeit" (wach, S. 55) und einer Verspannung, die sich in „der Verschnürung seines Herzens" (wach, S. 54) sowie in einem versteiften Körper niederschlagen – Beschwerden, von denen er sich erst nach dem Verlassen des Shopping Centers im Gehen und Beobachten der Stadt erholt (vgl. wach, S. 55).

Der Flaneur

Der Flaneur ist bekanntlich für Walter Benjamin die zentrale Figur einer visuellen Aneignung des städtischen Raumes.[37] Die Stadt und seine Bewohner zu beobachten, ziellos durch die Stadt zu schlendern, eher Seitenstraßen als Hauptstraßen zu explorieren, durch Passagen und Hinterhöfe zu streifen ist die Arbeit des Flaneurs. „Er ist der hybride Protagonist des charakteristischen aller hybriden Orte im Paris des 19. Jahrhunderts", um mit Buchenhorst zu sprechen.[38] Dem Flaneur kommt die Aufgabe zu, die Heterogenität und historische Schichtung der städtischen Landschaft zu erforschen und zu studieren. „Im Asphalt. Über den er hingeht, wecken seine Schritte eine erstaunliche Resonanz",[39] reflektiert Benjamin im *Passagen-Werk*. Der Flaneur ist also ein Zeitschichtenleser und eine Erinnerungsinstanz. Benjamin denkt diese Art des Spazierengehens als „Memorieren im Schlendern".[40] Als Mensch der Masse versucht der Flaneur seine Beobachtungen unauffällig anzustellen und nicht aufzufallen.[41] Seine ständige Augenarbeit und die Affinität zur Spurensuche machen ihn zum Detektiv, der Geheimnisvolles im städtischen Raum aufspürt.[42] Seinen langsamen Gang setzt er dem Tempo der sich modernisierenden Stadt entgegen. Flanierend nimmt er

---

37   Friedrich (2000), S. 99. – Eine aktuelle ausführliche Auseinandersetzung mit der Flaneur-Figur bieten z. B. Mathias Keidel: Die Wiederkehr der Flaneure. Literarische Flanerie und flanierendes Denken zwischen Wahrnehmung und Reflexion. Würzburg 2006 oder Jan Rhein: Flaneure in der Gegenwartsliteratur. Rèda, Wackwitz, Pamuk, Nooteboom. Marburg 2010.

38   Ralph Buchenhorst: Die Illusion des allumfassenden Stadtplans. Walter Benjamin und die hybride Stadt. In: Urbane Beobachtungen. Walter Benjamin und die neuen Städte. Hg. von Ralph Buchenhorst und Miguel Vedda. Übersetzt von Martin Schwietzke. Bielefeld 2010, S. 141–157, hier S. 144.

39   Vgl. Walter Benjamin: Gesammelte Schriften. Unter Mitwirkung von Theodor W. Adorno und Gershom Scholem hg. von Rolf Tiedemann und Hermann Schweppenhäuser. Bd. 5.1/5.2: Das Passagen-Werk. Hg. von Rolf Tiedemann. Frankfurt am Main 1982, S. 524.

40   Walter Benjamin: Die Wiederkehr des Flaneurs. In: Franz Hessel: Ein Flaneur in Berlin. Berlin 1984 [= 1929], S. 277–281, hier S. 277.

41   Vgl. Benjamin (1982), S. 529.

42   Vgl. ebd., S. 554.

die sich anbahnende Konsumkultur und deren Teilnehmer wahr. Benjamin nennt den Flaneur den „Beobachter des Marktes"; er sei „der in das Reich des Konsumenten ausgeschickte Kundschafter des Kapitalisten".[43] Das Warenhaus setzt der *flânerie* ein Ende. Die Analyse ausgewählter Beispiele aus dem Roman *wach* wird zeigen, welche Funktionen dem Flaneur bei Selge zugewiesen werden und inwieweit sich die Figur über Benjamins Modell hinausentwickelt hat.

Der Flaneur August Kreutzer

Zwischen Augusts Schlafstörungen und seiner Gehmanie besteht ein Zusammenhang – er flüchtet vor dem Schlaf, weil er einerseits für die lebendige Stadt ‚wach' bleiben will und im Gehen eine Ablenkung von sich selbst findet: „rumgehen ist für ihn kein Mittel zur Ablenkung, sondern ein ablenkender Zweck, ein Zweck für sich, der mit jedem Schritt klarer und einleuchtender wird" (wach, S. 14).

Wovon fühlt sich der Romanheld angezogen? Für den Architekten Philipp Oswalt geht der Magnetismus Berlins auf seine historische Vielschichtigkeit und eine offene architektonische und bauplanerische Form zurück:

> Berlin ist der Prototyp einer Stadt, wo das Gegensätzliche koexistiert. Der Filmemacher Wim Wenders sieht Berlin als eine Stadt, die „dadurch wach hält, daß man nicht wie in allen Städten in ein geschlossenes System herein kommt, sondern ständig gerüttelt wird".[44]

Das Leben in der Stadt geht für August mit einer permanenten Betrachtung und zugleich penetranten Erkundung des städtischen Raumes einher, die einem Eindringen in das Innere der Stadt gleicht. Der Protagonist ist ein Teil von ihr. Mal ist er ein autonomes Subjekt, das sich in ihr frei bewegt und eine Affinität für Orte mit geschichtlichem Hintergrund verspürt und Lokalitäten bevorzugt, wo „Zeit und Luft stillstehen" (wach, S. 8); mal wird er zum Objekt des städtischen Treibens, das von der Totalität der Stadt erdrückt wird. So kann den Romanhelden der Besuch in einer Kneipe so sehr einnehmen, dass er die Fülle der Eindrücke, die auf ihn einwirken, nicht mehr zu verarbeiten und zu ertragen in der Lage ist. Exemplarisch zeigt sich dies, während der Protagonist einmal im „Schandfleck" verweilt und die darin herrschende Atmosphäre ihm zur Last wird. Das Lokal befindet sich in einem noch durch den Krieg beschädigten Haus; es ist „die letzte

---

43　Ebd. S. 538.
44　Philipp Oswalt: Berlin. Stadt ohne Form. Strategien einer anderen Architektur. München 2000, S. 29.

Bruchbude in der frisch herausgeputzten Straße" (wach, S. 8). Augusts Versuche, seine Wahrnehmungen einzustellen, bringen die entgegengesetzte Wirkung. Das Stimmengewirr der Gäste und die Gerüche in der Kneipe überwältigen ihn, sodass er die Distanz des Beobachters verliert und das Gefühl hat, zum Depot des ihn umgebenden Wirrwarrs und der darin schwebenden Geschichte geworden zu sein:

> Wenn man den Kopf einmal ganz frei von allem machen könnte, für einen Moment nur, alle Schubladen der Erinnerung fest zugeschoben, nichts denken und nichts wahrnehmen, abgeschottet von allen Eindrücken: ein leeres Gefäß sein. Er schließt die Augen und versucht, sich herauszuheben aus dem Raum, der ihn umgibt, aus Gerüchen und Geräuschen. Aber das Gegenteil passiert: Indem er über das Gemurmel hinweghören will, hört er erst hinein, oder es fließt in ihn wie in einen offenen Behälter, im zuvor formlosen Lärm bilden sich Wörter, Satzfetzen, es zieht ihn in die Gespräche der Tischnachbarn [...] (wach, S. 12)

Schließlich rettet er sich aus dem Lokal, indem er es verlässt und durch die nächtliche Stadt schlendert.

So streift er durch Seitenstraßen noch lieber als durch Hauptstraßen (vgl. wach, S. 62), betritt Gebäude, Hinterhöfe, mustert Namenschilder in Treppenhäusern, „betrachtet lieber Pollen auf dem Boden" und „Gekritzel auf Briefkästen" (wach, S. 17), Wohnungstüre und Fußmatten (wach, S. 174). Er nimmt auffällige und unscheinbare Stadtbewohner auf, fantasiert über deren Lebensgeschichten, wie etwa über die eines Dauerläufers, dem er zur selben Zeit immer begegnet (vgl. wach, S. 16f.), oder er sammelt Informationen über sie im Laufe seiner Observierungen wie über die Insassin des Altersheims im Rollstuhl, die er aus der Straßenbahn wahrnimmt (wach, S. 25).

In der Straßenbahn beobachtet August Fahrgäste, denkt auch über deren Beschäftigung, über ihr Verhalten und ihr Erscheinungsbild nach. Er genießt dieses Schauen, das ihn von sich selbst ablenkt. Während der Fahrt arbeitet sein Wahrnehmungsapparat photographisch, wobei er manche bekannten städtischen „Gegenstände", darunter z. B. „Mietskasernen, Plattenbauten, Gründerzeithäuser[], [...] Baulücken, Brachen, Erschließungsgelände[]" beinahe unwillkürlich, mit gewohntem Auge aufnimmt (wach, S. 27). Die Großstadtschilderung wirkt lebendiger, sobald August sich seinem Arbeitsplatz nähert und präzise topografische Angaben machen kann, wo sich „das riesige silbrig graue Oval der Mall", das die Blicke aller auf sich zieht, befindet (wach, S. 27).

August kommt im Roman die Funktion eines zwischen den Zeiten und Epochen vermittelnden Mediums zu, das im erinnernden Modus die Gegenwart mit der Vergangenheit in Beziehung setzt. Sein Auge wird vom aufmerksamen Betrachten der sich gegenwärtig wandelnden Stadt nicht müde und erblickt jegliche

Entwicklung, jede Modernisierung, aber auch Rückentwicklung in der urbanen Umwelt – seien es verfallene Häuser, menschenleere Wohnblöcke, verlassene Gebäude. Augusts Wahrnehmungsverfahren ähnelt einem großflächig angelegtem Scanning, dem kein Objekt, keine Bewegung, keine Veränderung im städtischen Raum entkommt. Selbst müde, nach einer schlaflosen im Stadtrundgehen verbrachten Nacht, verspürt der Protagonist Angst, seine Augen zu schließen, als hinge das Fortbestehen der Welt von seinem Sehen ab (vgl. wach, S. 60). Der Betrachtungsarbeit des Spaziergängers August folgen Großstadtanalysen, die topographisch orientiert sind und bei denen der Protagonist sein historisches und landekundliches Wissen über Berlin aktiviert. So entstehen Augusts komplexe Großstadtstudien über subjektiv gewählte Orte, Straßen und Gebäude, die die palimpsestartige Struktur Berlins enthüllen:

> Es gefällt August, auf seinen Streunereien nach Orten zu suchen, wo sich Zeiten ineinanderschieben, er phantasiert sich Vergangenheiten ins Jetzt: vor einer Designerboutique den Kramladen, der hier gewesen ist, an einer Straßenecke die Passanten, die hier gegangen sind. Dann füllen sich Gehwege, Hauseingänge, Ladengeschäfte und Wohnungsfenster mit zahllosen Schatten; nichts Drückendes ist an ihnen, sie bewegen sich luftig in der Gegenwart; aber die jetzigen Menschen wirken unecht, sie sind alle nur zukünftige Schatten. (wach, S. 82)

Selges Flaneurfigur ist also nach dem Vorbild Benjamins die Figur des Transfers. Ihr kommt die Funktion zu, durch „Memorieren im Schlendern" die Vergangenheit der Stadt in die Gegenwart zu transportieren, aus dem städtischen Raum Entschwundenes in Erinnerung zu bringen. Es handelt sich, wie an dem folgenden Textbeispiel zu erkennen ist, um ein subjektives Bild der jungen Hauptstadt Deutschlands, die durch zahlreiche ideologisch motivierte Umbauarbeiten zu einem gedächtniskulturellen und architektonischen Transitraum geworden ist, der unsichtbare Zeitschichten birgt:

> August begibt sich ins Zentrum. Die Spuren der Zeit, erfasst und verzeichnet, sind dicht gedrängt, denn die Stadt ist jung und hat eilig nachgeholt, was andere Städte in Jahrhunderten durchmachen, Aufstieg und Fall, Fieber und Agonie, selbst das Hindämmern hat hin nur kurz gedauert […]
> (wach, S. 87)

Dem durch Berlin streifenden August erscheint diese Stadt auch wie ein Labyrinth, in dem man sich trotz topographischer Kenntnis verirren und mit einem touristischen Blick das bislang Unbekannte fixieren, darüber staunen und sich daran erfreuen kann, auch wenn man die Gegend gut kennt. Die Erfahrung der Stadt als ein Labyrinth, das bei dem Stadterkunder Orientierungslosigkeit und Herumirren auslöst, geht auf Walter Benjamins Berlinstudie in *Berliner Kindheit* zurück, die er in der berühmten Miniatur *Tiergarten* präsentiert: „Sich in einer Stadt nicht zurechtzufinden, heißt nicht viel. In einer Stadt sich aber zu verirren, wie man in einem Walde sich verirrt, braucht Schulung".[45]

Ähnlich wie bei Benjamin ist der Flaneur Kreutzer der Beobachter der Konsumkultur und der sich wandelnden Stadt, die sich mehr und mehr zu einem Raum des Konsums entwickelt (vgl. wach, S. 153–155). Was er wahrnimmt, ist der Niedergang der bei Benjamin noch zentralen Warenhäuser, an deren Stelle jetzt die Shopping Mall tritt (wach, S. 155).

Augusts Berlin-Darstellungen muten ferner wie Gegenwartsdiagnosen eines desillusionierten Zeitgenossen und ausgebrannten Konsumenten in einem an. Verstädterung, Industrialisierung, ausgebaute Verkehrsnetze, Konsumgesellschaft und Armut sind in Selges Roman Entwicklungszustände, die das gegenwärtige Stadtbild von Berlin prägen:

> [...] die Stadt liegt an keinem Fluss mehr, sondern an der Stadtbahnstraße. An ihrem Pfeiler, auf einer Uferbank, bemerkt August einen Haufen aus dicken Bündeln, Kleidern und Tüten. Allmählich erkennt er einen schlafenden Menschen darin, einen trotz der Wärme dick eingemummelten Mann, der sein Lager am Fluss hat. Jeden Morgen wacht der Mann auf, denkt August, und sieht aufs Wasser hinaus und weiß sich umgeben von den Dingen, die er besitzt: ein paar Tüten, ein großer Rucksack, ein Einkaufswagen. (wach, S. 59)

An einem Nachmittag fährt August mit der U-Bahn in eine ihm unbekannte Gegend. Allmählich orientiert sich der Leser in dem von August geschilderten Stadtteil. Anhand detaillierter topografischer Angaben, dem Verweis auf eine „backsteingotische Kathedrale" (die Reformationskirche) und eine Markthalle (zweifellos die Moabiter Markthalle, auch Arminiushalle genannt) und der später folgenden Benennung von Straßennamen kann der Leser Moabit erkennen. Dort erfährt August die Straße zum einen als einen Ort des Alltagslebens, wo er Menschen begegnet, die zur Arbeit eilen, heimkehren, einkaufen gehen oder zum Plaudern stehen bleiben. Zum anderen gibt sich dem Stadtstreicher die Straße als ein Ort des gesellschaftlichen Zusammenlebens vieler Ethnien zu erkennen. Die unbekannte Gegend samt ihrer Multikulturalität verunsichert ihn und wirkt auf ihn bedrohend.

---

45 Walter Benjamin: Berliner Kindheit um Neunzehnhundert. Gießener Fassung. Frankfurt am Main 2000, S. 11.

Das sich plötzlich einstellende Unbehagen hindert August jedoch keineswegs daran, seine urbanen Beobachtungen und Erkundungen fortzusetzen. Umgeben von fremdsprachigen Passanten studiert August deren Physionomie und erblickt deren Gebissdefekte. Detaillierte Schilderungen von Döner-Läden, Handygeschäften, muslimischen Ladenverkäufern sowie Männern und (ihren) Frauen mit Kopftuch und Kinderwagen, von Werbetafeln auf dem Gehweg und einem Bettler lassen ihn die Straße als einen Kommunikations- und Konsumraum deuten. Die „Straße ist ein Konsumdebakel" (wach, S. 67), merkt der Erzähler an. Der multikulturelle Charakter der Straße wird auch durch die Präsenz des neben einem türkischen Tante-Emine-Laden gelegenen polnischen Geschäft, „Polski Sklep", betont (wach, S. 68).

Durch den Bezirk Moabit schlendernd, dechiffriert August die Straßennamen – Wiclefstraße, Bugenhagenstraße, Agricolastraße, Waldenserstraße, Zwinglistraße, Hussitenstraße – als eine Art Chronik der Geschichte der Stadt, als einen Ort, in dem die historische Vergangenheit, die Reformation, symbolisch verräumlicht wird. Als Leser denkt man spontan auch an den Ursprung des Namens Moabit, an die französischen Glaubensflüchtlinge, die 1717 in Berlin ihren Zufluchtsort gefunden haben. Die Dichte topografischer Angaben in Selges Roman *wach* sowie die dadurch aufgerufenen historischen Fakten lassen keinen Zweifel daran, dass Selges Flaneur eine erinnernde Funktion zukommt. Sobald August einen Ort von geschichtlicher Relevanz besucht, wird der Leser darüber in Kenntnis gesetzt und, nach Bedarf, zur weiteren Recherche animiert.

Das Flanieren in Berlin wird schließlich für den Protagonisten zu einer Suche nach sich selbst in der stets in der Gegenwart, dem städtischen Raum von Berlin präsenten Vergangenheit, deren Spuren er aufsucht. Diese ‚Spurensicherung' hat für August eine identitätsversichernde, identitätsstabilisierende Funktion (vgl. wach S. 170; 198–200).

Der schlaflose Flaneur wird erst nach dem Aufdecken des Geheimnisses einschlafen, wer im Internet seine Identität gestohlen hat, als August Kreutzer Sexseiten besucht und Autor von rassistischen Hetzereien ist. Im falschen „August Kreutzer", den der Romanheld bis in dessen Wohnung verfolgt, erkennt er seinen Schulkameraden. Nach der Demaskierung des Fremden, von dem sich August bedroht gefühlt hat, verspürt er eine angenehme Müdigkeit und schläft in dessen Wohnung ein. Auf dem Weg nach Hause erleidet er als Passant einen Unfall, den er überlebt. Beide Umstände – die erste durchschlafene Nacht seit langem und der Unfall – holen den Protagonisten aus seinem traumähnlichen Zustand, in dem er die vorangegangenen Wochen, ja Monate durch die Berliner Straßen schlenderte und nach den Spuren der Vergangenheit suchte. Unerwartet stellt sich bei dem obsessiven Spaziergänger eine Art Benjamin'sches Erwachen ein, nach dem er schärfer und klarer sieht (vgl. wach, S. 253) und einen Bezug zu Gegenwart zurückgewinnt.

Er sieht, wie es war, bevor er hierherkam, und wie es nach ihm sein wird: Alles sieht er zugleich, ein unbestimmbares, umfassendes Bild.
(wach, S. 252)

Wie das Textbeispiel zeigt, gewinnt August nach dem Erwachen ein umfassenderes Bild von der gegenwärtigen Stadt, die in seinen Augen aus der Vergangenheit, aber auch Gegenwart und Zukunft zusammengewoben ist, und in der, wie in den dialektischen Visionen Walter Benjamins, das „Zerschlagene zusammengefügt" wurde. „Erinnerung und Erwachen sind aufs engste verwandt. Erwachen ist nämlich die dialektische kopernikanische Wendung des Eingedenkens",[46] merkt Benjamin zu Formen der modernen Wahrnehmung und zum Geschichtsverständnis an. Die dialektische Methode sei die Kunst, mit deren Hilfe man die Gegenwart als eine erwachende Welt erfahren würde, auf die sich in Wirklichkeit jeder Traum bezieht, die wir Vergangenheit nennen.[47]

Zusammenfassung

Auf der Basis urbaner Beobachtungen der durch das heutige Berlin streifenden Romanfigur August Kreutzer entsteht in *wach* neben einer reflexiven Großstadt- und Gesellschaftsstudie auch eine Gegenwartsanalyse. Wie Benjamin macht auch Selge – um mit Zygmunt Bauman zu sprechen – den Flaneur „zu einem Alltagsbegriff kultureller Analyse und zur zentralen Figur der modernen Stadt".[48] Den durch den städtischen Raum flanierenden *wach*-Protagonisten leiten, nach dem Vorbild des Flaneurs aus Benjamins *Passagen-Werk*, die Straßen der Berliner Metropole, in eine entschwundene Zeit,[49] die sich hinter verputzten und sanierten Häusern, hinter abgerissenen und neu errichteten Bauten und in Hinterhöfen, hinter einem Gehweg voller Stolpersteine, wo sich einmal ein jüdisches Viertel befand (wach, S. 91), verbirgt.

Zum einen ist Kreutzer ein Zeitschichten-Leser und eine Art Seismograph des Erinnerns an Vergangenes und des Vergessens früherer Epochen, die im städtischen Raum von Berlin ihre Spuren hinterlassen haben, und Medium der Sichtbarmachung der Geschichte im Raum. Zum anderen wird er einem anderen Typus des Großstadtbewohners gegenübergestellt – dem Konsumenten. Zwischen Benjamins Passagen und dem Raum der Shopping Mall lässt sich eine Analogie feststellen.

---

46 Benjamin (1982), S. 1058.
47 Vgl. Buchenhorst (2010), S. 142.
48 Bauman (1997), S. 150.
49 Benjamin (1982), S. 524.

Während Benjamin sich in seinem *Passagen-Werk* an die im 19. Jahrhundert entstandene und zu Beginn des 20. Jahrhunderts vergessene Geschäftspassage im Zentrum von Paris erinnert, ruft er zugleich die Epoche des Niedergangs des Bürgertums in Frankreich in Erinnerung. Die Architektur zeigt hier einen metaphorischen Charakter. An ihr lassen sich, wie an einem Palimpsest, Vergangenheit und Gegenwart einer Gesellschaft ablesen.[50]

Der Bautyp „Shopping Mall" mit ihrer ausschließlich konsumorientierten Funktion erzählt dagegen lediglich die Geschichte der modernen Konsumgesellschaft seit den 50er Jahren des 20. Jahrhunderts bis ins 21. Jahrhundert. In der literarischen Gestalt des durch das gegenwärtige Berlin flanierenden August Kreutzer manifestiert sich die Sehnsucht des modernen, konsummüden Menschen nach Langsamkeit, nach ungesteuerten Eindrücken und authentischem Erleben, nach Verwurzelung und Stabilität. Der geschichtsträchtige urbane Raum von Berlin und seine Straßen werden für den Protagonisten, der in seiner Wohnung nicht mehr zur Ruhe kommt, zu seiner Heimat, zu einem „magnetischen", anziehenden Raum, der für ihn im Gegensatz zur Shopping Mall, einen „sozialen Raum" darstellt und so auf ihn eine therapeutische Wirkung ausübt.

Auf die Frage, warum jetzt ähnlich wie zu Zeiten Franz Hessels und Walter Benjamins dem langsamen Schritt, dem Müßiggang und der Augenarbeit eines flanierenden und reflektierenden Stadtbeobachters Interesse und Beachtung entgegengebracht wird, lässt sich mit den Worten Karl Schlögels antworten: „Man sieht nur, wenn man stehen bleibt, wo alles sich nach vorn bewegt; man sieht nur, wenn man weiter ist oder schon außerhalb steht. [...] Man muss sich zurücklehnen können, um zu sehen".[51] Schlögel hebt angesichts der fortschreitenden zivilisatorischen Entwicklung und des Lebenstempos moderner Gesellschaften den Vorteil der Verlangsamung und Distanzierung hervor, die dem Großstädter und Konsumenten ermöglicht, sich diesen Wandel zu vergegenwärtigen und sich Freiräume zu schaffen, in die er sich zurückziehen kann, wie August Kreutzer für sich den Berliner Stadtraum gefunden hat. In diesem Sinne zeugt *wach*, wie Frank Schäfer treffend konstatiert, von der „Sehnsucht nach Dispens"[52] von Beschleunigung und Konsum.

---

50   Miguel Vedda: Straßen ohne Erinnerung: Die Phänomenologie der Großstadt bei Siegfried Kracauer und Walter Benjamin. In: Buchenhorst/Vedda 2010, S. 88–98 [Anm. 38], hier S. 91.

51   Karl Schlögel: Im Raume lesen wir die Zeit. Über Zivilisationsgeschichte und Geopolitik, München [u. a.] 2003, S. 273f.

52   Frank Schäfer: Ich bleib dann mal hier. Die Wiederkehr des Flaneurs. Rolling Stone vom 3. März 2012, S. 56f., hier S. 57.

Verzeichnis der Mitarbeiter

Nikolas Buck, geb. 1985. Studium der Fächer Deutsch, Geschichte und Wirtschaft/ Politik für das Lehramt an Gymnasien. Derzeit am Institut für Neuere Deutsche Literatur und Medien der Christian-Albrechts-Universität zu Kiel beschäftigt. Arbeitsschwerpunkte im Bereich der Gegenwarts- und Avantgardeliteratur.

Magdalena Drywa, M. A., geb. 1978, Promotionsvorhaben über zeitgenössische Reiseliteratur und Authentizitätskonstruktionen, derzeit am Lektorat für Deutsch als Fremdsprache der Universität Kiel; Arbeitsschwerpunkte u. a. Reiseliteratur, Literatur der Gegenwart.

Kristin Eichhorn, Dr. phil., hat 2013 mit einer Dissertation zur Poetik der Aufklärungsfabel promoviert und ist zur Zeit wissenschaftliche Mitarbeiterin am Institut für Neuere Deutsche Literatur und Medien der Christian-Albrechts-Universität zu Kiel; Arbeitsschwerpunkte sind neben der Poetik des 18. Jahrhunderts Gegenwarts- und Bestsellerliteratur.

Dominika Gortych, M. A., geb. 1984, Magisterstudium in der Germanistik (2009) und Soziologie (2010) an der Adam-Mickiewicz-Universität Poznań, derzeit Doktorandin im Institut für Germanische Philologie an derselben Universität (Dissertationsprojekt: *Semantik der Leere in den deutschen und polnischen Kulturtexten zur Shoah*); Arbeitsschwerpunkte: Erinnerungskulturen (insbesondere an die Shoah), deutsche Gegenwartsliteratur.

Olena Komarnicka, M. A. geb. 1986, Magisterarbeit 2009 zum Thema: Darstellung der gesellschaftlichen Schichten in Lion Feuchtwangers *Erfolg*, derzeit Doktorandenstudium an der Adam-Mickiewicz-Universität Poznań, Arbeitsschwerpunkte deutschsprachige Exilliteratur nach 1933 und deutschpolnische Beziehungen im XX. und XXI. Jahrhundert.

Birgitta Krumrey, M. A., geb. 1985, Promotionsvorhaben zum Autorschafts-Diskurs im autofiktionalen Text der Gegenwartsliteratur an der Christian-Albrechts-Universität zu Kiel; Arbeitsschwerpunkte u. a. Autofiktionsforschung, Gegenwartsliteratur, Drama des 18. und 19. Jahrhunderts.

Johannes S. Lorenzen, M. A., geb. 1985, Studium der Neueren deutschen Literatur- und Medienwissenschaft, Anglistik, Nordistik und Philosophie. Zur

Zeit Lehrbeauftragter und Doktorand am Institut für Neuere Deutsche Literatur und Medien an der Christian-Albrechts-Universität zu Kiel und Stipendiat des Landes Schleswig-Holstein. Arbeitsschwerpunkte: Expressionismus, Moderne, Literaturtheorie.

Ewa Pytel-Bartnik, Dr. phil., geb. 1972, wissenschaftliche Mitarbeiterin an der Adam-Mickiewicz-Universität Poznań am Institut für Germanische Philologie; Forschungsfelder: Deutsche Literatur nach 1945 und nach 1989; Berlin- und Flaneurromane nach 1989, Geopoetik, Raum- und Stadtsoziologie, Architektursoziologie. Zur Zeit Arbeit am Habilitationsprojekt zum Thema: Geschichte und Urbanität in den Berlin-Texten nach 1989.

Karolina Rapp, M. A., geb. 1986; 2005–2010 Germanistikstudium an der Adam-Mickiewicz-Universität Poznań – Titel der Magisterarbeit: „Der Mensch auf der Reise. Der Moderne Odysseus in den Werken von Perikles Monioudis", 2011; jetzt Doktorandin im Institut für Germanische Philologie, Adam-Mickiewicz-Universität in Poznań; Arbeitsschwerpunkte: Reiseliteratur, Mythen und mythenschöpfende Prozesse, Mythos Orient in der deutschsprachigen Literatur, Postkolonialismus, Transkulturalität und Literatur, Räume der Hybridisierung von Kultur und Literatur, Kulturgeschichte.

Magdalena Skalska, M. A., geb. 1982, Magisterarbeit 2006 über Theodor Fontanes Reiseberichte aus England, derzeit Doktorandin am Institut für Germanische Philologie der Adam-Mickiewicz-Universität Poznań; Arbeitsschwerpunkte u. a. Reiseliteratur, Kalenderschrifttum des 19. Jahrhunderts, Literatur der Provinz Posen.

Marek Szałagiewicz, M. A., geb. 1986; derzeit Doktorand im Institut für Germanische Philologie der Adam-Mickiewicz-Universität Poznań; Arbeitsschwerpunkte: Gewalt und Körper in der Literatur, Gewaltästhetik, Popliteratur, Literatur in den neuen Medien, Technik- und Medienphilosophie, Computerspielforschung.

Ingo Vogler, M. A., geb. 1982, derzeit am Institut für Neuere Deutsche Literatur und Medien der Christian-Albrechts-Universität zu Kiel; Arbeitsschwerpunkte u. a. Postmoderne und nach-postmoderne Ästhetik, Goetheforschung, Negative Hermeneutik.

BEITRÄGE ZUR LITERATUR UND LITERATURWISSENSCHAFT DES 20. UND 21. JAHRHUNDERTS

Herausgegeben von Hans-Edwin Friedrich
Begründet von Eberhard Mannack

Band 21 Simonetta Sanna: Die Quadratur des Kreises. Stadt und Wahnsinn in *Berlin Alexanderplatz* von Alfred Döblin. 2000.

Band 22 Anette Horn: Kontroverses Erbe und Innovation. Die Novelle *Die Reisebegegnung* von Anna Seghers im literaturpolitischen Kontext der DDR der siebziger Jahre. 2005.

Band 23 Hans-Edwin Friedrich (Hrsg.): Der historische Roman. Erkundung einer populären Gattung. 2013.

Band 24 Albrecht Haushofer: Gesammelte Werke. Teil I: Dramen I. Herausgegeben von Hans-Edwin Friedrich und Wilhelm Haefs. 2014.

Band 25 Kristin Eichhorn (Hrsg.): *Neuer* Ernst in der Literatur? Schreibpraktiken in deutschsprachigen Romanen der Gegenwart. 2014.

www.peterlang.com